KB101936

다시, 신화를 읽는 시간

다시, 신화를 읽는 시간

신화학의 거장 조지프 캠벨의 '인생과 신화' 특강

MYTHS
TO
LIVEBY

JOSEPH
CAMPBELL

조지프 캠벨 지음 | 권영주 옮김

더**퀘스트**

JOSEPH CAMPBELL
FOUNDATION

Collected Works of Joseph Campbell | Robert Walter, Executive Editor | David Kudler, Managing Editor

옮긴이 | **권영주**

서울대학교 외교학과를 졸업하고 동 대학원에서 영문학을 전공했다. 미야베 미유키, 무라카미 하루키, 미쓰다 신조, 온다 리쿠 등의 주요 작품을 우리말로 옮겼으며, 일본 고단샤에서 수여하는 제20회 노마문예번역상을 수상했다. 그 밖에 다수의 일본문학은 물론 《십자군》《믿음을 넘어서》《사탄의 탄생》《다빈치 코드의 비밀》 등의 인문서와 《데이먼 러니언》《어두운 거울 속에》 등 영미 장르문학 작품도 꾸준하게 소개하고 있다.

다시, 신화를 읽는 시간

초판 발행 · 2020년 10월 5일
초판 2쇄 발행 · 2020년 11월 3일

지은이 · 조지프 캠벨
옮긴이 · 권영주
발행인 · 이종원
발행처 · (주)도서출판 길벗
브랜드 · 더퀘스트
출판사 등록일 · 1990년 12월 24일
주소 · 서울시 마포구 월드컵로 10길 56(서교동)
대표전화 · 02)332-0931 | **팩스** · 02)323-0586
홈페이지 · www.gilbut.co.kr | **이메일** · gilbut@gilbut.co.kr
대량구매 및 납품 문의 · 02) 330-9708

기획 및 책임편집 · 박윤조(joecool@gilbut.co.kr) | **제작** · 이준호, 손일순, 이진혁
영업마케팅 · 한준희 | **웹마케팅** · 이정, 김선영 | **영업관리** · 김명자 | **독자지원** · 송혜란, 윤정아

표지 디자인 · 유어텍스트 | **교정교열 및 전산편집** · 이은경 | **CTP 출력 및 인쇄** · 예림인쇄 | **제본** · 예림바인딩

ISBN 979-11-6521-291-9 03100
(길벗 도서번호 040115)

정가 19,000원

독자의 1초까지 아껴주는 정성 길벗출판사

(주)도서출판 길벗 | IT실용, IT/일반 수험서, 경제경영, 인문교양 · 비즈니스(더퀘스트), 취미실용, 자녀교육 **www.gilbut.co.kr**
길벗이지톡 | 어학단행본, 어학수험서 **www.gilbut.co.kr**
길벗스쿨 | 국어학습, 수학학습, 어린이교양, 주니어 어학학습, 교과서 **www.gilbutschool.co.kr**

페이스북 **www.facebook.com/thequestzigy**
네이버 포스트 **post.naver.com/thequestbook**

서문

    이 책은 1958년부터 1971년까지 뉴욕시 쿠퍼유니언포럼에서 내가 신화와 관련해 한 스물다섯 번의 강연 중 열세 편으로 구성되어 있되, 제4편은 1961년에 한 두 차례의 강연 원고를 엮은 것이다. 강연의 주제와 제목은 재치와 지혜, 매력적인 성품으로 사반세기가 넘도록 포럼을 이끌어온 존슨 E. 페어차일드 박사의 아이디어다. 쿠퍼유니언대학의 고풍스럽고 웅장한 대강당에서 일찍이 에이브러햄 링컨도 섰던 무대에 선다는 것도 물론 즐거웠지만(미국 명연설의 역사에 참여한다는 은밀한 즐거움을 느낄 수 있었다), 무엇보다 그곳에서 열리는 무료 강연과 토론에 참가한 청중의 열린 눈과 열린 마음이 자아내는 분위기가 참 좋았다. 강연 뒤에 이어지는 질의응답 시간이면 페어차일드 박사가 마이크를 들고 통로를 돌아다녀, 누구나 손을 들고 코멘트든 질문이든 미리 준비해온 연설이든 할 수 있었다. 덕분에 호의적인 청중 앞에서 내가 관심을 갖고 있는 주제에 관해 그들도 관심을 갖도록 이야기하는 게 얼마나 즐거운 일인지 아주 잘 알 수 있었다. 글로 정돈된 이 책을 읽는 독자에게 이들 강연이 얼마나 신선하고 편안한 분위기에서 진행됐는지 전달된다면 좋겠다.

강연을 할 때마다 페어차일드 박사가 강단에 서서 강연의 주제를 소개해주곤 했는데, 1971년 3월 1일 저녁 마지막 강연을 한 다음 날 그는 오랫동안 맡아왔던 쿠퍼유니언포럼 회장과 쿠퍼유니언대학 평생교육과 학과장 자리에서 퇴직했다. 이 책이 당시 내가 받았던 도움에 대한 고마움의 표시가 되기를 바란다. 페어차일드 박사의 격려와 따스한 우정, 주제와 제목에 대한 시의적절한 제안 덕분에 나는 물소 신과 케찰코아틀(고대 멕시코의 아스텍 신화에 등장하는 뱀신 ─ 옮긴이), 붓다, 요정 여왕에 대해 수백 명의 청중(다수는 포럼의 단골 참가자들이었다)과 우리 모두에게 유익한 대화를 나눌 수 있었다. 그들 또한 강연에 영감을 불어넣어주었으니 그들에게도 감사를 표하고 싶다.

라디오 방송국 WNYC에서 이 책의 녹음 테이프를 제공해주었다. 마샤 셔먼 씨는 책에 수록되지 않은 강연을 포함해 다수의 원고를 충실하게 타이핑해주었다. 내 아내 진 어드먼은 이들 강연을 책으로 펴내자는 아이디어를 냈고 비평과 제안으로 이 책이 태어나게 해주었다. 그들에게도 감사를 표한다.

1971년 7월 4일
뉴욕에서 조지프 캠벨

일러두기

본 책의 성경 인용은 《개역개정판 성경》을 표준으로 삼았다.

1

신화가 과학을 만났을 때

1961년[1]

신화는 우리 삶에서 인식되고 통합되어야 하는 정신의 힘을
그림언어로 이야기해준다. 언제나 인간의 영혼에 보편적으로 존재했던 이 힘은
인간이 수천 년 세월을 헤쳐나올 수 있게 해준 종種의 지혜를 나타낸다.

얼마 전 내가 자주 가는 간이식당 카운터에 앉아 있는데, 열두 살쯤 되어 보이는 아이가 책가방을 메고 들어와 내 왼쪽에 앉았다. 그리고 그보다 조금 더 어린 아이가 어머니 손을 잡고 그 옆에 앉았다. 다들 주문을 마치고 음식을 기다리는데, 내 옆에 앉은 소년이 어머니를 슬쩍 돌아보며 말했다.

"지미가 오늘 인류의 진화에 관한 숙제를 발표했는데 선생님이 걔 생각이 틀렸다고 했어요. 아담과 이브가 인류 최초의 조상이래요."

이럴 수가! 무슨 그런 선생이 다 있나! 나는 생각했다.

나에게서 두 자리 건너에 앉은 부인이 말했다.

"선생님 말씀이 맞지. 인류 최초의 조상은 아담과 이브야."

20세기를 사는 아이 어머니가 어떻게 저럴 수가!

소년이 대답했다.

"네, 그건 아는데요, 그렇지만 이건 과학 숙제였다고요."

그 말을 듣고 나는 스미스소니언협회의 공로상 후보로 이 아이를 추천하고 싶어졌다.

그러나 어머니는 거기서 그치지 않고 화난 목소리로 말했다.

"하여간 과학자들이란! 그건 그냥 이론일 뿐이야."

아이도 순순히 물러서지 않고 침착하게 대답했다.

"네, 알아요. 그렇지만 사실을 근거로 증명됐는걸요. 뼈도 발견했다고요."

우유와 샌드위치가 나오면서 이야기는 거기서 끝났다.

여기서 잠시 사실의 발견이 깨뜨린 종교적 우주상과 이 아이처럼 꿋꿋하게 진리를 추구하는 젊은 세대에 관해 생각해보자.

중세가 한창이던 12~13세기에 사람들은 지구에 대해 아주 다른 두 가지 방식으로 생각했다. 둘 중 좀 더 널리 퍼졌던 생각은 지구가 접시처럼 평평하며 그 주위에는 인간을 위협하는 온갖 괴물이 사는 바다가 무한하게 펼쳐져 있다는 것이었다. 청동기시대 초기로 거슬러 올라가는 아주 오래된 이 개념은 기원전 2000년경에 수메르 설형문자로 쓴 문헌들에 등장하며, 성경에서 그려지는 것도 이 이미지다.

그러나 좀 더 진지한 개념은 고대 그리스 사람들의 우주상이었다. 고대 그리스 사람들이 생각하는 지구는 평평하지 않았다. 지구는 한데 겹쳐 돌아가는 일곱 겹의 투명한 천체 한가운데에 멈춰 있는 고형 천체로, 각 천체 안에는 눈으로 인식할 수 있는 행성이 위치한다. 이는 우리가 현재 사용하는 요일에 이름을 준 일곱 행성, 달·수성·금성·태양·화성·목성·토성이다.

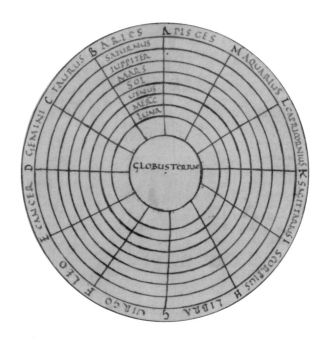

천체도 여러 겹의 천구와 행성 등 고대의 우주관이 담겨 있다.

나아가 일곱 천체의 울림은 음악, 곧 '천체의 음악'을 이루는데,
우리가 말하는 온음계의 음정이 이와 일치한다. 뿐만 아니라 이들
천체는 은, 수은, 구리, 금, 철, 주석, 납 순으로 금속과도 연관된다.
영혼이 지상에 태어나기 위해 천상에서 내려올 때면 이 금속의 성
질을 띤다. 그렇기에 우리 영혼과 육체는 우주를 구성하는 요소의
복합체이며, 말하자면 같은 음악을 연주하는 셈이다.

이 같은 고대의 견해에 따르면 음악과 예술은 우리에게 이런 우
주의 조화를 일깨우기 위해 존재한다. 왜냐하면 지상에서 일어나

는 일과 존재하는 생각은 일반적으로 우리에게 우주의 조화를 잊게 만들기 때문이다. 그리고 중세시대의 문법·논리학·수사학(삼학三學), 그리고 산수·음악·지리학·천문학(사학四學) 등 학문의 일곱 분야는 각 천체와 연관된다. 또 투명한 천체들은 유리 같은 비활성 물질이 아니라 살아 있는 영적인 힘이며, 천사 같은 존재 또는 플라톤이 말하는 세이렌들이 이를 관장한다. 그리고 그 너머에는 신이 삼위일체의 옥좌에 앉아 있는 빛나는 천상의 영역이 자리한다. 그래서 사후에 영혼이 조물주에게 돌아갈 때 일곱 천체를 다시 통과하면서 각 천체에 해당하는 성질을 벗어두고 맨몸으로 심판을 받게 된다. 지상의 황제와 교황은 기독교 공동체에 작용하는 힘과 권위를 대표해 신의 율법과 의지에 따라 다스린다. 그렇게 중세 사상가들은 우주의 구조와 사회질서 규범, 개인의 선이 완벽하게 부합한다고 생각했다. 따라서 기독교도는 무조건적인 복종을 통해 사회뿐 아니라 자신의 내적 이익 및 외적인 자연질서와도 조화를 이룬다. 기독교 제국은 지상에 반영된 천상의 질서로, 제의祭衣와 옥좌와 장엄한 행렬은 천상의 이미지를 상징적으로 나타내며 대성당 첨탑에서 울려퍼지는 종소리와 사제들의 합창은 천사들의 노랫소리를 지상에 들려주는 것이다.

단테는《신곡》에서 당대의 종교적·과학적 개념을 완벽하게 만족시키는 우주의 비전을 묘사했다. 교만하고 불복종한 탓에 천국에서 쫓겨난 사탄은 불타는 혜성처럼 떨어져 지상으로 추락하면서 지구 중심으로 뚫고 들어갔다고 여겨졌다. 그때 생긴 거대한 구멍이 지옥의 불구덩이가 됐고, 지구 반대편에 솟아난 어마어마한 땅덩어리는 단테가 정확히 남극점에서 하늘을 향해 치솟았다고 그리는 연옥의 산이 됐다. 단테가 생각하는 남반구는 전체가 물로 이루어져 있으며 그곳에 솟은 웅장한 산꼭대기에는 지상낙원이 있었다. 그리고 그 중심에서 성경에 등장하는 네 갈래의 축복받은 강이 흘러나왔다.

콜럼버스가 항해를 떠났을 때, 많은 이는(그리고 어쩌면 그의 선원들 또한) 바다가 접시처럼 납작한 지구를 둘러싸고 있으며 그

단테와 연옥산 단테가 연옥산과 지옥문 앞에 서 있다. 머리 위로 행성과 여러 겹의 천구가 보인다.

너머에는 아무것도 없다고 생각했다. 그러나 콜럼버스의 일기를 보면 그의 세계관은 단테의 것에 좀 더 가까웠음을 알 수 있다. 3차 항해 중 남아프리카 북쪽 해안에 처음으로 도달했을 때, 당장이라도 부서질 듯한 배로 트리니다드와 본토 사이를 아슬아슬하게 통과하면서 그는 그곳에서 막대한 양의 담수(오리노코강 어귀에서 쏟아지는)가 염수와 섞인다고 기록했다. 그 너머에 있는 대륙에 관해서는 아무것도 모르면서도 중세적 관념을 염두에 두고 낙원의 강물이 지구 반대편의 거대한 산기슭에서 남쪽 바다로 흘러드는 것이라고 추측했다. 뿐만 아니라 그곳에서 방향을 틀어 북쪽으로 올라가면서는, 남쪽으로 갈 때보다 배가 더 빠른 속도로 이동한다면서 이는 배가 신화 속 낙원의 산기슭에서 내리막길을 가고 있기 때문이라고 생각했다.

나는 먼 옛날부터 인간의 삶을 있게 하고 영감을 준 옛 신화 체계가 1492년에 이르러 권위를 잃었거나 적어도 잃기 시작했다고 본다. 콜럼버스의 항해가 신기원을 연 지 얼마 안 돼서 마젤란은 지구를 일주했다. 콜럼버스가 항해하기 얼마 전에는 바스코 다 가마가 아프리카를 돌아 인도까지 항해했다. 세계 탐사가 조직적으로 이루어지기 시작하면서 상징적이고 신화적인 과거의 지리는 신뢰성을 잃게 됐다. 콜럼버스가 항해하기 겨우 250년 전, 토마스 아퀴나스는 지구상 어딘가에 낙원이 있음을 입증하려고 "인간이 머무는 세상과 낙원 사이에는 산이나 바다 또는 매우 뜨거운 지대가 가로놓여 있어 인간은 그곳에 도달하지 못한다. 지형학에 관한 글에 낙원이 언급되지 않는 것은 그 때문이다"라고 주장했다. 최초의 항해로부터 50년 뒤, 코페르니쿠스는 지동설에 관한 논문을 발표했다(1543). 그로부터 약 60년 뒤에는 갈릴레이의 망원경이 코페르니쿠스의 주장을 가시적으로 뒷받침했다. 1616년 갈릴레이는 (식당에서 내 옆자리 소년이 자기 어머니에게 그랬던 것처럼) 성경에 위배되는 주장을 하고 이를 퍼뜨렸다는 죄로 이단 심문소에서 유죄 판결을 받았다. 오늘날에는 물론 그보다 훨씬 큰 망원경들이 캘리포니아주의 윌슨산이나 팔로마산, 애리조나주 키트피크, 하와이주 할레아칼라 꼭대기 등에 있어서 태양은 이제 확실하게 우리 행성계의 중심으로 자리하게 됐다. 뿐만 아니라 우리는 이제 불타는 천체들로 가득한 은하는 물론, 그 밖에도 태양과 같은 별이 약 2천억 개에 이른다는 것을 알고 있다. 거대한 렌즈처럼 생긴 이 은하는 직경이 몇 해光 킬로미터에 달한다.

그게 다가 아니다! 망원경 덕분에 우리는 태양처럼 보이지만 실은 하나하나가 우리 은하 못지않게 상상도 못할 만큼 거대한 은하인 별을, 그것도 벌써 수백만 개나 관측했다. 그러니 우리 과학자들이 보여주는 우주의 경이는 과학 이전의 세계가 상상할 수 있었던 그 어떤 것보다도 훨씬 놀랍고 신기한 발견일 것이다. 그에 비하면 성경이 그리는 장난감 방 같은 그림은 어린이용이다. 아니, 어쩌면 내 옆자리에 앉았던 어린 학자의 말로 보건대 이제는 어린

이를 위한 것조차 아닐지 모르겠다. "네, 그건 아는데요, 그렇지만 이건 과학 숙제였다고요"라고 말한 아이는 이미 다 쓰러져가는 중세 건축물 같은 자기 어머니의 종교적 믿음으로부터 자신의 학문을 구해낼 방법을 알고 있었다.

우주뿐 아니라 인류의 기원과 역사에 관해서도 과거의 신화적 개념은 이제 무너지고 말았다. 셰익스피어 시대의 숙련된 뱃사람 월터 롤리Walter Raleigh 경은 아메리카 대륙에서 생소한 동물들을 보고 아무리 큰 방주라 해도 노아가 세상 모든 동물의 표본을 실을 수는 없었으리라는 것을 깨달았다. 대홍수에 관한 성경의 신화는 사실이 아니었다. '사실에 의해 증명될' 수 없는 이론이었다. 게다가 (설상가상으로) 인류의 조상이 처음 지구상에 등장한 것은 성경에서 신이 세상을 창조했다는 시기보다 100만 년도 더 전으로 밝혀졌다. 유럽에 남아 있는 구석기시대 동굴들은 기원전 3만 년 무렵으로 거슬러 올라가고, 농업은 기원전 1만 년 전에 시작됐으며, 큰 도시는 약 7천 년 전에 형성되기 시작했다. 그런데 최초의 인간 아담의 큰아들 카인은 창세기 4장 2절과 17절에서 '농사하는 자', 그리고 에덴 동쪽 놋 땅에 에녹이라는 성을 쌓은 자로 그려진다. 성경에 의거한 '이론'은 이번에도 거짓임이 입증됐으며, 그리고 "뼈도 발견했다고요!"라지 않는가.

뼈뿐 아니라 건물도 발견했는데, 이 또한 성경을 뒷받침하지 않는다. 가령 이집트 역사에서 출애굽은 람세스 2세(기원전

1301~1234)나 메르넵타(기원전 1234~1220), 세티 1세(기원전 1220~1200) 시대에 있었던 것으로 여겨지는데, 이 시기들은 여러 건축물과 설형문자 유물에 풍부하게 표현되어 있지만 성경에 등장하는 저 유명한 재앙들에 관한 묘사는 흔적도 찾아볼 수 없는 데다 비슷한 기록조차 남아 있지 않다. 게다가 다른 기록들을 보면 유목 히브리족, 곧 '하비루'는 람세스보다 100년 앞선 아크나톤(기원전 1377~1358) 시대에 이미 가나안을 침략하고 있었다.

요는 천지창조와 출애굽, 광야에서의 40년, 가나안 정복 같은 잘 알려진 유대민족의 전설을 담은 히브리어 문헌은 '신'이나 '모세'라는 이름을 가진 누군가가 쓴 게 아니며, 이전에 추정됐던 것보다 훨씬 이후의 다양한 시기에 다양한 집필자가 작성한 것이다. 구약성경(토라Torah)의 첫 다섯 권은 에스라 시대(기원전 4세기) 이후에야 한데 묶였고, 그것을 구성하는 문서는 기원전 9세기(이른바 J 문서, E 문서)에서 기원전 2세기(P 문서) 무렵으로 거슬러 올라간다. 예를 들어보자면 대홍수에 관한 이야기는 두 가지가 있다. 한 이야기에서 노아는 '혈육 있는 모든 생물을 암수 한 쌍씩'(창세기 6장 19~20절, P 문서, 에스라 이후) 방주에 태웠는데, 다른 이야기에서는 '모든 정결한 짐승은 암수 일곱씩, 부정한 것은 암수 둘씩'(창세기 7장 2~3절, J 문서, 기원전 800±50년) 데리고 들어간 것으로 돼 있다. 천지창조에 관한 이야기도 두 종류가 있다. 시기적으로 더 앞서는 창세기 2장에서는 에덴동산을 만들고 나서 그것을 가꿀 인간을 창조했다. 그다음 동물을 만들고 마지막으로 이브를 아담의 갈 빗대로 만들었다(꿈속에서). 반면 더 나중에 쓰인 창세기 1장에서는 오로지 물밖에 없던 우주에 신이 "빛이 있으라"라고 말하는 것을 시작으로 우주가 단계적으로 생성된다. 처음에는 빛, 사흘 뒤에 태양이 생겨나고, 그다음에 식물과 동물이 오고, 끝으로 인간 남녀가 동시에 태어난다. 창세기 1장은 기원전 4세기(아리스토텔레스 시대) 무렵에 쓰였고, 2장은 기원전 9세기 또는 8세기(헤시오도스 시대)에 쓰였다.

비교문화 연구 덕에 우리는 이제 세계 곳곳에 유사한 신화가 존재한다는 것을 알고 있다. 아즈텍족 시대의 멕시코에 도착한 코르테스와 에스파냐의 가톨릭교도들은 그곳의 종교가 설명이 불가능할 정도로 자신들의 '참된 신앙'과 유사하다는 것을 알았다. 우뚝 솟은 피라미드형 사원은 단테의 연옥산과 마찬가지로 영혼이 하늘로 올라가는 단계를 나타냈다. 각각에 해당하는 신 또는 천사가 있는 천국이 열셋, 고통받는 영혼들이 가는 지옥이 아홉 개 있고, 꼭대기에는 인간의 사고와 상상을 초월하는 최고신이 자리했다. 심지어 인간으로 태어난 구세주도 있었다. 그 구세주는 뱀과 모종의 관계가 있고 처녀의 몸에서 태어나 죽었다가 부활했으며, 그의 상징 중에는 십자가도 있었다. 가톨릭교 사제들은 이 모든 것을 설명하기 위해 두 가지 신화를 만들어냈다. 첫째는 인도로 건너간 사도 도마가 십중팔구 아메리카 대륙까지 가서 복음을 전파했으리

태양의 사원 멕시코 아즈텍문명이 남긴 '태양의 피라미드'.

라는 것이다. 그런데 로마 교회에서 너무 먼 탓에 교리가 변질되고 말았다. 현재 눈에 보이는 것은 자기들 신앙의 타락한 형태에 불과하다. 둘째는 악마가 선교 사업을 훼방 놓기 위해 고의로 기독교 신앙을 모방했다는 것이다.

인류의 신화와 의례를 체계적으로 비교 분석하는 현대의 연구를 통해 우리는 이제 세계 곳곳에 처녀에게서 태어나 죽었다 부활하는 영웅 전설이 있다는 것을 알고 있다. 인도에도 그런 이야기가 널렸는데, 아즈텍족의 것과 매우 흡사한 그곳의 높다란 사원 또한 층층이 솟은 우주적 산을 상징하며 꼭대기에는 낙원이, 밑에는 무시무시한 지옥이 자리한다. 불교와 자이나교에도 유사한 개념이 존재한다. 또 기독교 이전 시대로 거슬러 올라가보면 이집트에서는 오시리스가, 메소포타미아에서는 타무즈가, 그리스에서는 디오니소스가 살해당했다가 다시 살아났다. 이들 모두가 초기 기독교에 그리스도의 모델을 제공했다.

세계의 모든 거대 문명은 자신들의 설화를 문자 그대로 해석해 스스로를 절대적 존재와 직접 접하는 특별한 은총을 입은 것으로 간주했다. 심지어 다신교의 영향을 받아 다른 문명의 신과 관습에 대해 우호적인 그리스와 로마, 힌두교, 중국조차도 자신들의 종교가 가장 뛰어나거나 최소한 우월하다고 여겼다. 일신론을 지지하는 유대교와 기독교, 이슬람교에서는 다른 신은 아예 신이 아니라 악마이며 그를 숭배하는 자들은 신을 모른다고 생각한다. 따라서 메카와 로마, 예루살렘 그리고 (비록 정도는 덜해도) 바라나시와 베이징은 수세기 동안 빛의 왕국 또는 신과 (이를테면 핫라인으로) 직통하는 우주의 중심이었다.

하지만 오늘날에는 유치원 교육만 받은 사람이라도 그런 주장을 진지하게 받아들이지 않을 것이다. 그리고 이 지점에는 심각한 위험성이 있다. 대중은 언제나 자신들의 상징을 문자 그대로 받아들이는데, 이로써 문명이 지탱된다. 상징을 문자 그대로 해석함으로써 도덕과 화합, 활력, 창조력을 얻으며, 그러지 못하면 불확실성과 불안정 상태가 따른다. 왜냐하면 니체와 입센이 알고 있었다시피 삶은 환상에 의해 뒷받침될 필요가 있기 때문이다. 환상을 잃으면 믿고 의지할 확실한 대상과 도덕률도 함께 사라진다. 백인 문명이 뒤흔들어놓은 원시 공동체가 바로 그렇게 됐다. 옛 터부가 효력을 잃자 그들은 즉각 해체되었고 악덕과 질병이 횡행했다.

지금도 같은 일이 우리에게 벌어지고 있다. 현대 과학이 과거의 신화에 의거하는 터부를 뒤흔들어놓는 지금, 문명세계 곳곳에서 악덕과 범죄, 정신질환, 자살, 약물중독, 가정 파괴, 무례한 아이들, 폭력, 살인, 절망이 빠른 속도로 늘고 있다. 이것은 내가 꾸며낸 이야기가 아니라 사실이다. 이런 상황을 생각하면 회개와 개종, 옛 종교로의 회귀를 부르짖는 목사들의 말에도 일리는 있다. 또한 학생들의 학습만이 아니라 도덕성에도 관심을 갖는 현대의 교육자는 시험에 든다. 우리 문명을 뒷받침하는 신화를 우선할 것인가, 아니면 '사실에 의해 증명된' 과학을 우선할 것인가? 양자는 모든 차원에서 대립하는가? 환상과 진리의 갈등을 초월해 사람들의 삶을 다시 추슬러줄 지혜는 없는가?

나는 이것이 오늘날 아이들을 키우는 데 매우 중요한 문제라고 생각한다. 그날 식당 내 옆자리에서 일어났던 일이 바로 이 문제였다. 그 상황에서 교사와 부모는 이미 시대에 뒤떨어진 환상을 편들고 있었는데, 일반적으로(적어도 내 눈에는 그렇게 보인다) 사회를 수호하는 역할을 하는 이들은 그쪽 성향이 강하다. 그들은 불편한 진실을 추구하는 대신 그것을 억압하는 방향으로 권위를 행사한다. 최근에는 심지어 인종에 관한 논의에서 사회학자들과 인류학자들 사이에 그런 경향이 나타났다. 그들의 걱정이 이해도 되고 어느 정도 공감도 간다. 왜냐하면 세상은 거짓에 의해 돌아가며, 실제로 진실의 도전을 수용하고 그에 맞춰 삶을 꾸려나갈 수 있는 사람은 극소수에 지나지 않기 때문이다.

나는 이런 중대한 문제에 대한 최선의 답을 심리학에서 찾을 수 있다고 믿는다. 특히 신화의 기원 및 성격과 관련된 연구 결과가 도움이 될 것이다. 이전부터 사회의 도덕질서는 종교화된 신화가 바탕이 됐고, 과학이 신화에 영향을 끼쳐 불가피하게 도덕질서에 혼란을 야기한다면, 이제는 인간의 삶을 지탱하는 신화를 '과학적으로' 이해할 수 없는지 따져봐야 할 것이다. 신화의 구태의연한 요소는 비판하되 그것의 필요성을 깎아내리지지 않는다면 목욕물과 함께 아기(무수한 세대의 아기들)까지 버리게 되지는 않을 것이다.

앞서 말했듯이 대중 신앙의 통설에서 신화적 인물과 사건은 일반적으로 사실로 간주되며 또 그렇게 교육된다. 특히 유대교와 기독교에서는 이스라엘 민족이 정말로 모세를 따라 이집트를 탈출했고 그리스도는 정말로 부활했다고 여긴다. 그러나 역사상으로는 이제 그런 '사실'이 과연 사실인지 의심스럽다고 여겨지는 터라 그것이 뒷받침하는 도덕적 질서도 함께 흔들리고 있다.

하지만 이 이야기들을 역사상의 사실에 대한 기록이 아니라 상상으로 꾸며내 역사에 투영한 에피소드로 해석한다면, 그리고 중국이나 인도, 유카탄반도 등 세계 곳곳에 유사한 에피소드가 있다는 점을 이해한다면, 그것이 의미하는 바는 명백해진다. 비록 실제 역사적으로 일어난 사실이 아니라 해도, 그 정도로 널리 사랑받은 신화적 상상이라면 그것은 '정신의 사실'을 나타내는 게 틀림없다. 지금은 세상을 떠난 내 친구 마야 데렌Maya Deren은 종교적 신비를 "물질의 허구로 표현된 정신의 사실"이라고 정의했다. 역사학자와 고고학자, 선사학자는 당연히 신화가 사실로서는 거짓이며, 이렇게 다양한 민족이 존재하는 세계에 유일한 선민도, 모든 이가 복종해야 하는 절대적 진리도, 유일무이한 교회도 있을 수 없다는 것을 보여주어야 한다. 하지만 앞으로는 점점 더 심리학자와 비교신화학자의 역할이 중요해질 것이다. 그들은 상징화된 '정신의 사실'을 밝혀내고 분석하고 해석하는 한편 이것들을 건강하게 유지하는 방법을 찾아내, 과거의 옛 전통이 약화되는 가운데 인간이 우리 내면과 더불어 외부세계의 사실을 이해하도록 도와주어야 한다.

지난 70~80년 사이에 이 부분에서 심리학자들의 자세가 크게 달라졌다. 1890년에 처음 출간된 제임스 G. 프레이저James G. Frazer 경의 역작《황금 가지》를 보면, 그는 과학이 신화의 미신을 확실하게 논박해줄 것이라고 믿는 전형적인 19세기 저자다. 그에게 신화의 바탕은 마술이며 마술의 바탕은 심리학이다. 그러나 그의 심리학은 본질적으로 이성적이어서 인간 본성의 좀 더 깊은 곳에 자리하는 비이성적 충동을 충분히 고려하지 못한다. 그렇기에 그는 어떤 관습이나 믿음이 비합리적이라는 게 입증되면 금세 없어질 것이라고 생각했다. 하지만 철학 교수가 볼링을 치는 모습을 보면 그의 생각이 얼마나 잘못됐는지 알 수 있다. 공이 손을 떠난 뒤 몸을 비튼다고 핀이 맞겠는가? 프레이저는 마음속에서 연관되기에 실제로도 연관되는 것으로 믿는다는 식으로 마술을 설명했다. 빗소리 같은 소리를 내는 방울을 흔들면 곧 비가 올 것이다. 성교를 기리는 의식을 거행하면 자연은 더욱 비옥해질 것이다. 원수를 닮은 인형을 만들어 그의 이름을 붙이고 핀으로 찌르면 원수가 목숨을 잃을 것이다. 원수의 몸에 닿았던 옷가지, 머리카락, 손톱 조각 등으로도 똑같은 결과를 얻을 수 있다.

프레이저의 마술에서 첫째 원칙은 '유는 유를 낳는다', 다시 말해 결과는 원인을 닮는다는 것이다. 그리고 둘째 원칙은 '서로 접촉했던 것들은 물리적 접촉이 중단되어 거리가 생긴 뒤로도 서로에게 영향을 끼칠 수 있다'는 것이다. 프레이저는 마술과 종교 모두 본질적으로는 결국 외적 자연을 제어하는 힘과 관련이 있다고 생각했다. 마술은 모방 행위를 통해 기계적으로, 그리고 종교는 기도와 제물로써 자연을 관장하는 의인화된 힘을 상대한다는 것이다. 그것들이 내면의 삶에 어떻게 연관되고 어떤 의미를 가지는지 전혀 모르는 듯한 프레이저는 과학과 기술이 발전함에 따라 마술과 종교는 사라질 것이라고 확신했다. 왜냐하면 과학이 좀 더 확실하게 그 역할을 대신할 것이기 때문이다.

그러나 같은 시기에 파리에서는 저명한 신경학자 장 마르탱 샤르코Jean Martin Charcot가 프레이저의 저서보다 결코 중요성이 덜하지 않은 저작물들을 발표하고 있었다. 히스테리와 실어증, 최면 상태 등을 다룬 이 저작들은 또한 그의 연구 결과가 도상학 및 예술과 어떤 연관이 있는지를 보여주었다. 1885년 샤르코와 함께 1년을 보낸 지그문트 프로이트는 20세기의 첫 사반세기 동안 히스테리 그리고 꿈과 신화에 관한 연구를 전에 없이 발전시켰다. 프로이트에 따르면 신화는 심리학적으로 꿈과 통한다. 신화는 말하자면 집단의 꿈이요, 꿈은 개인의 신화다. 프로이트는 신화와 꿈이 모두 유아기의 근친상간 욕구가 억압되어 나타나는 것이라고 생각했다. 종교와 신경증의 본질적인 차이는 오로지 종교가 좀 더 공공적이라는 점뿐이다. 신경증을 앓는 사람은 고립되어 수치심과 외로움을 느끼나, 신들은 우주적 화면에 투영된 집단 이미지다. 하지만 무의식적이고 강박적인 공포와 망상이 표출된 것이라는 점에서는 양자가 동일하다. 나아가 프로이트에게 모든 예술, 특히 종교예술, 그리고 모든 철학은 병리적으로 설명된다. 문명 자체가 유아기에 겪은 무의식적인 좌절에 대한 병리적 대체품이다. 그 때문에 프로이트는 프레이저와 마찬가지로 신화와 마술, 종교의 세계를 부정적으로 평가하며, 끝내는 과학이 이들 세계를 반박하고 능가하고 대체할 것이라고 봤다.

이와는 전혀 다른 식으로 접근하는 사람이 카를 융이다. 그는 신화와 종교의 이미지가 삶에 도움이 되는 긍정적 역할을 한다고 생각했다. 융에 따르면 우리 몸의 모든 기관(성 및 공격성과 관련된 것뿐 아니라)에는 목적과 이유가 있으며, 의식적으로 제어할 수 있는 게 있는가 하면 제어할 수 없는 것도 있다. 하루하루 생활이 요구하는 바를 관장하는 외부지향적인 의식은 이런 내적 힘과 단절될 수 있다. 융은 우리가 신화를 올바르게 해석하면 다시 내면의 힘과 연결될 수 있다고 봤다. 신화는 우리 삶에서 인식되고 통합되어야 하는 정신의 힘을 그림언어로 이야기해준다. 언제나 인간의 영혼에 보편적으로 존재했던 이 힘은 인간이 수천 년 세월을 헤쳐나올 수 있게 해준 종種의 지혜를 나타낸다. 그렇기에 신화는 과학이 찾아낸 것으로 대체된 적이 없을뿐더러 대체될 수도 없다. 왜냐하면 과학은 우리가 잠자는 중에 진입하는 의식의 깊은 곳이 아니라 외부세계와 연관되기 때문이다. 꿈과 신화 연구를 통해 이들 내면의 힘과 대화하면 우리는 좀 더 심오하고 지혜로운 내적 자아의 좀 더 넓은 지평을 알고 이해할 수 있다. 마찬가지로 신화를 소중히 간직하고 살아 있게 하는 사회는 인간 영혼의 가장 온전하고 풍요로운 층에서 양분을 얻을 것이다.

그러나 여기에도 위험은 도사리고 있다. 꿈 그리고 과거로부터 물려받은 신화를 앞세우느라 현대의 의식세계로부터 멀어져 오늘날의 삶과는 전혀 맞지 않는 과거의 감정과 사고 패턴을 고집할 수 있기 때문이다. 그렇기에 융은 어느 한 극단에 집중하는 대신 대화가 필요하다고 생각했다. 대화는 계속적인 상호작용 속에 '무의식이 제시하고 의식이 인식하는' 상징적 형태들을 통해 이루어진다.

그렇다면 한 사회가 이런 상호작용을 거부하고 과거로부터 물려받은 꿈을 절대적인 부동의 진리라고 고집할 때 그 사회의 아이들은 어떻게 될까? 의식과 이성, 과학, 새로이 알게 된 사실들을 부정한다면? 여기에 경고가 되어줄 만한 유명한 역사적 사례가 있다.

학교에서 배웠으니 다들 알 텐데, 우리가 생각하는 과학은 고대 그리스에서 시작됐으며 그들이 얻은 지식 중 다수는 페르시아를 거쳐 인도, 심지어 중국에까지 전달됐다. 그러나 이들 동양 문명권은 모두 이미 독자적인 신화적 사고를 가지고 있었던 탓에 고대 그리스의 객관적·현실적·탐구적·실험적인 자세와 방법을 받아들이지 않았다. 가령 성경(대부분이 마카베오가 그리스의 영향을 거부한 뒤 성립된 동방의 성경)의 과학과 아리스토텔레스의 과학을 비교해보면 알 수 있을 것이다. 뿐만 아니라 아리스타르코스(기원전 275년경에 활동)는 지구가 태양 주변의 궤도를 공전하는 천체라고 생각했고, 에라토스테네스(기원전 250년경에 활동)는 지구의 원주를 4만 킬로미터로 정확하게 측정했다. 히파르코스(기원전 240년경에 활동)는 달의 지름과 지구로부터의 평균 거리를 몇 킬로미터의 오차로 계산했다. 서기 529년 유스티니아누스 1세가 비기독교 그리스 학파들을 배척하는 대신 장려했다면, 그 많은 피와 땀과 눈물(이단이라는 이유로 화형당한 사람들이 있었다)은 흐르지 않았을 것이다. 그런데 서구의 문명이 이들 대신 창세기 1, 2장을 택한 탓에 과학뿐 아니라 세계의 문명은 천 년 이상 뒤지게 됐다.

과학을 거부해서 생긴 가장 흥미로운 역사는 이슬람에서 찾아볼 수 있다. 그들은 처음에는 고대 그리스의 유산을 받아들였고, 심지어 발전시키기까지 했다. 500~600년간 이슬람은 과학적 사고방식과 실험, 연구 면에서 인상적인 발전을 이뤘으며 특히 의학 분야에서 뛰어났다. 그러나 일반 사회, 수나Sunna(이슬람교의 전통적 습관 또는 관례 – 옮긴이), 예언자 무함마드가 항상 옳다고 한 컨센서스의 권위가 그 모든 것을 망가뜨리고 말았다. 이들은 쿠란에 담긴 신의 말씀만이 진리의 유일한 원천이자 전달 수단인데, 과학적 사고 탓에 사람들이 '세계의 기원과 창조주에 대한 믿음'을 상실하게 됐다고 믿었다. 그렇게 해서 그리스 학문의 빛이 이슬람을 통해 유럽을 비추기 시작했을 때(약 서기 1100년 이후) 이슬람 세계의 과학과 의학은 발전을 멈춰 결국 죽고 말았다. 그와 함께 이슬람 자체도 죽고, 과학과 역사의 횃불은 기독교 서방세계로 넘어왔다.

12세기 초 이후로 인류 역사상 유례를 찾아볼 수 없는 대담하고 뛰어난 지성의 놀라운 역사가 펼쳐진다. 유럽의 영향권 밖을 벗어나본 적이 없는 사람은 이 소수의 지성에게 우리가 얼마나 큰 빚을 졌는지 제대로 이해하지 못할 것이다. 이른바 개발도상국에서 모든 사회 변혁은 계속되는 과정이 아니라 침략과 그 여파의 결과이며, 이는 수백 년 전부터 늘 그래왔다. 모든 소집단은 자신의 해묵은 신화에 고착되는 탓에 변화를 가져올 수 있는 것은 오로지 충돌뿐이다. 예컨대 이슬람의 인도 침략은 필연적으로 관념의 교환을 가져왔으며, 영국의 침략이 야기한 또 다른 불안정한 시기는 예기치 못한 깜짝 놀랄 혁신을 가져왔다. 반면 근대 서구세계에서는 소수의 용감한 이들이 열린 마음과 열린 사고를 가지고 끝없는 진리의 경계를 탐사한 덕분에 마치 꽃이 피듯 생산적인 성장이 이어졌다.

그런데 오늘날의 과학자에게 '진리'라는 말은 무엇을 의미하는가? 당연히 신비주의자가 생각하는 의미와는 다를 것이다. 과학적 발견과 관련된 본질적인 사실, 더없이 멋지고 흥미로운 사실은, 과학은 절대적인 의미에서 '진리'인 척하지도 않거니와 또 그럴 수도 없다는 점이다. 과학은 최종적인 척하지 않고 최종적인 척할 수도 없다. 과학은 현 시점에서 알려진 관련 사실을 전부 고려하는 '잠정적 가설'의 집합체에 불과하다("하여간 과학자들이란!" "네, 알아요. 그렇지만 뼈도 발견했다고요").

그렇다면 혹시 충분한 수의 사실이나 어떤 최종적인 실체를 찾아내면 거기에서 만족하겠다는 뜻이 아닌가?

그렇지 않다. 과학은 끊임없이 성장을 원하는 정신처럼 더 많은 사실을 찾아내려는 노력을 계속할 뿐이다. 노력이 멈추지 않는 한 그러한 성장은 현대 서구사회 그리고 세계에게 삶의 척도가 될 것이다. 또한 석화되고 경직된 절대적 '진리'를 떠받드는 세계가 아니라 변화와 새로운 생각, 새로운 것들, 새로운 크기의 세계를 약속해줄 것이다.

그렇기에 우리는 아무것도 아는 게 없고 과학조차도 우리에게 진리를 말해주지 못한다. 과학은 말하자면 그저 관심이 가는 사실을 알고자 할 뿐이기 때문이다. 내 생각에는 과학이 바로 그렇기 때문에 지난날 종교가 주었거나 시사했던 것보다 더욱 크고 살아 있는 사실을 알려주는 것 같다. 옛 종교 경전들은 지평선을 그어 우리를 위로한다. 자상하고 친절하고 정의로운 아버지가 그 너머에서 우리를 지켜보고 있으며 언제든 기꺼이 우리를 받아주실 것이다. 심지어 항상 우리 삶을 걱정해주시기까지 한다. 반면 과학에 따르면 그 너머에 무엇이 있는지 아무도 알지 못하며, '그 너머'라는 게 있는지조차 알 수 없다. 분명한 것은 그저 무수한 현상이 존재하며 우리의 감각기관은 우리 정신의 성질에 따라 그것을 해석할 뿐이다. 그리고 우리 내면에서는 이와는 종류가 꽤 다른 이미지가 생겨나기 시작하는데, 그것은 밤에 잘 때 가장 잘 체험할 수 있지만 때로는 낮 동안의 일상 속에 침입해 우리를 광기로 몰아넣기도 한다. 이들 형상의 내적·외적 배경이 무엇인지는 그저 추측하고 가설을 세울 수 있을 뿐이다. 그것이 무엇이고 어디에, 왜 있는지(전형적인 질문을 던지자면)는 완벽한 수수께끼다. 확실하게 알 수 있는 것은 오로지 우리가 절대로 알 수 없다는 사실뿐이다. 이제는 그것을 너그럽게 인정해야 한다.

이제 '너는 이렇게 할지어다!'라는 것은 없다. 믿어야 하는 것도 해야 하는 것도 없다. 물론 원한다면 중세시대나 동양, 심지어 원시시대 방식을 따를 수도 있다. 우리가 사는 시대는 만만하지 않기에 정신병원에만 가지 않게 해준다면 뭐든 훌륭하다. 심약한 사람들에게는 그렇다는 말이다.

1954년 겨울 인도에 갔을 때 내 또래의 인도 남성과 대화를 나눈 적이 있다. 격식 차린 인사를 주고받은 뒤 그는 조금 거리를 두며 물었다. "서구 학자들은 요새 베다Veda의 연대를 어떻게 보고 있습니까?"

알다시피 힌두교에서 베다는 유대교의 토라나 다름없다. 가장 오래된 경전이기에 가장 거룩한 계시를 담고 있다고 여겨진다.

"글쎄요, 최근 들어 기원전 1500년에서 1000년 정도로 낮춰진 것 같더군요. 아시다시피 인도에서 베다 이전 문명의 유적이 발견됐죠."

인도 남성은 내 대답에 화를 내거나 하지 않고 침착하고 단호하게 대답했다.

"그렇죠. 저도 압니다. 하지만 전 정통파 힌두교도라서 베다보다 세상에 더 먼저 존재한 게 있다는 걸 믿을 수 없군요." 그의 말은 진심이었다.

"그렇군요. 그럼 왜 물으신 거죠?"[2]

　그렇지만 과거의 인도에 공정을 기하기 위해 힌두교 신화 한 편으로 끝을 맺기로 하자. 오늘날 인류 역사의 이 중대한 시점에 우리 모두가 직면하고 있는 순간을 아주 적절하게 표현해줄 신화다. 우주가 처음 태어났을 때 신들은 그들의 주적인 반신anti-god, 反神들과 끝없는 전쟁을 벌이는 중이었다. 그들은 휴전을 맺고 함께 힘을 합쳐 젖의 바다(유해乳海, 우주 바다)를 저어 영생의 버터를 만들기로 했다. 그리고 우주산(단테가 말하는 연옥산)을 젓개로 삼고 그 둘레에 우주의 뱀을 감았다. 그런 다음 신들은 머리 쪽을 잡고 반신들은 꼬리 쪽을 잡아당겨 우주산을 빙빙 돌렸다. 그런데 천 년이 지났을 때 바닷속에서 유독한 검은 연기가 거대한 구름처럼 뭉게뭉게 솟는 바람에 휘젓기를 그만두어야 했다.

　유례를 찾아볼 수 없는 힘의 근원을 찾아내자 그것의 부정적이고 위험한 영향부터 겪고 있는 것이었다. 작업을 계속하려면 누군가가 유독한 연기를 들이마셔야 했는데, 그걸 할 수 있는 신은 공포의 악령 같은 모습을 한 요가의 주신主神 시바Shiva뿐이었다. 유독한 연기를 모조리 바리때에 담은 시바는 단숨에 그것을 삼키고는 요가로 목을 넘어가지 못하게 했다. 그러자 목이 파란색으로 변해 이때부터 그는 닐라칸타Nilakantha, 곧 '푸른 목의 신'으로 알려지게 됐다. 닐라칸타가 이렇게 놀라운 일을 이루어낸 뒤 신들과 반신들은 공동 작업으로 돌아갔다. 그렇게 해서 지칠 줄 모르고 바다를

우주 바다를 젓는 신들 캄보디아 앙코르와트 외벽에 조각되어 있다.

젓고 또 젓자 우주 바다에서 좋은 것들이 나왔다. 달과 태양, 코가 여덟 개 달린 코끼리, 준마, 약이 나오고, 마침내 신들의 버터를 가득 실은 거대하고 빛나는 배가 나왔다.

나는 이 옛 인도 신화를 오늘날의 우리 세계에 대한 우화로서, 그리고 두려워하지 말고 하던 일을 계속 밀어붙이라는 권고로서 여러분에게 전한다.

2

인류가 출현하다

1966년[1]

유사시대와 선사시대를 아우르는 긴 시간 동안 세계 곳곳에서 나타난
어느 신화 체계에서나 개인은 반드시 죽으며 사회질서는 그래도 계속될 것이라는
두 가지 근본적인 깨달음이 상징적으로 결합되어 있었다.

1

신화는 인류와 동시에 시작됐다. 인류의 출현에 대해 단편적으로 존재하는 최초의 증거를 보면, 호모 사피엔스의 예술과 세계에 이미 신화적 목적과 관심이 영향을 끼치고 있었다. 그런 증거들은 또 인류의 동질성에 대해서도 시사하는 바가 있다. 신화적 사고의 기본 테마는 인간의 역사가 시작된 이래로 줄곧, 그리고 인간이 살아가는 세계 어디에서나 변함없고 보편적이었다. 인류의 진화를 다룰 때 과학자들은 대개 신체적·해부학적 특징에 집중한다. 직립 자세, 큰 뇌, 치아의 수와 배열, 맞붙일 수 있는 엄지(우리가 도구를 쓸 수 있는 것은 이 덕분이다) 등이 그에 해당된다.

오늘날 우리가 인류 최초의 조상에 관해 알 수 있는 것은 대부분 L. S. B. 리키L. S. B. Leakey 교수 덕분이다. 그는 동아프리카에서 발견한 가장 오래된 화석들(기원전 180만 년 이후) 중 인간에 가장 가까운 것에 '손재주 있는 사람'을 뜻하는 호모 하빌리스Homo habilis라는 이름을 붙였다.[2] 이 작은 친구가 조잡한 도구를 최초로 만들어냈으리라는 의미에서 이는 아주 적절한 명명이다. 그러나 신체적 특징이 아니라 심리적으로 보면, 인간의 가장 명백한 특성은 일차적으로 신화적 목적과 법칙에 따라 삶을 꾸린다는 것이다. 경제적인 목적과 법칙은 그다음이다. 물론 식량과 번식, 보금자리 꾸미기는 침팬지 못지않게 인간의 삶에서도 아주 중요한 몫을 차지한다. 하지만 이집트의 피라미드, 중세의 대성당, 소들이 주위를 한가롭게 돌아다니는데도 굶주리는 힌두교도들이라든지 사울 왕의 시대부터 지금에 이르는 이스라엘의 역사를 경제적 관점에서 한번 생각해보라. 인간과 동물의 심리를 구별해주는 특징을 찾는다면, 분명 인간의 영역에서는 이렇게 경제조차 신화에 종속되기도 한다는 점일 것이다. 왜, 어떻게 해서 그런 비실질적 충동이 물질적 삶을 좌우하게 됐는가 묻는다면, 답은 우리 인간이 다른 영장류는 모르는 바를 깨달았기 때문이라 할 것이다. 스스로를 개별적 존재로 의식하게 된 인간은 자신과 자신이 사랑하는 모든 것이 언젠가 죽는다는 것을 알게 됐다.

죽음에 대한 인식과 그것을 초월하려는 욕구는 신화로 이어지는 첫걸음이다. 그리고 여기에는 또 다른 깨달음이 작용한다. 개인이 태어난 사회집단은 개인을 보살피고 지켜주며 개인 또한 거의 평생 사회집단을 보살피고 지키는 데 이바지해야 하지만, 그 집단은 그가 태어나기 훨씬 전부터 존재했고 그가 죽어도 사라지지 않을 것이다. 다시 말해 스스로를 개별적 존재로 의식하는 인간은 죽을 운명뿐 아니라 자신이 태어난 공동체의 질서를 받아들일 필요

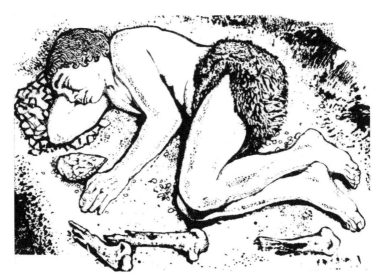

네안데르탈인의 매장 기원전 6만 년경의 상상도.

가 있다. 공동체는 개인의 질서에 우선하며, 인간은 이 초개체에 종속되어 참여함으로써 죽음을 초월하는 삶을 알게 될 것이다. 유사시대와 선사시대를 아우르는 긴 시간 동안 세계 곳곳에서 나타난 어느 신화체계에서나 개인은 반드시 죽으며 사회질서는 그래도 계속될 것이라는 두 가지 근본적인 깨달음이 상징적으로 결합되어 있었다. 그리고 그것이 의례, 나아가 사회를 구성하는 중심적 힘이었다.

그러나 원시 수렵사회에서 자란 아이는 가령 서구 산업국가에서 자란 아이와는 전혀 다른 사회질서에 순응해야 할 것이다. 그리고 이 같은 양극단 사이에는 수없이 많은 다른 유형이 존재한다.

그렇기에 앞서 언급한 두 가지 깨달음에서 우리는 인류의 동질성을 나타내는 요소뿐 아니라 차별성을 나타내는 요소도 찾아볼 수 있다. 모든 인간은 죽음에 직면할 뿐만 아니라 세계의 여러 민족은 상당히 상이한 방식으로 죽음을 맞이한다. 따라서 신화의 비교문화 연구는 보편성뿐 아니라 공통 주제가 어떻게 다르게 나타나는지도 살펴봐야 한다.

나아가 전 세계에서 신화 형성에 영향을 끼친 제3의 요소, 곧 제3의 인류 고유의 경험이 존재한다. 사고력과 관찰력이 성숙함에 따라 개인은 주변 세계를, 그리고 자신이라는 존재가 주변 세계와 어떤 관계를 맺는가 하는 수수께끼를 의식하게 된다. 세계는 이토록 크고 끊임없이 변화하는데 그러면서도 일정하게 느껴지는 것은 어째서인가. 수천 년 사이에 인간의 우주관은 크게 변했다. 특히 최근 들어 연구 수단이 발달하면서는 더욱 그러하지만, 과거에도 변화는 작지 않았다. 가령 고대 수메르 도시국가의 신관들은 천체의 변화를 관측했고, 알렉산드리아의 물리학자와 천문학자는 일곱 겹의 회전하는 천체 속에 지구가 들어 있다고 믿었다.

따라서 신화와 전설, 그리고 그와 관련된 의례를 분석할 때 우리는 공통되는 주제 및 원칙과 더불어 변인 또한 고려해야 한다. 지금껏 지구상에 존재해온 사회체제와 지난 수천 년간 인간의 세계관에 영향을 끼친 지식, 곧 자연의 방식이 그만큼 다양하기 때문이다.

또 있다. 고고학자들의 연구 결과, 인류 역사의 초기 원시시대에 여러 민족은 중심에서 사방으로 흩어졌고 그 과정에서 그때까지 공유했던 우주관을 각기 다르게 적용하고 해석했다는 게 밝혀졌다. 그러나 운송과 통신의 발달이 세계를 한데 아우르는 오늘날에는 차이가 점차 줄어들고 있다. 체계와 체계를 구별하던 차이점들은 이제 전만큼 중요하지 않고 정의하기도 쉽지 않다. 한편 그 모든 차이점 뒤에 자리하는 공통되는 주제를 이해하는 것이 점점 중요해지고 있다. 그런 주제들은 인류의 조상이 동물적 존재에서 벗어나 처음 출현했을 때부터 우리 곁에 있었으며 지금도 있다.

다음 문제로 넘어가기 전에 한 가지 더 생각해볼 게 있다. 오늘날, 적어도 문화 창작 활동의 중심에서 사람들은 자신들의 삶을 뒷받침해주는 사회질서를 당연시하게 됐다. 그래서 사회 통합을 지키고 유지하려 노력하는 대신 개인의 발전과 보호를 중심으로 생각하기 시작했다. 더욱이 이때 개인은 국가기관이 아니라 스스로가 목적인 독립체다. 이는 매우 중요하고 전례 없는 변화로, 이 현상이 향후 신화의 발전에 어떤 의미를 가질지 생각해봐야 할 것이다.

하지만 우선은 전통적 관점에 어떤 차이가 있기에 세계 여러 곳에서 공통되는 신화가 다르게 해석되어왔는지를 살펴보기로 하자.

2

과거에는 유대교와 기독교 모두 창세기가 천지창조와 선사시대

창조: 아담과 이브의 만남 히에로니무스 보스의 〈쾌락의 정원〉 일부.

에 실제로 벌어진 일을 서술한다고 여겼다. 오로지 유대교에만 알려진 한 신이 이레 만에 세상을 만들어냈으며, 새로 태어난 이 넓은 땅 어딘가에 에덴동산이 있었고 그곳에는 말하는 뱀이 살았다. 최초의 여자 이브는 최초의 남자의 갈빗대로 만들었고, 하느님이 금한 어느 나무 열매를 먹으면 얼마나 근사한 효과가 있을지 뱀이 여자에게 이야기해주었다. 두 사람이 열매를 먹은 결과 전 인류가 '타락'해 죽음이 세상에 찾아들었으며, 그들은 에덴에서 추방당했다. 동산 한가운데에는 또 다른 나무가 있었는데, 그 열매를 먹으면 영원한 생명을 얻게 된다. 조물주는 인간이 그 열매도 먹으면 자신 못지않게 전지적이고 영생하는 존재가 될까 봐 그들에게 저주를 내리고 쫓아낸 것이었다. 신은 동산 입구에 "그룹krub(케루빔, 성경에 등장하는 사람 또는 짐승 얼굴에 날개를 가진 초인적 존재 – 옮긴이)들과 두루 도는 불칼을 두어 생명나무의 길을 지키게" 했다.

오늘날 생각하면 있을 수 없는 일 같지만, 약 50년 전까지만 해도 그 모든 것을 곧이곧대로 믿었다. 성직자도 철학자도 정부 관료도 모두 마찬가지였다. 이제 우리는 그게 아니라는 것을 알고 있다. 지구상에 에덴동산 같은 것은 존재하지 않았고, 말하는 뱀도, 유사 이전의 '타락'도, 낙원 추방도, 대홍수도, 노아의 방주도 없었다. 주요 서구 종교의 바탕이 된 역사는 모조리 허구다. 그런데 참 신기하게도 이 허구는 다른 종교에서도 건국설화 역할을 하는 보편적 허구의 기반이 되어 세계 도처에 유사한 전설이 등장했다.

이 이상한 일을 어떻게 설명할 것인가? 그런 황당무계한 이야기들을 누가 만들어냈나? 그 이미지들은 어디서 비롯된 것인가? 그리고 참으로 어처구니없는 일이지만 왜 다들 그것을 그렇게 경건하게 믿는가?

종교적 전설이 갖는 힘과 기원, 의미를 이해하려면 세계 여러 지역과 서로 다른 전통에서 나타나는 여러 전설을 비교해보는 게 도움이 될 것 같다. 그것은 실제 역사가 아니기 때문이다. 따라서 전설에 담긴 것은 외부세계에서 일어난 사건이 아니라 상상의 테마다. 그리고 보편적인 특징을 갖는다는 점에서 그것은 어떤 면에서 모든 인간에게 보편적인 상상, 인간의 영혼, 오늘날 우리가 말하는 정신psyche의 항구적 특징을 나타낸다고 봐야 한다. 따라서 우리는 종교적 전설에서 우리 자신에게 근원적인 문제, 본질적인 원칙을 찾아볼 수 있다. 그것을 알아가는 작업은 우리에게 도움이 될 뿐더러, 우리 행동에 동기를 부여하는 은밀한 내면을 의식하기 위해서는 반드시 필요할 것이다. 다시 말해 이들 종교적 이야기와 이미지는 깨어 있는 동안의 의식이 알지 못하는 영혼의 영역에서 의식으로 보내는 메시지다. 이것을 미래, 현재, 과거 할 것 없이 시공간의 영역에서 일어나는 사건으로 읽는다면 왜곡이 생겨 그것이 갖는 힘의 방향이 틀어질 것이다. 그리고 성물화된 막대기나 돌, 동물, 사람, 사건, 도시, 사회집단 등 외부의 부차적인 존재가 상징이 될 것이다.

성경의 에덴동산 이미지를 좀 더 자세히 살펴보자.

에덴이라는 이름은 히브리어로 '기쁨, 기쁨의 장소'를 뜻하며, 영어 Paradise는 페르시아어의 pairi-(주위), daeza(담장)에서 왔다. 곧 '담장으로 둘러싸인 곳'이다. 에덴은 담장으로 둘러싸인 기쁨의 정원인 셈이고, 그 중심에는 나무, 정확히 말하면 선악을 알게 해주는 나무와 영원한 생명을 주는 나무가 있다. 그리고 마르지 않는 수원에서 네 줄기 강이 흘러나와 세상을 씻어준다. 또 최초의 인간이 선악과를 먹고 에덴에서 추방당했을 때, 그들이 돌아오지 못하도록 두 천사(그룹)가 동문을 지켰다.

에덴에서의 유혹과 추방 미켈란젤로 부오나로티가 그린 시스티나 예배당 천장화 일부.

지도상 실재하는 장소가 아니라 영혼의 풍경이라 본다면 에덴동산은 우리 안에 있을 것이다. 그러나 이미 선악을 알아버린 탓에 우리 의식은 그곳에 들어가 영원한 생명의 맛을 음미할 수 없다. 선악을 안 탓에 우리는 낙원에서 추방당해 우리의 중심에서 내동댕이쳐졌다. 그 때문에 우리는 이제 선악으로 사물을 판단하며 영생이 아니라 선악만을 경험한다. 그러나 담장으로 둘러싸인 정원은 우리 안에 있기에 비록 의식 수준에서는 인식하지 못해도 어쨌거나 우리 것이다. 그것이 에덴동산의 신화를 유사 이전의 사건이 아니라 인간 내면의 영적 상태로 읽을 때 찾아낼 수 있는 의미다.

성경의 이 설화가 서구세계를 사로잡아왔다면 인도의 붓다 설화는 온 동양을 매료해왔다. 거기에도 영원한 생명의 나무와 그것을 지키는 두 무시무시한 수호자가 등장한다. 싯다르타는 그 나무 밑에서 동쪽을 향해 앉아 있다가 자신의 불멸성을 깨달았고, 그때부터 붓다, 곧 깨달음을 얻은 자로 알려지게 됐다. 이 전설에도 뱀이 등장하지만, 여기서는 사악한 존재가 아니라 지상의 모든 생명에 깃든 영생의 힘을 상징한다. 동양에서는 뱀이 허물을 벗는 것을 인간이 옷을 입고 벗는 것처럼 영혼이 육체를 취하고 버리면서 환생하는 데에 견주기 때문이다. 인도 신화에는 테이블처럼 평평한 대지를 머리에 이고 있는 거대한 코브라가 있는데, 정확히 머리가 있는 지점에 세계수世界樹가 위치한다. 붓다 설화에 따르면, 전지성 omniscience을 얻은 붓다는 그 뒤로 며칠 더 명상을 계속하던 중 폭풍이 주위 세상에 휘몰아쳐 위험에 처하는데, 이 비범한 뱀이 밑에서 올라와 붓다의 몸을 휘감고 대가리로 그의 머리를 보호했다.

이렇듯 영원한 생명의 나무와 관련된 두 설화 중 한쪽에서는 뱀이 도움을 거절당하고 저주를 받는 반면 다른 한쪽에서는 도움이 받아들여진다. 양쪽 모두에서 뱀은 나무와 연관이 있으며, 허물을 벗고 다시 태어나는 것으로 볼 때 그 나무의 열매를 먹은 것으로 보인다. 성경에서는 인류의 조상이 나무가 있는 정원에서 쫓겨나는데, 불교 설화에서는 우리 모두 안으로 초대된다. 이렇듯 붓다가 밑에 앉아 있었던 나무는 에덴동산의 나무에 해당된다. 그리고 앞서 언급했다시피 에덴동산은 지도상의 장소가 아니라 영혼의 정원으로 봐야 한다. 그렇다면 왜 우리는 그곳으로 돌아가 붓다처럼 나무 밑에 앉지 못하나? 두 천사는 누구 또는 무엇인가? 불교에도

두려워하지 마라 중생의 두려움을 없애주는 '시무외인'을 맺은 청동 대불.

그런 존재가 있나?

　오늘날 세계 굴지의 불교 중심지 중 하나로 일본의 나라시가 꼽힌다. 그곳에 있는 어느 큰 사찰에서 커다란 연꽃 위에 오른손으로 시무외인施無畏印(부처가 중생의 두려움을 없애주기 위해 다섯 손가락을 펴 손바닥을 밖으로 향한 형상 – 옮긴이)을 맺으며 가부좌를 튼, 높이가 16미터에 달하는 청동 대불이 있다.

금강역사 사찰의 경계를 지키는 수문장.

　경내로 들어가는 문 양옆에는 칼을 든 거대하고 무시무시한 불상이 지키고 있다. 여호와가 에덴동산 입구를 지키게 한 두 천사가 불교에서는 이들에 해당된다. 하지만 그들은 우리에게 겁을 주어 막기 위해 있는 게 아니다. 우리는 문을 지나면서 두 위협적인 수문장이 우리에게 불러일으키는 죽음에 대한 공포와 삶을 향한 욕구를 뒤에 내려놓게 된다.

다시 말해 불교에서는 우리가 낙원에 들어가지 못하는 것이 신의 질투나 노여움 때문이 아니라 우리의 삶에 대한 본능적 집착 때문이다. 우리의 오감은 외부 시공간 세계를 지향하므로 외부세계와 그 안에 존재하는 우리 육체에 집착한다. 그래서 육체적 삶이 주는 쾌락을 포기하기 싫어한다. 이 집착이 바로 우리가 낙원에 들어가지 못하게 가로막는 강력한 사실, 강력한 상황 또는 장벽이다. 우리가 우리 안에 영원하고 보편적인 의식이 자리하며 외부지향적인 감각은 인자因子에 불과함을 인식하지 못하는 것은 오로지 그 때문이다.

불교의 이 같은 가르침에 따르면, 우리는 불칼을 든 천사 때문에 우리 내면의 정원에 들어가지 못하는 게 아니다. 우리 스스로가 자신과 세계의 외적·물질적 측면에만 열중하는 탓에 들어가지 못하는 것이다. 수문장이 지키는 문을 지나는 것은 우리가 익히 알고 있는 세계와 그 안의 우리 자신을 내려놓음을 의미한다. 태어나고 죽는 것처럼 보이고, 선 아니면 악으로 경험되며, 그래서 결과적으로 욕망과 두려움을 가지고 보게 되는 만물의 현상적이고 단순한 겉모습을 내려놓는 것이다. 사찰 문을 지키는 두 거대한 수문장 중 한쪽은 입을 벌리고 있고 또 한쪽은 다물고 있는데, (내가 듣기로) 이는 현세에서 우리가 어떤 것을 경험할 때 늘 이원적으로 대함을 상징한다.

하지만 성경에서 주는 교훈도 결국 그것이 아닌가? 이브와 아담은 선악, 바꿔 말하면 이원성의 열매를 먹고 그 즉시 자신을 상대방과 다른 존재로 경험하고 수치심을 느꼈다. 따라서 신이 그들을 에덴동산에서 추방해 죽음과 출산과 노동의 고통을 경험하게 한 것은 단순히 이미 일어난 결과를 확인한 일에 지나지 않았다. 더욱이 그들은 이제 신조차도 완전히 '타자', 노여움에 차 있어 그들에게 위협적인 존재로 경험하고 있었다. 에덴동산 입구를 지키는 두 천사는 아담과 이브가 신과 스스로를 어떻게 경험하는지를 나타내는 것이었다.

그러나 성경에 따르면 사실 아담은 '손을 뻗어 생명나무 열매를 따먹고 영생'을 얻을 수도 있었다. 게다가 십자가에 못 박힌 예수 그리스도의 이미지는 우리에게 바로 그렇게 하라고 말한다. 그리스도가 인간에게 영생을 되찾아주었다는 것이다. 중세시대에 십자가는 영생의 나무와 동일시됐으며 영생의 열매는 십자가에 못 박힌 그리스도 자신이었다. 그리스도는 자신의 살과 피를 '참된 양식'과 '참된 음료'로 우리에게 내놓았다. 말하자면 그는 천사들과 불칼을 두려워하지 않고 담대하게 문을 지나간 것이었다. 그리고 500년 전 붓다가 자아지향적인 욕망과 공포를 뒤로하고 스스로를 순수하고 영원한 공空으로 깨달은 것처럼, 기독교의 구세주는 속죄atonement를 위해 나무에 못 박힌 육체를 뒤로하고 영혼의 상태로 하느님과 하나되었다at-one-ment. 이제 우리가 그 뒤를 따를 차례다.

기독교와 불교 설화의 상징적 이미지는 이처럼 형태상으로는 유사하나 관점은 서로 어긋난다. 구약과 신약 성경에서 신과 인간은 하나가 아니라 대극이며, 인간은 조물주를 거역했기 때문에 낙원에서 추방됐다. 따라서 십자가의 대속代贖은 하나됨보다는 회개였다. 반면 불교에서는 인간이 자기 존재의 근원과 분리된 것을 심리학적 시각에서 본다. 그것은 자신의 근원을 모르고 허상에 불과한 것에 궁극적 실재를 부여하는 그릇된 인식에서 비롯한다. 성경의 설화가 아이들에게 들려주는 동화 수준에서 불복종과 그에 대한 벌을 다루며 흡사 부모 자식 관계에서처럼 의존과 두려움, 공손함과 헌신을 심어준다면, 불교는 스스로를 책임지는 어른들을 위한 가르침이다. 그러나 사실 이 둘에 공통되는 이미지는 구약성경보다, 불교보다, 심지어 인도보다도 더 오래됐다. 뱀과 나무, 영생의 정원 이미지는 초기 설형문자 문헌과 고대 수메르의 원통 인장, 전 세계 원시부족 촌락의 미술과 의례에 이미 나타나기 때문이다.

뿐만 아니라 상징에 관한 비교연구적 관점에서 볼 때 예수 그리스도나 붓다가 실제로 살아 그들의 가르침과 연관된 기적을 행했는지 아닌지는 중요하지 않다. 세계의 종교 설화에는 이들의 위대한 삶과 유사한 이야기가 무수히 많다. 그 모두는 구세주, 영웅, 구원받은 자들이 자기 안에 자리하는 공포의 담장을 통과할 수 있었던 사람이라는 것을 알려준다. 우리 보통 사람들의 의식은 깨어 있을 때나 심지어 자는 중에도 이 담장에 가로막혀 우리 자신과 세계의 성스러운 땅을 경험하지 못한다. 구세주적 존재의 신화화된 생애는 언어를 초월하는 상징으로 세계를 초월하는 지혜를 전해준다. 그것이 대체로 애초에 담장을 쌓았던 언어화된 사고로 재해석되는 것은 아이러니한 일이 아닐 수 없다. 결혼식에서 선량한 목사들이 신랑신부에게 다음 세상에서 영생할 수 있도록 지금 세상에서 함께 살라고 하는 말을 들으면, 신화적으로는 지금 세상에서 영생을 누릴 수 있도록 결혼해 함께 살라고 하는 게 더 적절한 충고가 아닐까 싶어 아쉽다. 왜냐하면 영원한 생명은 실제로 존재하기 때문이다. 산다는 행위 자체에, 그리고 지금까지 살고 죽은 모든 인간의 경험과 표현에 내재하는 인간 가치의 차원이 존재한다는 얘기다. 우리는 모두 무의식적으로 이를 체현하고 있으며, 위인이란 단순히 그것을 깨달은 자다. 그노시스파의 도마복음에서 예수 그리스도가 말하는 것처럼 "아버지의 왕국은 이 땅에 널리 있으나 사람은 그것을 보지 못한다."[3]

이렇게 보면 신화는 그런 초월적 통찰을 시적으로 표현한 것이라고 정의할 수 있다. 뱀 신이나 성스러운 나무 같은 몇몇 기본적인 신화 상징이 얼마나 오래됐는지를 생각하면, 오늘날 우리가 생각하는 신비적 계시의 시초를 적어도 몇몇은, 심지어 원시사회에서도 알고 있었을 것이다.

3

그렇다면 인류의 신화적 사고를 보여주는 최초의 증거로 무엇이 있을까?

앞에서도 언급했지만, 지구상에 최초로 출현한 인류의 조상에 관한 증거 중에 최근 L. S. B. 리키 박사가 동아프리카 올두바이 협곡에서 발굴한 화석이 있다. 약 180만 년 전의 지층에서 인간과 유사한 특징이 뚜렷한 턱뼈와 두개골이 발견됐다. 180만 년 전이면 아주 먼 옛날이다. 그때부터 근동에서 농경과 목축이 시작되기까지 인간은 식량을 전적으로 수렵과 채취에 의존했다. 게다가 수천 년간 지구상에서 인간은 어디까지나 소수 집단에 지나지 않았으며 작은 무리를 지어 거주하고 이동했다. 지금은 우리 인간이 최대

돌탑 티베트의 산에서 볼 수 있는 돌무더기.

집단이고 인간의 적은 인간뿐이다. 그러나 당시만 해도 짐승이 다수였을뿐더러, 지구상에서 산 걸로 따지자면 그들 쪽이 '고참'이라 이미 환경에 익숙해져 고정된 생활방식을 갖고 있었다. 그리고 그들 중 다수가 몹시 위험했다. 그때에는 한 인간 무리가 다른 인간 무리를 상대해야 할 일이 그리 많지 않았으며, 인간이 접하게 되는 것(위험한 의미로든 아니든)은 대개 동물이었다. 그리고 오늘날 우리가 같은 인간을 두려움이나 존경심, 애정, 무관심으로 대하듯이 당시에는 수십만 년간 동물을 그렇게 대하며 지냈다. 뿐만 아니라 오늘날 우리가 같은 인간과 합의를 이루고 살듯이(또는 그런다고 믿듯이) 이들 초기 원인猿人은 그들과 동물계 사이에 상호합의가 존재한다고 생각한 것 같다.

현재 확인할 수 있는 최초의 신화적 사고는 네안데르탈인이 살았던 기원전 약 25만 년에서 5만 년의 것이다. 그중에는 식량과 장례용품, 도구, 제물로 바친 동물 등을 함께 매장한 무덤이 있는가 하면, 높은 산속 동굴에 동굴곰(구석기시대에 서식한 곰의 일종 – 옮긴이)의 머리뼈를 상징적으로 장식해 만든 예배소도 있다. 매장 관습을 보면 영생까지는 아니라 해도 최소한 내세의 개념이 있었음을 알 수 있다. 접근이 거의 불가능한 산중에 곰의 머리뼈를 모신 성소는 사람처럼 직립하며 털로 뒤덮인 커다란 곰을 향한 숭배를 보여준다. 곰은 지금도 수렵과 어로로 살아가는 유럽과 시베리아 최북단의 부족, 그리고 북아메리카 인디언 부족에게 숭배의 대상으

아이누족의 곰 희생 의식 아이누족이 곰의 '해방'을 준비하고 있다.

로, 네안데르탈인처럼 곰의 머리와 머리뼈를 보존하는 부족이 여럿 있다.

일본 아이누족의 곰 신앙에 대한 보고가 특히 충실하고 유용하다. 아이누족은 몽골계 일본인보다 몇백 년 먼저 일본에 들어와 정착한 코카서스 인종으로, 지금은 북방의 홋카이도와 사할린(지금은 러시아 영토지만)에만 산다.

이 특이한 종족은 현세가 내세보다 좋다는 합리적인 생각을 갖고 있다. 그 때문에 저승에 사는 신적 존재들이 이 종족을 즐겨 찾아온다. 그들은 동물의 형태를 취하고 오는데, 한번 동물 옷을 입고 나면 벗을 수 없다. 따라서 저승으로 돌아가려면 인간의 도움이 필요하다. 아이누족은 그들을 죽여 옷을 벗겨내어 그것을 먹은 다음, 해방된 손님을 예의를 갖춰 떠나보낸다.

이 의례를 상세히 묘사하는 기술이 여럿 있는 데다 지금도 운이 좋으면 직접 볼 수 있다. 아이누족은 새끼 곰을 잡아와 가족의 애완동물로 기른다. 여자들이 곰을 보살피고 아이들은 함께 뒹굴며 논다. 그러나 곰이 크면서 조금 사나워지면 우리에 가둔다. 곰이 네 살쯤 되면 집으로 돌려보낼 순간이 온다. 그때까지 곰이 지내온 집의 가장은 우리 속의 곰에게 '축제가 조금 가혹하게 느껴질 수도 있겠지만 그것은 너(곰)를 위해 불가피한 일'이라고 타이른다. "작은 신이여, 이제 우리는 너를 돌려보내려 한다. 혹시 이 의례를 처음 겪는다면 원래 이런 것이라고 이해해라. 돌아가서 네 부모에게 이곳에서 좋은 대접을 받으며 잘 지냈다고 말해주면 좋겠다. 그리고 우리와 함께한 생활이 마음에 들어 다시 찾아오는 영광을 우리에게 베풀어준다면 우리도 그에 보답해 이 곰 의식을 다시 행할 것이다." 그러고는 능숙한 솜씨로 재빨리 곰을 처리하고, 머리와 발이 붙은 채로 가죽을 벗겨서는 마치 살아 있는 듯 보이게 받침대 위에 올려놓는다. 그러고는 고기를 큼지막하게 썰어 국을 끓이고 그릇에 듬뿍 담아 주둥이 밑에 놓아준다. 지상에서의 마지막 식사를 마치면 곰은 그들이 준비한 푸짐한 작별 선물을 가지고 만족해서 집으로 돌아간다.

여기서 주목해야 할 것은 곰에게 지상으로 돌아오라고 초대한다는 점이다. 이는 아이누족에게 죽음이 존재하지 않는다는 것을 암시한다. 아이누족의 장례 의식에서 고인에게 하는 마지막 말에서도 똑같은 개념을 찾아볼 수 있다. 죽은 이는 귀신이나 악령이 아니라 자연의 섭리에 따라 갓난아기로 다시 태어나 돌아온다. 또한 아이누족에게는 죽음 자체만으로는 벌이 될 수 없기 때문에 중죄를 지은 자는 고문해서 죽이는 극형에 처한다.

또 하나 중요한 개념은, 그들을 찾아온 신인 곰을 천상으로 돌려보내려면 동물의 육체에서 꺼내주어야 한다는 것이다. 아이누족에게는 그들이 사냥하는 동물 외에도 여러 식용식물 또한 그 같은 손님이기에 죽여서 먹는 것은 해를 입히는 일이 아니라 오히려 도움을 주는 일이다. 여기에서 생존을 위해 무자비한 살육 행위를 계속해야 하는 원시 수렵·어로 부족의 죄의식과 보복에 대한 두려움이 엿보인다. 잡아먹힌 동물과 식물은 자신들을 죽이는 것을 환영한다. 따라서 일시적으로 둘렀던 물질적 육체를 '깨뜨려 먹어주면' 그로부터 해방된 영혼은 적의를 품기는커녕 고마워할 것이 틀림없다.

홋카이도 남동 연안에 위치한 구시로에는 아이누족이 곰을 얼마만큼 공경했는지를 보여주는 설화가 있다. 한 젊은 어머니가 매일 아기를 업고 백합 구근 따위의 먹거리를 찾아 산에 갔다. 필요한 만큼 캐면 여자는 뿌리를 씻으러 냇가로 가 등에 업고 있던 아기를 옷가지에 싸서 냇둑에 두고는 알몸으로 물에 들어가곤 했다. 어느 날 물속에서 아름다운 노래를 부르기 시작한 여자는 물가로 올라와서도 계속 노래하며 자기 노래에 맞춰 춤을 추었다. 자신의 노래와 춤에 홀려 있던 여자의 귀에 갑자기 무시무시한 소리가 들렸다. 곰 신이 나타난 것이었다. 겁에 질린 여자가 달아난 뒤, 냇가에 버려진 아이를 발견한 곰 신은 이렇게 생각했다. '아름다운 노랫소리에 이끌려 발소리를 죽이고 조용히 다가왔건만, 너무나도 아름다운 여자의 노래에 푹 빠져 그만 나도 모르게 소리를 내고 말았구나.'

아기가 울기 시작하자 곰 신은 아이의 입에 혀를 넣어 양분을 주고 달래주었다. 그 뒤로 여러 날 동안 한시도 곁을 떠나지 않고 아기가 죽지 않도록 자상하게 보살피다가 마을 사냥꾼들이 나타나자 떠났다. 아기가 살아 있는 것을 본 마을 사람들은 곰이 아기를 돌봐준 것을 알고 놀라 말했다. "잃었던 아기를 곰이 보살펴주었구나. 선량한 곰이다. 저렇게 훌륭한 신이라면 우리가 당연히 숭배해야 하지 않겠느냐." 그래서 마을 사람들은 곰을 쫓아가 죽인 다음 마을로 데리고 돌아와 곰 축제를 열었다. 그리고 곰의 영혼에게 좋은 음식과 술을 바치고 주물呪物을 두둑하게 들려 집으로 돌려보냈다.[4]

아이누족 신화에서 중요한 위치를 차지하는 곰은 산신山神으로 여겨지므로, 여러 학자가 네안데르탈인의 곰 숭배에서 높은 산속 동굴에 예배소를 차린 이유도 아이누족과 비슷할지 모른다고 주장했다. 아이누족 또한 제물로 바치는 곰의 머리뼈를 보존한다. 뿐만 아니라 네안데르탈인의 예배소에서 불을 피운 흔적이 발견됐는데, 아이누족의 의식에서는 제물로 바쳐진 곰과 함께 곰고기를 먹도록 불의 여신 후지를 초대한다. 불의 여신과 산신이 이야기를 나누는 동안 아이누족은 밤새도록 음식과 마실 것, 노래로 그들을 대접한다. 물론 약 20만 년 전에 살았던 네안데르탈인에게 그런 개념이 있었는지 확인할 길은 없다. 여러 권위 있는 연구자들은 선사시대 유적을 근대 원시부족의 관습에 비추어 해석하는 것이 과연 적절한지 의문을 제기한다. 그렇지만 이 사례에서만은 양자가 놀랄 만큼 유사하다. 두 경우 모두 절단된 머리뼈에 붙어 있는 경추가 대개 두 개라는 이야기까지 있다. 그러나 이것만은 확실하게 말할 수 있을 것이다. 어느 문맥에서나 곰은 숭배의 대상이며 그의 힘은 죽은 뒤에도 보존된 머리뼈를 통해 발휘된다. 인간은 의식을 통해 그 힘을 자신들의 목적과 접목시키며, 이 의식에는 불의 힘이 개입한다.

불 숭배에 대해 남아 있는 최초의 증거는 네안데르탈인의 시대보다 두 배 이상 거슬러 올라간 약 50만 년 전, 피테칸트로푸스 시대의 것이다. 식인 습관을 가진 베이징 원인은 특히 갓 깨부순 머리뼈 속의 뇌를 날것으로 즐겨 먹었으므로, 그들은 불을 요리에 쓴 게 아니었다. 네안데르탈인 또한 마찬가지다. 그렇다면 불을 어디에 썼나? 보온을 위해? 그럴 가능성도 있겠지만, 어쩌면 매혹적인 숭배의 대상을 제단에 모시듯 난로 속의 불씨를 살려두었을지도 모른다. 이 같은 추측은 그 뒤로 네안데르탈인의 곰 성소뿐 아니라 아이누족의 곰 축제에도 불이 등장한다는 사실이 뒷받침한다. 후자에서 불은 여신의 현현과 동일시된다. 그렇다면 불은 선사시대 인간이 최초로 모신 신일 수도 있다. 불은 반으로 나누었을 때 줄어들지 않고 오히려 늘어나는 성질이 있다. 불은 지상에서는 유일하게 태양이나 번개처럼 빛을 발한다. 게다가 불은 살아 있다. 사람의 몸에서 열은 생명 그 자체로, 몸이 차갑게 식으면 사람은 죽는다. 화산에 넘쳐나는 불은 여러 원시부족의 구전설화에서 화산의 여자 악령과 동일시된다. 죽은 자들은 이 악령이 다스리는 저승에서 괴이하게 타오르는 화산의 불길 속에 영원히 춤춘다.

네안데르탈인은 약 4만 년 전 빙하기의 끝과 더불어 소멸하고 그들의 거친 생활양식은 기억에서 사라졌다. 그러고 나서 조금은 느닷없이 훨씬 우월한 인종으로 우리의 직계 조상인 호모 사피엔스가 출현했다. 프랑스의 피레네산맥과 도르도뉴, 에스파냐 칸타브리아 지방에 있는 아름다운 동굴벽화가 이들이 그린 것으로 추정된다. 돌이나 매머드의 뼈 또는 상아로 만든 작은 여자 인형(재미있게도 '구석기의 비너스'라는 별명이 붙었다)은 인류 최초의 미술품일 것이다. 숭배의 대상이었던 동굴곰의 머리뼈는 요즘 말하는 의미에서는 예술작품이 아니며 매장품도 아니고 도구도 아니다. 인형에는 발이 없는데, 그것은 집 안에 있는 작은 성소의 땅에 꽂아 세워두었기 때문이다.

여기서 중요한 것은, 같은 시기의 벽화에 등장하는 남자들은 모

구석기의 비너스 '로셀의 비너스'로도 불린다.

두 옷을 입은 반면 이 여자 인형들은 아무런 장식도 없이 알몸으로 그저 서 있다는 사실이다. 이는 남자와 여자의 심리적·신화적 가치에 관해 시사하는 바가 있다.

여자는 태어날 때부터 생명의 근원이자 수여자로서만이 아니라 신화적 존재였다. 여성의 손길과 존재 자체가 마술적이다. 생리가 달의 주기와 일치한다는 것 또한 신비스럽다. 반면 옷을 입은 남자는 권력을 '얻은' 존재로서 구체적이고 한정된 사회적 역할 또는 기능을 대표한다.

프로이트와 융이 지적하듯, 유아는 어머니를 자연의 힘으로, 아버지를 사회의 권위로 경험한다. 아이를 세상에 태어나게 했으며 영양을 공급해주는 어머니는 아이의 상상 속에서 (헨젤과 그레텔의 마녀처럼) 자신이 만들어낸 것을 잡아먹으려 하는 존재로 비칠 수 있다. 사회로 데리고 나가는 것은 아버지의 역할이다. 아들에게는 아들이 맡을 사회적 역할을 소개하고, 딸에게는 딸이 경험하는 최초이자 궁극의 남성으로서 남성에 대한 여성의 사회적 역할을 일깨워준다. 구석기시대 비너스상은 예외 없이 가정의 아궁이 근처에서 발견된 반면, 옷을 입은 남자 그림은 어두운 동굴 깊숙한 곳, 가축 떼의 멋진 그림 사이에 자리한다. 더욱이 그들이 입은 옷과 자세가 이후에 등장할 원시부족의 샤먼과 비슷한 것으로 볼 때 수렵 및 성년 의례와 연관되는 것이 분명하다.

여기서 북아메리카 블랙풋족의 설화를 살펴보기로 하자. 《신의 가면》 제1권 《원시 신화》에서도 이미 소개한 적이 있지만, 내가 알기로 구석기시대의 화가/사냥꾼이 동굴 사원의 의식을 어떻게 해석했는지를 이보다 더 잘 보여주는 설화는 없다. 어느 해 겨울을 앞두고 블랙풋족은 들소고기를 충분히 비축할 수 없었다. 들소는 벼랑으로 몰아도 그 앞에서 좌우로 흩어져 도망쳐버리기 때문이었다.

그러던 어느 날 이른 아침, 높다란 절벽 밑에서 굶주린 채 야영하던 마을의 한 젊은 여자가 가족의 천막에서 쓸 물을 길러 가다가 절벽 위를 올려다보니 들소 떼가 풀을 뜯고 있었다. 여자는 울타리 안으로 뛰어내려주면 그중 한 마리와 결혼하겠다고 소리쳤다. 그러자 들소들이 마구 뛰어들어 굴러떨어져 죽었다. 여자는 물론 놀라고 신이 났다. 그런데 그때 거대한 수소가 단숨에 울타리를 뛰어넘어 그녀 쪽으로 다가왔다. "자, 가자!" 들소가 말했다. 겁에 질린 여자는 몸을 뒤로 빼며 싫다고 했다. 하지만 들소는 약속을 지키라면서 여자를 절벽 위로 데리고 올라가 초원으로 사라졌다.

무리를 이끄는 그 들소는 물질이 아닌 신비적 차원의 존재였다. 세계 곳곳의 원시 수렵자 설화에는 이런 반인반수의 샤먼적 캐릭터(에덴동산의 뱀 같은)가 등장한다. 동물로 보기도 사람으로 보기도 쉽지 않은 존재이지만, 내러티브에서는 그들의 역할을 쉽게 받아들이게 된다.

마을 사람들은 뜻밖의 횡재에 기뻐하며 들소를 모두 도살하고 나서야 젊은 여자가 없어졌다는 것을 깨달았다. 딸의 흔적을 발견한 아버지는 그 옆에 들소의 발자국이 있는 것을 보고 활과 화살통을 가지고 뒤를 쫓기 시작했다. 초원을 한참 걷자 우묵땅이 나타나고 조금 떨어진 곳에 들소 한 무리가 보였다. 지친 아버지가 일단 앉아 이제 어떻게 할지 생각하는데, 까치 한 마리가 우묵땅 근처에 내려앉아 이것저것 쪼고 다니기 시작했다.

"거기 잘생긴 새야! 날아다니다가 내 딸을 보거든 아버지가 우묵땅에서 기다린다고 말해주겠느냐?"

아름다운 흑백 깃털과 길고 우아한 꼬리를 가진 까치는 들소 무리가 있는 곳으로 곧장 날아갔다. 그곳에서 젊은 여자를 발견하고는 근처에 내려앉아 다시 여기저기 쪼고 다니기 시작했다. 마침내 여자에게 가까이 이르렀을 때 "아버지가 우묵땅에서 기다리신다"라고 속삭였다.

여자는 겁에 질려 주위를 두리번거렸다. 그녀의 남편인 수소가 근처에서 자고 있었다. "쉿! 가서 아버지께 기다려달라고 전해줘."

새가 전갈을 가지고 우묵땅으로 돌아간 뒤 얼마 지나지 않아 수소가 잠에서 깼다.

"가서 물을 가져와라." 수소의 말에 여자는 남편의 머리에서 뿔 하나를 뽑아 우묵땅으로 갔다. 그러나 아버지가 팔을 낚아채자 여자는 "안 돼요!" 하고 경고했다. "저들이 따라와서 둘 다 죽일 거예요. 다시 잠들면 올 테니까 그때 빠져나가요."

여자는 뿔에 물을 담아 남편에게 돌아갔다. 수소는 한 모금 마시더니 코를 쿵쿵거렸고, "가까이에 사람이 있군" 하고는 다시 물을 마시고 코를 쿵쿵거렸다. 그러고는 일어나 트림을 했는데 소리가 무시무시했다!

모든 수소가 일어섰다. 그들은 짤막한 꼬리를 쳐들어 흔들고 커다란 머리통을 뒤로 젖혀 울부짖었다. 그러고는 사방팔방으로 흩어진 끝에 딸을 찾으러 온 가엾은 인디언 아버지를 마구 짓밟고 뿔로 들이받아 죽였다. 시체는 작은 조각조차 남아 있지 않았다.

딸은 눈물을 흘리며 비명을 질렀다. "아버지! 아버지!"

"아!" 수소가 가혹하게 말했다. "네 아버지의 죽음을 애도하느냐! 그렇다면 이제 우리 마음이 어땠는지 이해하겠구나. 지금까지 우리 어머니가, 아버지가, 친척들이 너희 손에 죽었다. 그러나 내가 너를 불쌍히 여겨 한 번의 기회를 주겠다. 네 아버지를 도로 살릴 수 있다면 마을로 돌아가도 된다."

가엾은 여자는 까치에게 돌아가 작은 조각이라도 좋으니 진창 속에서 아버지의 시체를 찾아달라고 부탁했다. 까치는 다시 긴 부리로 우묵땅을 여기저기 쪼아본 끝에 아버지의 척추 관절을 찾아냈다. 젊은 여자는 그것을 조심스레 땅에 놓고 자신의 옷으로 덮은 다음 어떤 노래를 한 곡 불렀다. 이내 옷 밑에 사람의 몸이 나타났다. 옷자락을 들추자 아버지가 누워 있었지만 아직 살아 숨 쉬지 않았다. 다시 옷자락을 덮고 노래를 부르다가 또 들춰보니 이번에는 숨을 쉬고 있었다. 아버지가 일어서고 까치는 기쁨에 차서 큰소리로 우짖으며 이리저리 날아다녔다. 들소들은 놀랐다.

"오늘 참으로 신기한 일을 목격했구나." 큰 수소가 다른 들소들에게 말했다. "우리가 밟아 죽인 남자가 다시 살아났다. 이들의 힘은 강하다."

그러고 나서 젊은 여자에게 말했다. "너와 네 아버지가 가기 전에 우리의 춤과 노래를 가르쳐줄 테니 절대로 잊지 마라." 이 노래와 춤은 들소에게 죽은 남자가 다시 살아난 것처럼 앞으로 사람들

손에 죽은 들소를 다시 살려낼 마법의 수단이었다.

모든 들소가 춤을 추었다. 노래는 거대한 몸집에 걸맞게 느리고 엄숙했으며 스텝은 차분하고 육중했다. 춤을 마치자 큰 수소가 말했다. "이제 집으로 돌아가라. 네가 본 것을 잊지 말고 너희 부족에게 이 춤과 노래를 가르쳐라. 이 의식의 성물은 수소의 머리와 들소의 옷이니, 수소의 춤을 추는 자는 모두 수소의 머리를 쓰고 들소의 옷을 입어야 한다."[5]

이런 근대 수렵부족의 설화들에 비춰볼 때 거대한 구석기시대 동굴 벽화 속 형체들 중 새롭게 조명되는 것이 얼마나 많은지 놀

'성소'에 그려진 마법사 프랑스 남부에서 발견된 동굴벽화 일부.

라울 정도다. 물론 거기서 근거로 삼은 것들이 모두 정확하다는 보장은 없지만, 핵심 개념이 유사하다는 것만큼은 확실하다. 동물은 자발적으로 죽음을 당하는 것이고, 그들에게 바치는 기도는 동물계와 인간계의 신비적 계약을 나타내며, 노래와 춤은 주술적 힘을 매개하는 수단이다. 나아가 동물계의 모든 종種은 일종의 증식된 개체이며, 반인반수의 주술적 힘을 가진 동물 신이 그것의 씨앗 또는 모나드monad, 곧 궁극적 실체로 자리한다. 죽음은 존재하지 않으며 물질적인 육체는 단지 눈에 보이지 않는 모나드적 실체가 걸치는 옷일 뿐이다. 그들은 무형의 벽을 통해 눈에 보이지 않는 별세계와 이 세상을 넘나들 수 있다. 인간과 동물이 결혼한다든지, 태곳적에 동물과 인간이 교류했다든지, 부족의 의식과 관습이 당시 맺은 특정한 계약에서 비롯되는 것도 유사하다. 그런 의식에는 주술적 힘이 있는데 처음 형태를 그대로 유지하지 않거나 조금만 벗어나도 주술은 효력을 잃을 것이다.

주로 드넓은 초원에서 유랑생활을 하는 원시 수렵부족에게 자연이란 광활한 대지와 그 위를 덮은 푸른 하늘이 아득히 먼 지평선에서 맞닿는 세계이고, 그들에게 친숙한 생명체는 그 거대한 공간을 이동해 다니는 동물 집단이다. 동물을 죽여 생활하는 그들은 대체로 호전적이다. 남성 구성원의 수렵 기술과 싸움에서 발휘하는 용기에 의지하기 때문에 그들은 필연적으로 남성적 심리와 남성지향적 신화에 지배되기 마련이며 개개인의 용맹함을 높이 평가한다.

열대 밀림의 자연질서는 이와는 사뭇 달라서 지배하는 심리적·신화적 질서 또한 다르다. 이곳에서는 사방에 보이는 것이라곤 식물뿐이다. 나뭇잎으로 뒤덮인 머리 위에는 날카로운 소리로 우짖는 새들이 살고, 땅에 두텁게 깔린 잎사귀 밑에는 뱀이며 전갈 같은 위험한 것들이 숨어 있다. 저 멀리 선명하게 보이는 지평선 대신 마구잡이로 뒤엉킨 초목이 사방으로 무한히 뻗어나가 혼자 돌아다니기 위험하다. 마을은 비교적 안정된 상태이며 주로 여자들이 땅에서 채취하거나 경작한 식물을 먹고 산다. 따라서 남성 심리는 위협을 받는다. 어머니로부터의 자립은 젊은 남자가 최초로 마주하는 심리적 과제인데, 여자들이 모든 기본적인 노동을 효율적으로 해내는 사회에서는 이 과제를 수행하기가 거의 불가능하기 때문이다.

그로 인해 열대 부족에서는 남성 비밀결사라는 멋진 제도가 생겨났다. 남자들은 여자들이 들어오지 못하는 영역에서 어머니의 눈을 벗어나 남자의 성취욕을 만족시켜주는 기이한 상징 게임을 안심하고 즐길 수 있다. 또 이런 지역에서는 부패한 식물에서 새싹이 돋아나는 광경을 흔히 볼 수 있는데 여기에서 죽음이 삶을 가져온다는 신화가 생겨난 듯하다. 생명을 더 많이 늘리기 위해서는 죽음을 늘려야 한다는 끔찍한 개념이 그 뒤를 따랐다. 그 결과 수천 년간 열대지방에서 공양 의식이 광범위하게 행해졌다. 대초원에 사는 수렵부족의 동물 숭배는 그에 비하면 유치할 만큼 그들은 동물뿐 아니라 인간도 제물로 바쳤으며 의식은 매우 상징적이다. 그들이 바친 제물에는 그 밖에도 들판의 열매와 첫아이가 있었고, 남편의 무덤에는 아내가, 왕의 무덤에는 가신 전원이 제물로 바쳐졌다. 자발적 희생자라는 신화적 테마는 여기에서 자진해서 살해당한 원초적 존재의 이미지와 연관된다. 해체되어 매장된 그들의 시체에서 식용식물이 자라나 부족을 먹여 살리는 것이다.

폴리네시아의 쿡제도에는 이 보편적 신화의 재미있는 지역판이 존재한다. 히나(달)라는 이름의 처녀가 있었는데 그녀는 한 연못에서 즐겨 목욕했다. 그런데 어느 날 거대한 뱀장어가 처녀의 몸을 스치고 지나갔다. 그렇게 여러 날을 반복한 끝에 뱀장어는 뱀장어 옷을 벗고 테 투나(뱀장어라는 뜻)라는 아름다운 청년이 되었다. 히나는 테 투나를 연인으로 받아들였다. 그 뒤로 테 투나는 인간의 모습으로 히나를 찾아왔다가 떠날 때는 뱀장어가 되어 헤엄쳐 사라지곤 했다. 그러던 어느 날 이제 영원히 떠날 때가 됐다면서 뱀장어의 모습으로 큰물을 몰고 올 테니 머리를 잘라 묻으라고 말했다. 히나는 그가 시킨 대로 하고 그 뒤로 매일 테 투나의 머리를 묻은 곳으로 찾아갔다. 어느 날 그곳에서 푸른 새싹이 돋아나 아름다운 나무로 자라서는 이내 열매를 맺기 시작했다. 그게 최초의 코코넛으로, 지금도 코코넛 껍질을 벗기면 히나의 연인인 테 투나의 눈과 얼굴이 보인다.[6]

3

잃어버린 의례를 찾아서

1964년[1]

원시사회의 통과의례, 나아가 전 세계 교육의 최초의 기능은 청소년의 대응체계를
의존에서 자기 책임으로 바꿔놓는 것이다. 이런 관점에서 신경증 환자는 성인으로서
'제2의 탄생'이라는 중요한 관문을 통과하지 못한 사람이라 볼 수 있다

내가 생각하기에 의식ritual의 기능은 표면적인 차원에서가 아니라 깊은 곳에서 인간의 삶에 형태를 부여하는 것이다. 고대에 모든 사회적 행사는 의례rite로서 행해졌으며 종교적 분위기로 깊이를 얻었다. 반면 오늘날에는 매우 특별하고 '성스러운' 행사만 종교성을 띤다. 그렇지만 의례는 우리의 세속적 생활 패턴에도 남아 있다. 가령 재판정의 격식이나 군대생활의 규율, 식사 예절에서 의례를 찾아볼 수 있다.

모든 생명체는 구조다. 생물권에서는 구조가 정교하면 정교할수록 더욱 발달된 생명체다. 불가사리의 에너지 변환 구조는 아메바보다 훨씬 복잡하다. 그리고 우리를 침팬지와 비교해본다면 복잡도는 훨씬 커진다. 인간의 문화권에서도 마찬가지다. 구조를 버리고 파괴하는 것으로 에너지와 힘을 표현할 수 있다는 조잡한 개념은 우리가 아는 생명체의 진화와 역사가 부정한다.

동물 행동의 구조화 패턴은 그 종의 유전되는 신경계에 내재되어 있다. 그리고 그 패턴을 결정하는 이른바 생득적해발기구innate release mechanism, IRM(동물의 선천적인 행동양식이 표현될 때 그 행동을 일으키게 하는 내재적이고 본능적인 메커니즘 – 옮긴이)는 대체로 정형화되어 있다. 어떤 동물이든 반응은 종마다 일정하다. 나아가 고정화된 행동 패턴은 때로 놀랄 만큼 복잡하다. 가령 새들 중에서는 꾀꼬리가 섬세한 둥지를 만들어 나뭇가지에 매다는 것, 곤충과 거미류 중에서는 기적과도 같은 거미줄을 만드는 것을 들 수 있겠다. 일상적으로 접해서 의식하지 못할 뿐, 숲길 한옆의 나뭇가지와 나뭇가지 사이에 완벽하게 걸려 있는 투명한 거미줄을 보면 놀라움을 금하지 못해야 마땅하다. 소재의 강도와 장력, 균형 등을 한 치의 오차도 없이 계산해 계획하고 제작한 것이 거미줄이다. 벌집, 개미굴, 앵무조개의 껍데기 같은 작은 건축학적 경이는 모두 종의 세포와 신경계에 유전적으로 각인된 기술로 만들어내는 것이다.

반면 우리 인간은 중앙 신경계의 행동 해발기구가 대부분 '정형화'되어 있지 않고 '열려' 있다는 점에서 다른 동물과 다르다. 그 때문에 인간은 각 개인이 성장한 사회 환경의 각인에 영향을 받기 쉽다. 생물학적 관점에서 인간의 아기는 너무 일찍 태어난다. 한 10~12년쯤 더 자라서 태어나야 할 것을. 그래서 인간 아기는 한동안 특정 문화의 영향 아래 인간으로서의 특질과 직립 자세, 언어능력, 그리고 사고의 어휘를 획득하며 이는 신경에 각인된다. 따라서 동물계에서는 생물학적으로 유전되는 체질 패턴이 인간의 경우에는 대체로 사회적으로 전수된다. 이는 이른바 감수성이 예민한 시기에 각인되며, 각인의 수단이 되는 의례가 세계 곳곳에서 발견된다. 신화는 의례를 정신적으로 뒷받침해주며 의례는 신화를 물리적으로 실행한다. 젊은이는 자신이 소속된 사회집단의 신화를 흡수하고 의례에 참여함으로써 사회적·자연적 환경과 조화를 이룬다. 그러면서 미숙하게 태어난 무정형의 자연 산물에서 효율적으로 기능하는 특정 사회질서의 유능하고 확실한 구성원으로 변화한다.

인간 아기가 특이하게 너무 일찍 태어나 유아기에 부모에게 의존해야 한다는 점에서, 생물학자와 심리학자는 유대류를 인간과 비교해서 살펴봤다. 가령 캥거루의 새끼는 수태 후 3주 만에 태어나 본능적으로 어미의 배를 타고 올라가 주머니로 기어 들어간다. 그리고 누가 지시한 것도 아닌데 젖꼭지를 문다. 말하자면 이 두 번째 자궁에서 영양을 얻고 보호를 받으며 살아갈 준비를 갖추는 것이다. 포유류의 경우 그다음 단계로 진화해 태반이 개량되어, 새끼는 자립할 준비가 거의 갖춰졌을 때까지 어미 배 속에 있을 수 있게 됐다. 따라서 포유류는 태어난 직후부터, 늦어도 며칠이나 몇 주 내로는 스스로를 대체로 보살필 수 있다. 반면 인간은 뇌가 성숙하는 데 몇 년이 걸린다는 점에서 역시 너무 일찍 태어나며, 주머니 대신 외부의 집이 두 번째 자궁이 되어준다.

집에서 생활하는 이 기간 동안 기본적인 사회적 각인이 전부 이루어진다. 하지만 이 단계에서 이들 각인은 심리적으로 성숙하려면 버려야만 하는 의존적인 태도와도 연관된다. 아이는 부모의 조언과 뒷받침, 보호를 얻으며 환경의 도전에 대응하지만, 한 사람의 성인으로 인정받으려면 이런 패턴은 바뀌어야 한다. 그렇기에 원시사회의 통과의례, 나아가 전 세계의 교육이 하는 최초의 기능은 청소년의 대응체계를 의존에서 자기 책임으로 바꿔놓는 것이다. 그러나 이런 전환은 결코 쉽지 않은 데다, 요즘처럼 부모로부터 자립하는 시기가 20대 중반, 심지어 후반까지 늦춰지는 상황에서는 더욱 어려워서 우리 사회의 실패는 점점 명확해지고 있다.

이런 관점에서 신경증 환자는 성인으로서 '제2의 탄생'이라는 중요한 관문을 통과하지 못한 사람이라 볼 수 있다. 책임 있는 사고와 행동을 유발해야 하는 자극이 그에게는 오히려 도피, 처벌에 대한 공포, 조언과 보호를 향한 욕구를 불러일으킨다. 그는 끊임없이 자신의 자발적인 반응 패턴을 수정해야 하며, 마치 어린아이처럼 자신의 실패와 문제를 부모 또는 부모를 대신하는 편리한 존재, 자신을 보호하고 뒷받침해주는 국가와 사회질서 탓으로 돌린다. 성인에게 요구되는 최초의 조건이란 자신이 살아가는 세상의 실제 맥락 안에서 실패와 삶, 행동에 책임을 지는 것이라고 본다면, 조건만 달랐어도(예컨대 부모가 자신에게 필요한 것에 좀 더 관심을 가져줬다면, 사회가 덜 억압적이었다면, 우주가 지금과는 다르게 돌아갔다면) 자신이 큰 인물이 됐을 것이라는 생각에 늘 젖어 있는 사람이 그 상태에 도달할 수 없다는 것은 심리학적으로 당연한 사실이다. 어느 사회에서나 성인 구성원에게 맨 먼저 요구되는 것은 자신들이 사회를 구성하고 대표한다는 사실을 깨닫는 것이다. 따라서 통과의례의 제1 기능은 개인에게 그 사회에 알맞은 정서체계를 확립해주는 것이다. 사회 자체의 존속이 이 정서체계에 달려 있다.

성인은 자신이 속한 사회집단의 습관과 물려받은 관습을 비판 없이 수용만 하면 되는 것이 아니다. 그는 프로이트가 말하는 '현실기능reality function'을 발전시켜야 한다. 현실기능이란 독립적으로 관찰하고 사고하며 선입견 없이 자기가 처한 환경과 그 안에서 발휘할 수 있는 자신의 가능성을 올바로 평가하고 비판·창조하는 능력이다. 물려받은 사고와 행동 패턴을 무비판적으로 재생산하는 대신 스스로가 혁신의 주체가 돼서 삶의 과정을 능동적·창의적으로 만들어가는 것이다.

다시 말해 이상적인 사회는 선조들의 시대에 기반을 둔 채 조금도 변화하지 않는 정적인 기구가 아니라 아직 실현되지 않은 가능성을 향해 전진하는 기구다. 이 살아 있는 과정에서 각 개인은 주도적이면서도 서로 협조하는 데 중심이 되어야 한다. 그렇기에 우리는 젊은 세대가 과거의 패턴을 비판 없이 지속하는 대신 스스로의 창의성을 기르고, 생물학적·사회학적으로 이미 입증된 수준에 머무르지 않고 종의 전진을 보여줄 수 있도록 교육해야 한다. 이것은 특히 오늘날을 살아가는 모든 이가 짊어져야 할 특수한 책임이다.

왜냐하면 13세기 중반 이래로 근대 서구문명은 지금껏 혁신을 거듭해왔기 때문이다. 다만 1914년 이후부터 우리의 발전하는 사회는 점점 더 의례를 무시하고 심지어 업신여기기까지 하고 있다. 일찍이 이 한없이 풍요롭고 알차게 발전하는 문명을 태동시켜 지금까지 유지해온 의례는 무시되고, 대신 '자연인'에 대한 터무니없는 감상주의가 점점 더 득세하고 있다. 이 감상주의는 장자크 루소가 살았던 18세기의 인위적인 자연회귀 운동과 '고귀한 야만인 Noble Savage' 개념으로 거슬러 올라간다. 그리고 마크 트웨인의 시대 이후 해외에 나가 있는 미국인들은 그 사상의 악명 높은 예로서, 낡고 고루한 환경에서 살아가는 유럽 및 아시아 사람들이 '하느님의 나라', 아름다운 미국의 토양, 권리장전의 산물인 완전한 천박함을 통해 새로 활력을 얻고 본연의 순수함을 깨달아야 한다는 순진무구한 이상을 대놓고 주장했다. 독일에서 1차 세계대전과 2차 세계대전 사이에 등장한, 배낭과 기타를 멘 반더포겔Wandervögel(20세기 독일의 자발적인 청년운동 - 옮긴이), 그리고 그 뒤에 대두된 히틀러 유겐트Hitler-Jugend(독일 나치당이 만든 청소년 조직 - 옮긴이)는 근대 세계의 이런 반동적 성향을 대표하는 예다. 그런가 하면 요즘 들어 바로 이곳 '하느님의 나라'(미국)에서는 희고 검은 피부의 '인디언'들이 손으로 치는 작은 북이며 침낭, 아기 띠를 갖추고 동네를 활보하면서 목가적인 장면을 연출해 도시 전체를 인류학 연구의 현장으로 바꿔놓고 있다. 어느 사회에서나 그렇듯, 그곳에도 독특한 의상과 통과의례, 요구되는 믿음 등이 존재하기 때문이다. 그러나 이 경우는 명확히 복고적이고 환원주의적인 경향으로, 진화생물학적으로 따지자면 침팬지에서 불가사리, 심지어 아메바 수준으로 후퇴하는 것이나 다름없다. 이는 사회 패턴의 복합성을 부인하고 축소하는 일로, 그와 더불어 삶의 자유와 힘을 얻기는커녕 오히려 잃고 말았다.

오늘날 형식에 대한 감각을 잃어버리는 데 따르는 퇴행적·환원주의적 영향이 가장 염려스러운 분야는 예술이다. 종족의 창의적 에너지는 예술에 가장 잘 드러나기 때문이다. 지금의 상황을 생각하면 고대 로마의 예술과 비교해보지 않을 수 없는데, 어째서 로마의 건축 및 조각 작품은 힘과 기술에도 불구하고 그리스 작품만큼 인상적이지도 감동적이지도 않으며 형식적으로 뒤지는가? 지금까지 많은 이들이 이 문제를 고민해왔는데 나는 얼마 전 꿈에서 그 답을 얻었다. 그것이 이 문제를 많은 부분 밝혀주지 않을까 싶다. 그 답은 이런 것이다. 아테네 같은 작은 사회에서는 예술가와 사회 지도자가 어렸을 때부터 서로 알던 사이로, 직접적인 관계를 맺었을 것이다. 하지만 오늘날의 뉴욕이나 런던, 파리에서 지명도를 높이고 싶은 예술가는 칵테일파티에 참석해 작품 수주를 따와야 한다. 작업실에 틀어박혀 작업하는 예술가가 아니라 파티에 참석해 인맥을 쌓는 예술가가 작품을 의뢰받는다. 시장성 있는 작품 형식과 기술을 획득하고 나면 그들은 더는 고독하고 뼈를 깎는 창작 활동에 몰두하지 않는다. 그 결과가 '인스턴트 예술'이다. 어떤 영리한 인간이 형식에 대한 고민은 최소한으로만 한 채 기발한 뭔가를 만들어내면, 우호적이거나 비우호적인 기자들이 평을 써서 홍보해주거나 짓밟거나 한다. 기자들 또한 사교 활동에 바빠서 공부하거나 경험을 쌓을 시간이 충분하지 않다. 그러니 매우 복잡하거나 새로운 것에 맞닥뜨리면 당혹하게 된다.

1939년 제임스 조이스James Joyce의 《피네간의 경야》가 처음 등장해서 받은 서평을 생각하면 그저 불쾌할 뿐이다. 새로운 지평을 연 이 작품은 난해하다는 평을 듣는 데 그치지 않고 순전한 장난질에 시간 낭비일 뿐이라고 업신여김을 당했다. 그런데 그로부터 2년 뒤 나온 손턴 와일더Thornton Wilder의 〈위기일발〉은 뻔뻔하고도 노골적으로 하나부터 열까지 저 위대한 아일랜드 작가의 《피네간의 경야》에서 영감과 테마, 등장인물, 플롯 모티프, 심지어 구체적인 일화까지 갖다 썼는데도 불구하고 그해 미국의 최고 희곡으로 퓰리처상을 받았다.[2] 중요한 근대 예술작품은 거의 예외 없이 우선 발표하는 것조차 대단히 쉽지 않을뿐더러, 혹시 발표된다 해도 이른바 비평가들에게 혹평을 받기 십상이다. 제임스 조이스로 다시 돌아가서, 20세기의 이 위대한 문학 천재가 평생 노벨 문학상을 수상하지 못했다는 것은 흥미로운 사실 아닌가? 그에 비추어보면 2차 세계대전 이후, 인류 역사상 어쩌면 가장 큰 정신적 변화가 일어나고 있는 이 엄청난 시대의 요구와 가능성에 부합하는 작품이 없다는 사실도 놀랍지 않다. 이 상황은 대단히 심각하다. 왜냐하면 어느 종족이든 그 사회에 적절하고 삶을 뒷받침해주며 사회를 성숙하게 해주는 신화와 의례는 창의적 선구자와 예술가의 통찰을 통해서만 생겨나기 때문이다.

니체가 고전주의와 낭만주의 예술에 관해 한 말을 생각해보자. 그는 각 예술에서 두 가지 유형 또는 체계를 찾아냈다. 참된 힘을 가진 낭만주의는 당대의 형식을 깨고 새로운 형식으로 나아가지만, 형식을 아예 이루지 못해 분한 마음에서 박살내고 폄하하는 낭만주의도 있다. 고전주의 예술도 마찬가지다. 기존의 형식이 어렵지 않은 고전주의는 원하는 대로 얼마든지 형식을 가지고 유희할 수 있으며, 그것을 통해 자신의 창작 목표를 풍요롭고 생기 있게 표현한다. 반면 능력 부족으로 형식에 매달리는 고전주의는 건조하고 딱딱하며 권위적이고 차갑다. 내가 말하고자 하는 것은(니체도 같은 생각일 것 같은데), 형식은 삶이 웅장하고 명확하게 표출되는 매개 수단이며 단순히 형식을 깨기만 하는 것은 인간뿐 아니라 동물의 삶에도 엄청난 불행이라는 것이다. 의례와 예법은 모든 문명을 구성하는 형식이기 때문이다.

몇 년 전 일본에서 유명한 다인茶人이 주관하는 다회에 초대받았을 때 나는 의례가 삶을 얼마나 풍요롭게 해주는지 더없이 생생하게 이해할 수 있었다. 세상에 일본의 다회보다 더 엄밀한 형식을 요구하는 게 있다면 그게 무엇인지, 어디 있는지 알고 싶다. 내가 듣기로 일본에는 평생 다도를 공부하고 연습해도 완벽하게 습득하지 못하는 사람들이 있다고 한다. 그 정도로 다도의 규칙이 정교하다는 얘기다. 당연히 작은 다실에서 나는 어설픈 사고뭉치였다. 사실 일본에 간 외국인이라면 누구나 형식을 제대로 따를 수 없다는 것을 가장 두드러지고도 보편적으로 느꼈을 것이다. 왜냐하면 그 형식이 핏줄에 없고 심지어 신체구조도 다르기 때문이다.

형식을 대단히 중시하는 일본문화의 정수라 할 다도는 여러 의례화된 준비 단계를 거쳐 차를 저어 아주 소수의 손님에게 내는 고도로 양식화된 행위에서 정점에 이른다. 자세한 설명은 하지 않겠지만 사실 하고 싶어도 할 수 없다. 그저 몸짓 하나하나, 심지어 고개를 살짝 기울이는 것조차도 전부 계산된 행동이라는 말만 하자. 그런데 나중에 다른 손님들과 이야기를 나눠보니 그들은 모두 다인의 '자연스러움'을 칭송했다. 당시 내가 비교 대상으로서 유일하게 떠올릴 수 있었던 것은 소네트였다. 소네트 역시 대단히 까다로운 시 형식이기 때문이다. 그러나 시인은 그것을 통해 소네트가 아니었다면 결코 이룩하지 못했을 표현의 힘과 다양함을, 그리고 새로운 자유를 획득한다. 일본에서 나는 여러 다인의 스타일을 관찰할 기회가 있었다. 덕분에 그들이 사실상 매우 편안하고 자유롭게 다도를 행한다는 것을 알 수 있었다. 일본문화의 의례가 그들에게 유기적으로 녹아들어 그들은 정교한 표현과 자연스러움을 동시에 이루어낼 수 있었다. 그것이 자아내는 효과는 아름다운 일본 정원과 비슷했다. 일본 정원에서 자연과 예술은 양자를 조화시키고 전형적으로 보여주는 하나의 표현 안에 어우러진다.

오늘날 북아메리카 문화에 그에 견줄 것이 있을까?

어느 날 저녁 텔레비전을 틀었다가 우연히 로스앤젤레스에서 열린 아름다운 육상경기 대회를 보게 됐다. 마지막으로 대회를 본 것이 선수로 활약했던 20대 중반이었으니 거의 40년 만인 셈이다. 그동안 스스로 조절할 수 없는 감정에 휩싸이기 싫어서 육상에 전혀 관심을 갖지 않았다. 어쨌든 그때 내가 본 것은 훌륭한 선수 여섯 명이 출전한 1,600미터 경기였는데, 그렇게 아름다울 수 없었다. 그런데 경기가 끝난 뒤 해설자는 실망스러웠다고 말하는 것이었다. 나는 놀랐다. 1위를 차지한 선수의 기록은 4분 6초였고, 2, 3위도 1위와의 차이가 20초에 못 미쳤다. 나는 전성기에도 최고 기록이 4분 15초 남짓이었는데 그 기록을 냈을 때 얼마나 흥분됐는지 지금도 기억난다. 요즘 해당 종목 최고 기록은 4분 이하로 떨어졌다. 나는 이런 생각이 들었다. 칵테일파티 같은 곳이 아니라 진지하고 정직하게 경기에 임하는 곳에서는 지금도 형식이, 그것도 아주 멋지게 존재하는구나! 《서구의 몰락》에서 오스발트 슈펭글러Oswald Spengler는 '문화'를 운동선수와 같은 의미로 사회가 '형식을 유지하는'(in form, '컨디션이 좋다'는 뜻) 상태로 정의했다. 팔을 드는 방식, 몸의 각도, 스포츠의 형식 하나하나가 찰나의 삶을 꽃 피우는 역할을 한다. 그것은 일본의 다인이나 문명사회의 사교적 예의범절처럼 '형식을 유지하는' 사회의 고도로 조율된 양식의 경우에도 마찬가지다. 형식이 파괴되면 1,600미터 경기가 됐든 문화 분야가 됐든 승자는 있을 수 없다. 결국 세계는 진지한 곳이기에 문명은 최고의 형식이 유지되는 곳에서만 살아남는다. 그리고 경기는 한 번 지면 그것으로 끝이다.

의례가 사회에 얼마만큼 도움이 되는지에 대한 일례로 케네디 대통령이 암살된 뒤 워싱턴에서 거행된 엄숙한 국장을 들어보자. 그것은 사회적으로 매우 필요한 의례였다. 케네디 대통령의 암살로 미국 국민 모두가 하나가 되어 충격적인 상실을 겪었다. 정치적인 견해와 입장이 어떻든 간에 우리 사회, 우리가 속한 살아 있는 사회적 유기체를 대표하던 훌륭한 청년이 인생의 절정기, 삶에서 최고의 활력을 누리던 순간에 갑작스레 죽은 것이었다. 예기치 못한 죽음과 그로 인한 끔찍한 무질서 상태에서는 국민의 결속을 재정립하기 위해 보상적 의미의 의례가 필요했다. 국내적인 의미뿐 아니라 대외적으로 근대 문명국가로서 미국의 위엄을 보여준다는 의미도 있었다. 당시 라디오와 텔레비전 방송국이 보여준 화려한 퍼포먼스도 의례의 필수불가결한 일부이자 자발적이고 살아 있는 한 요소였다. 이 거대한 나라가 국장이 이어지는 나흘 동안 하나가 되어 있었다. 국민 모두가 동시에 하나의 상징적 이벤트에 똑같이 참여하고 있었다. 종전 이후로 국가의 일원으로서 대단히 중요한 의식에 참여하고 있다는 느낌을 받은 것은 그때뿐이었다. 지난 20~30년간 국기를 게양하는 것은 유행이 지난 일이었으니 자칫하면 극우주의자로 인식됐을 것이다. 하지만 케네디 대통령의 국장을 통해 사람들은 드디어 국가의 삶과 운명에 동참함으로써 자신의 삶과 개성이 확대되는 것을 느낄 수 있었다. 온 국민이 하나가 되어 묵상에 잠긴 그 주말 동안, 인간이 유기체로서 생존하는 데에 필수적인 정서체계가 효율적으로 재가동되어 우리에게 그 존재를 뚜렷하게 일깨워주었다. 따라서 그 의례는 우리를 위한 일이기도 했다.

하지만 장례식이 진행되는 것을 보면서 나는 좀 더 넓은 의미에서 떠오르는 생각이 있었다. 발굽을 검게 칠한 말 일곱 마리가 국기로 덮인 관을 실은 포차를 끌고 다른 한 마리가 군인에게 고삐를 잡혀 그 곁을 천천히 걸었다. 이 말 역시 발굽을 검게 칠했지만 안장은 비어 있고 등자는 거꾸로 뒤집혀 있었다. 잿빛 사신의 유령 말 일곱 마리가 마지막 여행길을 떠나는 젊은 영웅을 데리러 온 듯했다. 그는 일찍이 왔던 길을 되돌아가 이제 일곱 천체를 거쳐 영원의 나라로 올라가는 것이다. 천상에서 일곱 천체를 거쳐 내려온 영혼이 지상에서 생명을 얻었다가 삶을 마치면 다시 일곱 천체를 지나 하늘로 돌아간다는 것은 우리 문명만큼이나 오래된 신화다. 고대였다면 등자를 뒤집고 안장을 비워놓은 채 죽은 젊은 전사의 곁을 걷는 말은 주인과 함께 화장되었을 것이다. 그들을 불태울 거대한 장작더미는 영웅의 영혼이 죽은 전사들이 가는 영원의 전

빈 안장을 얹은 말 존 F. 케네디 대통령의 장례식 장면.

당으로 향할 때 지나는 황금빛 태양을 상징한다. 말은 육체와 생명을, 말 탄 이는 그것을 인도하는 영혼을 상징하기 때문이다. 육체와 정신이 그러하듯 그들은 하나다. 발굽을 검게 칠한 당당한 말을 보니 젊은 아리아인 왕자 고타마 싯다르타의 애마 칸타카가 생각났다. 출가한 주인이 산림으로 들어가 붓다가 되자 칸타카는 홀로 궁전으로 돌아와 슬픔 속에 숨을 거두었다.

죽은 젊은 영웅의 장례에서 고요한 도시에 울려퍼지는 일곱 마리 회색 말의 말발굽 소리를 듣고, 등자를 거꾸로 뒤집은 채 주인

없이 걸어가는 말을 본 수백만 명의 현대인은 이런 고대의 테마와 설화를 십중팔구 모르고 있었을 것이다. 하지만 이들 테마와 설화는 단순한 배경이 아니라 이 군사의례를 주재하는 힘이었다는 게 내 가설이다. 뿐만 아니라 그것은 미국 역사의 또 다른 순간, 남북전쟁 시대의 포차와 링컨의 장례 행렬을 상기시켰다. 링컨 또한 암살당해 이와 똑같은 식으로 영원을 향해 떠났다. 군악대의 느리고 엄숙한 북소리, 쥐 죽은 듯 고요한 도시에 울려퍼지는 사신의 말들의 발굽 소리가 가져오는 이런 상징적인 함축(비록 귀에 들리지 않았을지는 모르지만 모두가 마음속으로는 인식했을)에 의해 케네디 대통령의 장례는 더욱 큰 힘을 발휘했다.

현대와 고대의 테마가 어우러져 울려퍼지는 장례 행렬을 지켜보며 나는 또 인간 정신의 열린 본성에 관해 생각했다. 일곱 천체를 지나 천상으로 올라가는 영혼의 여행길을 모방함으로써 위안을 얻는 것이다. 그보다 여러 해 전에 나는 위대한 문화사학자 레오 프로베니우스Leo Frobenius의 저술에서 그가 '파이데우마paideuma'라고 부른 교육적 힘에 관한 논의를 발견했다. 신경계의 해발기구가 정형화되지 않았고 각인에 열려 있는 미숙하고 불안정한 동물로서 인간은 늘 이 교육적 힘에 지배되고 교육으로부터 문화를 형성하기 위한 영감을 얻어왔다. 원시부족이 그런 것처럼 인간의 역사가 처음 시작됐을 당시 인간의 스승은 동물과 식물이었다. 그러다가 일곱 천체가 그들을 대체했다. 완성되지 않은 종으로서 우리 인간은 가장make-believe, 假裝을 통해 삶의 모델을 찾는다. 스스로를 야생마와 동일시하는 아이는 새로운 활력과 인격을 띤 채 길을 신나게 달려간다. 딸은 어머니를, 아들은 아버지를 흉내 낸다.

이제는 잊힌 지 오래된 구석기 수렵시대에 인간에게 가장 가까운 이웃은 다양한 종의 동물이었고, 그들은 또한 인간의 스승이기도 했다. 인간은 동물의 생활양식을 보며 자연의 힘과 패턴을 배웠다. 부족 사람들은 스스로에게 동물의 이름을 붙이고 의식에서 동물 가면을 썼다. 반면 식물이 자연의 절대적인 요소인 열대 밀림 지역에서 생활하는 부족에게 모방의 대상은 식물이었다. 그리고 앞서 살펴본 것처럼 그들의 기본 신화는 신을 죽여 시체를 해체하고 땅에 묻자 식용식물이 자라나 부족을 먹여 살렸다는 것이다. 모든 식물문화에 공통되는 인신공양 의식은 이 원시신화를 충실하게, 그리고 끝없이 재현한다. 식물계에서는 삶이 죽음에서 태어나고 푸른 새싹이 부패물에서 돋아나는데 인간도 마찬가지 아니겠는가. 죽은 자는 다시 태어날 수 있도록 땅에 묻히고, 식물계의 순환은 인간의 신화와 의례에 본이 되어주었다.

기원전 3500년경 메소포타미아에서 최초의 도시국가 문명이 출현했던 중대한 시기에 사회의 시선은 땅에서 하늘로 옮겨갔다. 천체를 관측하는 신관들에 의해 일곱 천체, 다시 말해 태양과 달, 눈에 보이는 다섯 행성이 움직이지 않는 성좌 사이를 수학적으로 계산 가능한 속도로 움직인다는 것이 밝혀지면서였다. 우주의 경이에 대한 새로운 발견이 가져온 우주적 질서 개념은 이내 사회 모델이 됐다. 왕관을 쓰고 옥좌에 앉은 왕은 달 또는 태양이며, 왕비는 여신의 행성 금성이고, 궁정의 고관들은 여러 별에 해당됐다.

서기 5세기에서 13세기까지 내려와서도 기독교 비잔틴 제국의 궁정에서 황제의 옥좌는 갖은 아름다운 천국의 이미지로 둘러싸여 있었다. 황금 사자들이 꼬리를 흔들며 포효하고, 귀금속과 보석으로 장식한 새들이 보석 나무에서 지저귀었다. 야만족의 사절이 반들거리는 대리석 복도를 걸어가 궁전 경비병과 요란하게 치장한 장군들과 신관들이 길게 늘어서서 낸 통로를 지나 태양의 관을 쓰고 휘황찬란한 옥좌에 위풍당당하게 꼼짝 않고 앉아 있는 황제 앞에 이르면, 그는 경외에 사로잡혀 납작 엎드릴 것이다. 그리고 그가 머리를 들기 전에 기계장치가 옥좌를 공중 높이 들어올려, 경악한 사절이 마침내 일어서면 조금 전과는 다른 제의를 입은 황제가 별들이 반짝이는 하늘에서 마치 신처럼 그를 내려다보고 있을 것이다. 황제에게 보내는 편지에서 알렉산드리아의 성 치릴로 St. Cirillo of Alexandria는 황제를 지상에 현신한 신이라고 칭했다. 조금 과장됐을지는 몰라도, 오늘날의 제국 궁정이나 교황청 미사에서 벌이는 무언극도 크게 다르지 않다.

이런 종류의 장난은 여전히 효과를 발휘한다. 일상의 경험 대신 우리가 말하는 무의식에서 비롯된 꿈결 같은 신화적 이미지를 일상세계에 투영하기에 보는 이에게 꿈결 같고 비이성적인 반응을

콘스탄티누스 대제 비잔틴 시대의 모자이크.

이끌어낸다. 그 때문에 의례에 도입된 신화적 테마와 모티프는 개인을 초개인적 목적 및 힘과 결부시킨다는 특징을 갖는다. 동물 행동 연구자들은 일찌감치 생물권에서도 구애나 짝짓기를 위한 싸움처럼 종의 문제가 우세하는 경우, 동물은 종에게 공통된 정형화되고 의례화된 행동 패턴을 보인다는 것을 밝혀냈다. 마찬가지로 인간의 모든 사회적 관계에서 실행자는 의례화된 절차를 통해 비개인적 존재가 되기에 그의 행동은 본인의 것이 아니라 종, 사회, 계급, 직업 집단의 것이 된다. 법관이나 공무원의 임관식을 예로 들 수 있겠다. 임관되는 이는 사적 개인이 아니라 집단의 원칙과 법률에 따라 역할을 수행할 것이다. 심지어 민간사업 영역에서도 계약이나 증서, 협상, 법적 조치를 취하겠다는 위협 같은 행위를 패턴화함으로써 같은 규칙을 공유하는 게임에 참여하기에, 마찰이 빚어져도 어느 정도는 개인적인 느낌을 경감시켜준다. 그런 규칙이 없이는 어떤 사회도 존속이 불가능하며 개인들도 어떻게 행동해야 할지 조금도 알 수 없을 것이다. 자신이 속한 사회집단의 게임규칙 덕분에 인간은 정의되지 않은 잠재력이라는 공허를 벗어나 유일무이한(시공간적으로 또 기질적으로 제한된) 삶으로 실현된다.

그럼 이제 오늘날 인류에게 적절하게 경외심을 일으킬 것이 무엇일지 생각해보자. 프로베니우스의 지적처럼 인간은 처음에 다양한 종이 존재하는 동물계를 신비하게 여기고 존경할 만한 가까운 이웃으로서 동물과 동일시하고 모방했다. 다음으로 인간이 주목한 것은 죽음이 생명으로 변화하는 기적을 일으키는 식물계와 풍요로운 대지였다. 그리고 마지막으로 고대 근동에 대두된 초기 고도 문명과 더불어 인간의 관심은 움직이는 일곱 천체의 수학으로 옮겨갔다. 사신의 일곱 마리 회색 말과 부활이라는 개념은 여기에서 나왔다. 그러나 이 또한 프로베니우스가 말한 것처럼 오늘날 우리에게 가장 가까운 신비로운 이웃은 동물도, 식물도, 빛이 이동하는 하늘 지붕도 아니다. 프로베니우스는 과학을 근거로 이들이 신화적 힘을 잃었으며 신비의 중심은 이제 인간이라고 지적했다. 이때 말하는 인간은 이인칭의 이웃으로, '내'가 원하는 모습도 '내'가 알고 관계한다고 상상하는 모습도 아니고, 그 자신의 모습이며 그렇기에 신비롭고 경이로운 존재다.

인간이 경이의 중심이 된 것을 맨 처음 인식하고 기린 것은 그리스 비극이다. 당시 다른 모든 민족의 의례는 동물과 식물, 우주, 초자연이 대상이었다. 그러나 그리스에서는 호메로스 시대에 이미 세상이 인간의 것이었다. 관심의 초점 변화가 궁극적으로 어떤 영적인 의미를 갖는지를 알려면 위대한 5세기 시인들의 비극 작품을 보라.《젊은 예술가의 초상》에서 제임스 조이스는 인간의 영성이 본질적으로 갖는 신비적 차원에 우리를 이르게 하는 그리스 비극의 본질적 특성을 간단명료하게 정의했다. 그는 아리스토텔레스의《시학》을 인용해 고전문학의 두 '비극적 감정', 곧 연민과 공포를 이야기하면서 아리스토텔레스는 이들 감정에 정의를 내리지 않았다고 언급한다. 주인공 스티븐 디덜러스는 "아리스토텔레스는 연민과 공포를 정의하지 않았다. 나는 했다"라고 말하고는 이렇게 덧붙인다. "연민은 인간의 고통이 지니는 중대하고 영원한 어떤 것 앞에서 마음을 사로잡아 고통받는 인간과 하나되게 한다. 공포는 인간의 고통이 지니는 중대하고 영원한 어떤 것 앞에서 마음을 사로잡아 그 비밀스러운 원인과 하나되게 한다." 모든 고통의 비밀스러운 원인이란 물론 죽음 그 자체다. 죽음은 삶의 제1 전제조건이며 '중대하고 영원하다'. 삶을 긍정하려면 죽음을 부정할 수 없다. 하지만 이 전제조건에 동의하는 한편으로 고통받는 인간에게 연민을 느끼게 된다. 이런 맥락에서 그는 사실상 자기 자신이나 다름없다.

케네디 대통령의 장례식에서 가장 눈에 띈 것은 고대와 근대 서구의 인간에 대한 강조였다. 이는 비슷한 중요성을 가지는 동양의 전통 의식에서는 찾아볼 수 없는 요소다. 동양에서라면 인간을 '통해' 이른바 우주적 상황을 말했을 것이다. 동양에서 장례식에 참석해본 적이 있는 사람이라면 의례가 고통받는 개인의 존재감을 지워버린다는 것을 알 것이다. 반면 케네디 대통령의 장례식에서는 온갖 방법으로 그 사람의 가치를 강조했다. 한 개인의 인격이라는 새 술을 헌 부대에 담아서, 아주 특별했던 이 젊은이와 무한히 회귀되는 시간 속이 아니라 역사상의 지금 이 순간에 그가 대변했던 것을 기렸다. 그러나 포차를 끄는 일곱 마리 말과 빈 안장을 얹은 채 그 곁을 걷는 말에서 옛 상징은 여전히 유효했다. 옛 이미지가 이제 새 노래를, 특별하고 일찍이 유례가 없었고 앞으로도 없을 한 고통받는 인간을 이야기했다. 하지만 그에 못지않게 우리 인간의 고통이 지니는 '중대하고 영원한' 어떤 것, 그리고 부정할 수 없는 '비밀스러운 원인'에 대한 신성한 모방 또한 느껴졌다. 그게 아니었다면 케네디 대통령의 장례식은 그만큼 깊이 있지도 슬픔을 달래주지도 않았을 것이다.

끝으로 약 40년 전 처음 읽었을 때 내게 깊은 감동을 주었고 그 뒤로 늘 나를 붙들어주었던 짤막한 시를 소개하겠다. 이 시를 통해 모든 신화와 의례가 위대한 시와 예술로써 우리에게 보여주고 우리를 하나로 묶어주는 헤아릴 수 없는 경이를 이해할 수 있을 것이다. 캘리포니아의 시인 로빈슨 제퍼스Robinson Jeffers가 태평양 연안의 망대에서 쓴 시인데, 그는 그곳에서 오랜 세월 해안을 따라 날아가는 펠리컨의 숭엄한 비상을 관찰하고, 바다표범들의 축축하고 다정한 울음소리를 들었다. 그동안 등 뒤에서 들려오는 자동차 소리는 점점 늘어났다. 제목은 〈자연의 음악〉이다.

바다의 늙은 목소리, 작은 강들이 지저귀는 소리,

(겨울이 되어 그들은

은 대신 금으로 물들고

기슭은 갈색 대신 푸른 잎으로 장식됐다)

목은 달라도 자아내는 언어는 하나다.

그러니 우리가 욕망과 공포로 인해 편 가르지 않고

병든 국가들의 폭풍에, 굶주린 도시들의 분노에

귀 기울일 만큼 강하다면, 나는 믿는다.

아이 목소리처럼 또는 바닷가에서 연인들을 꿈꾸며

홀로 춤추는 소녀의 숨소리처럼 또렷하게

그 목소리들이 들릴 것이라고.[3]

4

동양과 서양의 분리

1961년[1]

서구에서는 어디에서나 관심의 초점이 개인에 맞춰져 있다. 태어나는 것도,
인생을 사는 것도 단 한 번뿐이며, 한 사람의 의사와 사고, 행동은 어느 누구와도 다르다.
하지만 동양에서는 살아 있는 존재란 윤회를 거듭하며 육체를 취하고 또 버리는 비물질적 존재다.
당신의 육체는 당신이 아니고 당신의 자아도 당신이 아니다.

1

서양인들은 서구에서 최근 발전된 개인과 자아, 권리, 자유 같
은 개념이 오랜 과거의 동양에서는 아무 의미가 없었다는 사실을
쉽게 이해하지 못한다. 그런 개념들은 원시인에게도 의미가 없었
다. 고대 메소포타미아, 이집트, 중국, 인도 문명에서도 아무 의미
를 갖지 못했다. 사실 그런 개념들은 과거 세계 대다수 민족의 이
상과 목표, 삶의 질서와 모순되어왔다. 그럼에도 그 개념들은 서구
가 세계를 향해 대변하는 진정으로 위대한 '새로운 것'이며, 이는
인류가 가지는 최고의 잠재력에 충실한, 인간다운 영적 이상에 대
한 계시다.

나는 동양과 서양을 그리니치 동경 60도를 따라 이란을 수직으
로 통과하는 선으로 구분하는데, 이 선을 문화의 분수령으로 볼 수
있을 것이다. 선 동쪽에는 인도와 극동(중국, 일본)이라는 창의적
이고 고도로 발전된 문화권이 있고, 서쪽에도 또한 두 문화권, 그
러니까 레반트Levant(소아시아와 고대 시리아 지방의 지중해 연안 지방 −
옮긴이)와 유럽이 있다. 생활양식과 의복, 예술은 물론 신화와 종

교, 철학, 이상에서도 이 네 문화권은 늘 각각 뚜렷하게 달랐다. 그렇기는 해도 그들은 인도와 극동, 그리고 레반트와 유럽, 이렇게 크게 둘로 묶인다.

동양의 두 문화 중심지는 서양으로부터도, 또 서로로부터도 거대한 산들에 가로막혀 수천 년 동안 대체로 고립되어 있었기 때문에 매우 보수적이다. 반대로 대규모 침공을 막아줄 것이 아무것도 없는 레반트와 유럽은 끊임없이 충돌하고 교역해오면서 물자와 사상을 교환했다. 지금 이 어지러운 시기에 일어나고 있는 영적·물리적 격변은 인도와 극동을 고립시켰던 장벽이 아예 사라져버린 데에서 비롯됐다. 그리하여 세계는 성경의 바벨탑 신화에서 이야기되는 문제들에 직면해 있다. 하느님이 사람들의 언어를 '혼잡하게' 하는 바람에 그들은 세속의 도시 건설을 단념하고 '세계 곳곳으로' 흩어질 수밖에 없었다. 다만 오늘날에는 흩어지려야 흩어질 공간이 없다. 그리고 물론 바로 거기에 우리 시대의 골칫거리와 특수한 문제가 있다.

바벨탑은 이 맥락에서 이중으로 적합한 상징인데, 왜냐하면 기원전 3500년경 고대 메소포타미아의 도시국가에서 모든 고도(교양 면에서나 기념물 면에서나) 문명의 토대가 닦였기 때문이다. 네 문명권을 아우르는 거대한 나무는 레반트, 더 자세히 말하자면 하늘 높이 치솟은 지구라트zigġurat(메소포타미아 각지에서 발견되는 고대의 건조물. 하늘에 있는 신들과 지상을 연결시킴 - 옮긴이)의 사원 도시에서 모든 가지를 뻗어나갔다. 뿐만 아니라 오늘날까지도 동양에서 개인이 진정으로 개별적이고 사적인 삶을 실현하지 못하게 막는 사회조직의 신화적 형태도 그곳에서 발생했다. 수렵과 채취, 어로로 식량을 마련했던 원시사회에서 안정을 누리지 못하고 유랑 생활을 하는 사회 단위는 크거나 복잡하지 않았다. 분업은 오로지 연령과 성별에 따라서만 이루어져 모든 남자와 여자, 심지어 어린 아이조차도 문화유산을 마음대로 이용할 수 있었다. 그 같은 맥락에서는 모든 성인이(최소한 지역문화 모형에 관해서는) 하나의 완전체였다.

그런데 기원전 7500년경 고대 근동에서 농경과 목축으로 유지되는 비교적 유복한 정착사회가 등장·발달하면서 삶은 훨씬 복잡해졌다. 그리고 그런 집단이 서서히 수적으로 늘어나고 규모가 커지면서 고도로 전문화된 지식과 기술의 중요성 또한 증가했다. 기원전 4500년에는 근동 지방 전역에 걸쳐 자급자족하는 마을들이 번창하고 있었으며, 기원전 3500년에 이르러서는 티그리스강과 유프라테스강 하류에서 마을들이 도시화되고 있었다. 그것이 역사상 최초로 나타난 도시다. 그곳에서는 지배계급과 하인계급, 놀라운 전문 기술을 가진 장인, 신관, 상인 등이 뚜렷하게 나뉘어 있었다. 따라서 이제는 누구도 완전체가 되기를 바랄 수 없었다. 사람 하나하나는 부분에 불과했기 때문이다. 그러면서 갑자기 서로 다른 개체들의 통합이라는 개념을 상징화하려는 시도가 이 시기의 장식예술에 두드러지게 나타나기 시작했다.

예컨대 기원전 5000년 중반의 도기 양식에서 이미 균형 잡히고 기하학적인 원형 문양을 찾아볼 수 있다. 중앙에는 장미라든지 십자, 만卍자 등 통합 원리를 상징하는 표상이 자리한다. 그보다 더 나중으로 오면 신의 이미지가 중앙을 차지했다. 그리고 고대 도시국가에서 신은 왕에게서(이집트의 경우 파라오) 구현된다. 왕뿐 아니라 궁정 사람 모두가 상징적인 역할을 맡았는데, 이때 역할을 결정하는 것은 개인의 희망이 아니라 자신들을 천체와 동일시하는 의례적 무언극(팬터마임)의 규칙이었다. 원시시대, 곧 인간의 문화가 변천하는 초기 단계에 의례가 동물 또는 식물의 순환하는 삶과 죽음을 모방했던 것과 마찬가지다.

앞장에서 지적했듯이, 기원전 3500년경 고대 수메르 도시국가의 사원에서 징조를 찾아 하늘을 관측하던 사제들은 달과 태양, 눈에 보이는 다섯 행성이 수학적으로 계산 가능한 속도로 움직인다는 사실을 처음으로 깨달았다. 천상의 우주적 질서가 지상에 반영되어야 한다는 거창한 생각이 생겨난 것은 이때였다. 왕과 왕비, 신하들은 상징적인 관을 쓰고 엄숙한 의상을 차려입고 천체가 만드는 장관壯觀을 지상에서 연기했다. 레너드 울리Leonard Woolley 경이 달의 신의 고대 도시 우르에서 발굴한 '왕묘'에서 놀라운 증거를 찾아내지 못했다면, 오늘날 아무도 그들이 자신이 맡은 역할에 얼마만큼 진지하게 임했는지 믿지 않을 것이다.

레너드 경의 증언에 따르면, 아브라함이 세상을 떠났다고 여겨지는 우르의 사원 묘지 유적을 발굴하던 중에 인부들이 여러 합장묘를 찾아냈다고 한다. 보존 상태가 가장 좋은 무덤 중 하나는 슈브아드라는 여인의 것이었는데, 그녀는 약 스물다섯 명에 이르는 시녀들과 합장되어 있었다. 그리고 그 바로 밑, 아바르기라는 남성의 무덤에는 65구의 시신이 함께 매장되어 있었다. 호화로운 옷을 입은 슈브아드는 당나귀가 끄는 썰매를, 그리고 아마도 그녀의 남편일 듯한 아바르기는 소달구지를 타고 무덤으로 왔다. 동물도 사람도 거대한 무덤에 산 채로 묻혔다. 금은으로 만든 머리 리본과 소맷부리를 구슬로 장식한 붉은 망토, 커다란 초승달 모양의 귀걸이, 라피스라줄리(청동석)와 금으로 만든 여러 줄의 목걸이 등으로 치장하고 궁중 예복을 입은 시녀들은 평온하게 줄지어 누워 있었다. 젊은 여성 하프 연주자의 손은 하프 줄 위에, 정확히 말하자면 하프 줄이 있던 자리에 그대로 얹혀져 있었다. 게다가 하프 자체가 황소의 몸뚱이 형상으로, 라피스라줄리 수염을 기른 아름다운 황금 황소 머리가 붙어 있었다.

이 소는 신화적 동물, 곧 성스러운 달의 황소이며, 운명의 노래를 불러 자진해서 왕과 왕비를 따라 죽음을 통해 다시 태어날 것을 선택한 동행인들을 소환했다. 이 황소는 근동 지방 신화의 전설적인 신왕神王이자 구세주인 타무즈Tammuz(수메르어로는 두무지Dumuzi)의 동물 형태로, 그의 죽음과 부활을 기리는 축제가 해마다

황소 괴물을 처단한 전사 수메르 신화의 한 장면.

열렸는데 나중에 유대교의 유월절, 기독교의 성금요일과 부활절이 됐다.

두 무덤이 생긴 이유가 정확히 무엇이었는지는 알 수 없지만, 모든 고대문명에서 유사한 무덤을 찾아볼 수 있다. 이집트와 중국에서는 무려 800명이 넘게 합장된 무덤이 발견됐으며, 심지어 이집트 초기 세 왕조의 파라오들은 그런 사후의 궁전이 상이집트의 아비도스에 하나, 하이집트의 멤피스에 하나 있었다. 말하자면 시골과 도시에 궁전이 하나씩 있었던 셈인데, 각각 400명이 넘는 백골 수행원이 함께 매장됐다.

그렇다면 그런 맥락 속에 개인은 어디에 있나? 그런 세계에 개인의 삶이란 존재하지 않으며 오로지 만물을 지배하는 하나의 거대한 우주법칙이 있을 뿐이다. 이 법칙을 이집트어로는 마트Maat, 수메르어로는 메Me, 중국어로는 도道, 산스크리트어로는 다르마Dharma라고 한다. 개인의 선택이나 의지, 심지어 생각조차 있을 수 없으며, 멈춰 서서 "내가 제일 하고 싶은 일은 무엇인가? 나는 무엇이 되고 싶은가?" 하고 자문하지 않는다. 태생이 그의 직업과 생각, 할 일까지 결정한다. 여기서 내가 가장 강조하고 싶은 점은, 사회에 반영된 우주질서에 모든 개인이 무조건 승복해야 한다는 이 초기 청동기시대의 개념이 동양에서는 오늘날까지도 어떤 식으로든 근본 개념으로 남아 있다는 사실이다.

산스크리트어에서 be 동사의 여성 현재분사는 sati로, 죽은 남편의 시체를 화장하는 장작더미에 몸을 던진 정숙한 힌두교도 아내를 가리킨다. 이 사심 없고 무분별하고 순종적인 행위를 통해 자신의 사회적 역할을 완수함으로써 그녀는 영원성을 얻고 영원히 죽지 않는 존재, 다시 말해 아내가 되었다. 인도에서 자기 역할을 다하기를 거부하는 아내는 a-sati, 곧 비존재가 된다. 왜냐하면 사람의 삶, 그가 이 지구상에 존재하는 의미는 그의 사회적 역할을 실행에 옮기고 경험하는 데 있기 때문이다. 그것을 완벽하게 수행하는 자만이 참된 의미에서 '존재한다'고 할 수 있다. 우르의 두 왕묘를 다시금 생각해본다면, 이미 그런 아내가 정말로 있었다.

하지만 아바르기 역시 의례에 따라 목숨을 잃은 것으로 보인다. 고대에 의례적인 의미로 왕을 시해하는 관습이 존재했다는 확고한 증거가 세계 여러 곳에서 발견됐다. 제임스 프레이저James Frazer 경의 《황금가지》를 아무 쪽이나 펴보라. 초기의 신왕은 해당 지역의 질서에 따라 어디에서는 6년, 어디에서는 8년, 또 어디에서는 12년마다 살해됐다. 그리고 그들과 함께 궁정 고관들도 죽었다. 모두 부활하기 위해 육체를 벗어버린 것이었다. 죽는 그 순간까지도 유일하고 영원하며 개인이 개입하지 않는 우주의 법을 체현할 때 개인이 비로소 누군가가 된다는 것은 고귀하고 멋진, 섬뜩한 이상이다.

그렇다면 이제 여기에 서양, 좀 더 구체적으로는 근대 유럽이 가지는 개인이라는 이상을 견주어보자.

2

곧바로 유럽의 개인 개념으로 들어와 스위스의 심리학자 카를 융의 말부터 살펴보기로 하자. 융은 자신의 모든 저작에서 각 개인이 완전성을 획득하는 심리적 과정을 '개성화individuation'라는 용어를 써서 설명했다. 삶을 살며 우리는 사회에 의해 어떤 특정한 사회적 역할을 담당하도록 요구받는다. 세계에서 기능하기 위해 우

신의 가면 비슈누 신의 얼굴을 새긴 가면.

리 모두 끊임없이 어떤 역할을 연기한다. 이것을 융은 '가면, 가짜로 꾸민 얼굴'을 의미하는 라틴어 페르소나persona라고 부른다. 고대 로마의 연극무대에서 배우는 가면을 쓰고 '그 너머로 소리를 냈다per-sonare'. 사회적으로 기능하려면 사람은 이런저런 가면을 써야 한다. 그런 가면을 쓰기를 거부하는 이들조차 "절대로 싫어!" 같은 '거부'라는 가면을 쓴다. 가면은 장난스럽고 기회주의적이고 피상적인 경우가 많지만, 우리가 모르는 깊이가 있는 것도 있다. 모든 신체가 머리와 몸통, 사지로 구성되는 것처럼, 모든 살아 있는 사람은 인격personality, 곧 깊이 각인된 페르소나를 가지고 있다. 타인은 물론 본인조차 이 페르소나를 통한 모습을 보는 것이며, 그게 없다면 그 사람은 존재하지 못할 것이다. 따라서 "우리 가면을 벗고 본연의 모습으로 마주합시다!" 같은 말을 하는 것은 어리석은 행동이다. 그렇지만 가면이라고 다 같지는 않다. 젊음의 가면이 있는가 하면 노년의 가면이 있고, 다양한 사회적 역할의 가면이 있으며, 우리가 무의식중에 타인에게 씌우는 가면도 있다. 그리고 그것이 흐려놓은 그들의 모습에 반응한다.

예컨대 비행기 옆자리에 앉은 모르는 남자와 편하게 잡담을 나누고 있다고 치자. 객실 승무원이 지나가다가 공손하게 그를 "상원의원님"이라고 칭한다. 승무원이 지나간 뒤 당신은 조금 전처럼 그를 편하게 대할 수 없음을 깨달을 것이다. 당신에게 그는 권위를 가지는 사회적 가면, 융이 말하는 '마나인격mana-personality'(평범을 뛰어넘어 존재하는 대단히 위대하고 큰 인격 – 옮긴이)이 된 것이다. 이제 당신은 그냥 어떤 사람이 아니라 저명인사와 이야기하는 것이며, 뿐만 아니라 스스로를 아랫사람, 상원의원과 공손하게 이야기를 나누는 미국 시민의 처지로 낮춘다. 적어도 당신 관점에서는 이 짧은 장면에서 페르소나들이 바뀌어 있을 것이다. 하지만 상원의원은 아무것도 달라진 게 없다. 조금 전까지 거들먹거리지 않았다면 그는 여전히 거들먹거리지 않을 것이다.

해방된 개인으로 살기 위해서는, 융의 용어로 '개성화'되기 위해서는 자신의 다양한 사회적 역할에 해당하는 가면을 언제 어떻게 쓰고 벗을지 알아야 한다. '로마에 가면 로마법을 따르라'고 하는 것처럼 집에서는 의사당에서 쓰는 가면을 쓰지 말아야 한다. 그런데 말처럼 쉽지 않은 이유가 가면 중에는 깊숙이 파고드는 것이 있기 때문이다. 도덕적 판단과 가치, 자존심과 야망, 성취, 현혹이 이에 포함된다. 자신의 가면이나 타인의 마나 가면에 지나치게 깊은 인상을 받고 집착하는 것은 드문 일이 아니다. 하지만 개성화는 이렇게 강박적으로 영향을 받지 말 것을 요구한다. 개성화는 자신의 중심을 찾아 그에 의거해 사는 법을 배우고 자신이 찬성하는 것, 반대하는 것을 통제할 것을 요구한다. 융은 이렇게 썼다. "결국 모든 삶은 전체성의 실현, 다시 말해 자아의 실현이며, 그렇기에 이를 '개성화'라고 부를 수 있는 것이다. 모든 삶은 그것을 실현하는 개인과 결부되어 있어서, 개인이 없이는 삶이 있을 수 없다. 하지만 각 개인에게는 각자의 운명과 목적이 있으며, 이것을 실현할 때 비로소 삶은 의미를 갖는다."[2]

이는 동양에서 모든 사람에게, 심지어 위대한 성인과 현자에게도 강요하는 이상과 정반대다. 동양에서는 스스로를 사회적으로 부과된 지위의 가면이나 역할과 전적으로 동일시해야 하며, 주어진 임무를 완수하고 나면 대양으로 스며드는 물방울처럼(유명한 이미지를 빌리자면) 자기 존재를 완전히 지워야 한다. 왜냐하면 한 사람 한 사람에게 내재된 운명과 성격을 삶의 '의미'와 '완성'으로 실현해야 한다고 생각하는 서구와 달리, 동양에서는 중요한 것은 사람이 아니라 (근대 공산주의 독재국가에서 그러하듯) 기존 사회질서이기 때문이다. 독특하고 창의적인 개인은 그곳에서 위협적인 존재로 간주되며, 소속된 사회집단의 원형과 동일시함으로써 복종할 것을 요구받는다. 동시에 개인적 삶을 향한 욕망은 모두 억제해야 한다. 교육은 주입 또는 오늘날 말하는 세뇌다. 브라만은 브라만이, 구두공은 구두공이, 전사는 전사가, 아내는 아내가 되어야 하며 그 이상도 이하도 허용되지 않는다.

그런 식으로 개인이 지워질 때, 사람은 자기 자신을 매우 평범한 역을 그럭저럭 연기하는 배우로만 알게 된다. 유아기에 두드러졌을지도 모르는 개성은 고작 몇 년 사이에 사라지고 사회적 전형의 특징, 일반적이고 표준적인 가면, 허상 또는 요샛말로 '속을 채운 셔츠'(영어에서 고리타분하고 젠체하는 사람을 가리키는 말-옮긴이)가 된다. 그런 사회에서는 가르침을 무조건적으로 수용하고, 권위를 가진 교사를 전적으로 신뢰해서 그의 성문화된 정보뿐 아니라 버릇, 판단 기준, 전반적인 페르소나의 이미지를 열심히 흡수하려는 학생이 이상적인 학생이다. 학생 또한 이 페르소나가 말 그대로 '되어야' 한다. 어차피 달리 될 것도 없고, 서구적인 의미에서의 자아라고는 존재하지 않으며, 개인적 의견도 호불호도 독창적인 생각이나 목표도 없으니까.

《신곡》에서 흥미로운 것은 단테가 지옥과 연옥, 천국을 여행하면서 죽은 친구들을 알아보고 그들의 삶에 관해 이야기를 나눈다

베아트리체가 단테에게 천국을 보여주다 필리프 바이트의 프레스코화.

는 사실이다. 《오디세이아》와 《아이네이스》의 사후세계에서도 오디세우스와 아이네이아스는 최근 죽은 이들의 그림자를 금세 알아보고 그들과 이야기를 나눈다. 반면 동양의 경우 힌두교와 불교, 자이나교의 지옥과 천국에서는 사후에 생전의 특징이 남는다는 흔적을 찾아볼 수 없다. 죽는 순간 지상에서 맡았던 역할의 가면을 벗고 저승의 가면을 쓰기 때문이다. 지옥에 사는 이들은 악마의 가면을, 천국에 사는 이들은 신의 가면을 쓴다. 그러다가 지상으로 환생하면 과거에 대한 기억을 전혀 못하고 또 다른 가면을 쓴다. 유럽권에서는 고전 서사시와 비극, 단테의 《신곡》, '개성화'에 관한 융의 근대 심리학 할 것 없이 어디에서나 관심의 초점은 개인에 맞춰져 있다. 태어나는 것도, 인생을 사는 것도 단 한 번뿐이며,

한 사람의 의사와 사고, 행동은 어느 누구와도 다르다. 하지만 인도와 티베트, 중국, 한국, 일본을 포함한 동양에서 살아 있는 존재는 윤회를 거듭하며 육체를 취하고 또 버리는 비물질적 존재다. 당신의 육체는 당신이 아니고 당신의 자아도 당신이 아니다. 그런 것은 허상에 불과하다. 개인에 관한 동양과 유럽의 근본적인 개념의 차이는 사회와 도덕뿐 아니라 심리학과 우주론, 형이상학적 사고에도 두루 영향을 끼친다.

가령 산스크리트어 문헌에 이런 말이 있다. "이 객관적 우주는 진짜가 아니다. 자아도 진짜가 아니며 그것의 수명은 찰나에 불과하다. 따라서 네 자신을 부정한 육체인 이 고깃덩어리와도, 섬세한 육체인 자아와도 동일시하지 말 것이며, 양쪽 다 마음이 상상한 것이다. 깨달음의 강한 검으로 너의 적, 이 이기심을 물리치고 네 참된 영토의 기쁨, 전체인 자신의 위엄을 누려라."3

이처럼 우리는 우주로부터 해방되려고 노력하는데, 그 우주란 영원히 나타났다가 사라지기를 거듭하는 꿈결 같은 허상이다. 그것을 이해하고 자아와 욕망, 희망, 공포를 버린 채 자기 역할을 다했을 때 영원히 계속되는 무의미한 윤회에서 벗어날 수 있을 것이다. 해가 정해진 대로 뜨고 지고, 달이 차고 기울고, 동물이 종의 법칙에 따라 행동하는 것처럼 당신과 나도 태생에 적합하게 행동해야 한다. 전생에서 한 행동의 결과로 우리는 지금 이곳에 태어난 것이다. 심판하는 신이 우리를 이곳 또는 다른 곳으로 보내는 게

네 참된 영토의 기쁨 일본 우스키 마애불.

아니다. 모든 것은 윤회하는 (말하자면) 모나드의 영적 무게에 따라 자동으로 결정된다. 사회적 지위와 당신을 기다리고 있을 삶의 규칙, 당신이 겪게 될 모든 즐거움과 고통을 결정하는 것은 오로지 그것뿐이다.

마누 법전이나 비슈누 법전 같은 고대 산스크리트어 법전에는 각 카스트에 적합한 학습 유형, 먹을 음식, 결혼 상대, 기도 시간,

목욕 시간, 재채기나 하품을 하는 방향, 식사 후 양치하는 방법 등 온갖 것이 상세하게 설명되어 있다. 그것을 어겼을 때는 끔찍한 벌을 받는다. 한편 극동에서 자연질서를 묘사하는 말은 인도와 일치하지 않지만, 삶을 지배하는 게 무엇이냐 하는 점에서는 거의 동일하다. 그곳에서도 우주질서는 사회질서를 통해 표현되며 사회질서에 순응하는 것은 인간의 의무이자 본성이다. 예컨대 일본 같은 곳에서는 이른바 사치금지법이 어떻게 생활해야 할지 자세하게 지정해준다. 침실의 크기(사회적 지위에 따라 결정된다), 요의 소재, 소매 길이, 신발의 소재, 아침에 차를 몇 잔 마실 것인가 등등. 삶의 온갖 세부사항이 아주 사소한 것까지 모조리 지정되는 데다 할 일이 얼마나 많은지, 멈춰 서서 "내가 하고 싶은 일은 뭐지?" 하고 자문할 틈이 없다.

요컨대 이들 사회에서는 자아와 사상의 자유, 자유의지, 스스로 책임지는 행동 같은 원리를 자연스럽고 선하며 참된 모든 것에 반한다고 보며 혐오하고 거부한다. 그 때문에 건강한 정신과 성인의 충실한 삶에서 이상이 되는 융의 개성화를 동양은 아예 몰랐다. 예를 하나 들어보자. 인도의 마누 법전에는 정통파 힌두교도 아내가 평생 지켜야 할 것들을 적어놓은 부분이 있다.

나이가 젊든 많든 여자는 심지어 자기 집 안에서도 마음대로 행동해서는 안 된다. 여자는 어려서는 아버지에게, 자라서는 남편에게, 남편이 죽은 뒤에는 아들에게 복종해야 한다. 여자는 결코 독립적이어서는 안 된다. 아버지, 남편, 아들로부터 자유를 얻으려 해서는 안 된다. 그들을 떠난다면 자신의 가족과 남편의 가족 모두 멸시를 받게될 것이다. 여자는 늘 밝아야 하며 가사를 똑똑하게 돌보고 살림살이를 주의해서 닦고 검약해야 한다. 아버지(또는 아버지가 허락한 경우 남자 형제)가 배우자로 정해준 상대가 죽는 날까지 그에게 복종할 것이며, 죽은 뒤에는 그의 명예를 더럽히는 일을 해서는 안 된다. (…) 좋은 점이 전혀 없는 데다 다른 곳에서 쾌락을 찾는 남편이라해도 마치 신을 대하듯 떠받들어야 한다. 생각과 언동을 통제하는 여자는 그런 행동에 대한 보답으로 현생에서 최고의 명성을 누릴 것이며 내세에서 남편 곁에 자리를 얻을 것이다.[4]

인도에서는 철학을 그것이 도움이 될 삶의 목적, 곧 인간이 세상에서 추구하는 목표에 따라 네 가지로 분류했다. 첫째는 다르마, 앞서 언급한 '의무, 덕목'으로, 이는 사회질서에서 그가 차지하는 위치에 따라 결정된다. 둘째와 셋째는 본성과 관계된 것으로, 모든 살아 있는 생명이 저절로 추구하게 되는 목표다. 아르타artha는 성공과 성취, 자기확대, 그리고 카마kama는 성적 쾌락 또는 희열이다. 후자 둘은 프로이트가 말하는 이드id의 목적에 해당하는 것으로, 정신의 원시적·생물학적 동기, 곧 동물적 본성에 따른 욕구의 표출이다. 반면 사회가 각 개인에게 부여하는 다르마의 원리는 프로이트의 초자아superego, 곧 문화적 의무에 해당된다. 인도 사회에서 쾌락과 성공은 다르마가 한정하는 범위 내에서 추구되고 성취되어야 한다. 의무가 욕구를 감독하는 것이다. 중년에 이르러 삶의 모든 의무를 완수하고 나면 (남자일 경우) 숲에서 은거하며 요가로 욕망, 그리고 그와 더불어 의무의 잔재를 철저하게 지운다. 그러면 삶의 넷째 목표가 달성될 것이다. 이것이 모크샤moksha, 곧 완전한 자유 또는 해방이다. 단 서구에서와는 달리 개인이 되고 싶은 것이 되고 하고 싶은 일을 하는 자유가 아니다. 모크샤가 의미하는 '자유'는 존재하려는 모든 충동으로부터의 자유다.

욕구와 의무가 대립하고, 그런 다음 소멸하는 것이다. 근대 서구적 관점에서 볼 때 욕구와 의무의 대립이 야기하는 긴장은 성인보다는 어린아이에게 더 부합될 것 같다. 하지만 동양에서는 심지어 성인이 되어서도 계속된다. 서구에서 생각하는 자아의 성숙은 조금도 허용되지 않는다. 그 결과, 간단명료하게 말해서 동양에서는 에고ego와 이드가 지금껏 한 번도 구별되지 않았다.

동양 철학자에게 '나'(산스크리트어로 aham)라는 단어는 욕구와 욕망, 공포, 집착, 다시 말해 프로이트가 이드라고 명명한 것, 곧 쾌락 원리의 억압 아래 작동하는 충동을 시사한다. 반면 에고(이 또한 프로이트의 정의를 따를 때)는 우리를 외부의 경험적 실재와 '객관적으로' 연결시켜주는 심리적 기제다. 이 외부의 경험적 실재는 첫째, 현재의 가능성 속에 객관적으로 관찰·인식·판단·평가되는 지금 이곳의 사실 세계이며, 둘째로는 그 안에서 객관적으로 판단되는 우리 자신을 가리킨다. 그렇기에 총명하고 책임감 있는 에고의 사려 깊은 행동은 욕심 많고 억제되지 않는 이드의 행동과 매우 다르다. 또한 오랜 세월 이어져 내려온 규칙에 대한 무조건적인 복종에서 비롯되는 행동과도 다르다. 이런 오래된 규칙은 현대의 삶은 물론 그 어떤 예기치 못한 사회적·개인적 상황에도 부적절할 수밖에 없다.

그런 의미에서 동양에서의 덕목은 좋은 군인의 덕목에 견줄 수 있겠다. 그는 명령에 순종하며 행동이 아니라 실행을 책임진다. 그런데 그가 준수하는 모든 법칙이 아득히 먼 옛날부터 이어져 내려온 것이다 보니 그의 행동을 책임질 사람이 주위에 없다. 실은 우주질서에서 비롯된(또는 비롯됐다고 여겨지는) 법칙이라 책임질 사람이 있었던 적이 아예 없다. 그리고 이 우주질서의 근본에는 인격을 가진 신이나 의지를 가진 실체가 존재하지 않는다. 그저 절대적으로 비인격적인 힘 또는 사고와 존재를 초월하며 범주에 선행하는 무無가 있을 뿐이기에, 결국 단 한 번도 어딘가에 뭔가를 책임질 누군가가 있어본 적이 없다. 신들 자신도 끝없이 돌아가는 만화경 속에 영원히 나타났다 사라지기를 되풀이하는 허상의 관리인에 지나지 않는 것이다.

3

그렇다면 개인과 우주의 관계는 언제, 그리고 어째서 동양적 개념에서 서양적 개념으로 전환됐나? 기원전 2000년경의 메소포타미아 문헌에서 그런 전환의 조짐을 찾아볼 수 있다. 이 문헌에서는 한낱 인간인 왕과 그가 섬겨야 하는 신을 구분한다. 그는 이제 이집트의 파라오 같은 신왕이 아니며 신의 '소작인'이라고 불린다. 왕이 통치하는 도시는 신이 지상에 소유하는 토지이고 왕은 수석 관리인일 뿐이다. 나아가 그 무렵부터 메소포타미아에서는 신이 노예로 부리기 위해 인간을 만들었다는 신화가 등장하기 시작했다. 인간은 일개 하인이고 신은 절대적 주인인 것이다. 인간은 이제 신성의 화신이 아니라 그와는 전혀 다른 존재, 세속적이고 유한한 생명을 갖는 존재가 됐다. 그리고 대지는 이제 그냥 흙이다. 물질과 영혼이 분리되기 시작했다. 이 상태를 나는 '신화적 해리 dissociation'라고 부르며 레반트의 후기 종교에서 주로 나타나는 특징으로 본다. 오늘날 이런 특징이 있는 종교 중 가장 주요한 것은 물론 유대교와 기독교, 이슬람교다.

이렇듯 환상을 깨뜨리는 사고방식의 전환이 신화에 어떤 영향을 끼쳤는지, 대홍수를 예로 들어 살펴보기로 하자. 동양에서 여전히 위세를 떨치고 있는 여러 신화에 따르면, 한 겁劫이 끝날 때마다 대홍수가 세상을 뒤덮는다. 인도에서 '브라마의 낮'이라고 부르는 겁은 4,320,000,000년이며, 그 뒤에 만물이 우주의 바다에 녹아드는 '브라마의 밤'이 찾아오는데 이 또한 4,320,000,000년이다. 따라서 우주의 한 주기는 8,640,000,000년이라는 뜻이 된다. 아이슬란드의 서사시집인 《에다Edda》를 보면, 발할라(북유럽 및 서유럽의 신화에 나오는 궁전. '기쁨의 집'이라는 뜻이다 – 옮긴이)에는 문이 540개 있으며 세계가 종말을 맞이할 때 각 문으로 무장한 전사 800명이 반신과 싸우러 나갈 것이라고 한다.[5] 그런데 800 곱하기 540은 432,000이다. 따라서 유럽의 이교도 문화와 고대 동양이 모종의 신화적 배경을 공유하는 것으로 보인다. 그런데 1시간은 60분이고 1분은 60초이며 24시간은 86,400초다. 하루가 지나는 동안 낮이 끝나면 밤이 이어지고, 다음 날 아침이 되면 새벽이 어둠의 뒤를 따른다. 이 같은 우주의 낮과 밤의 신화에는 죄와 벌이 개입되지 않는다. 모든 것이 전적으로 자동적이고 친절하다.

좀 더 살펴보자. 기원전 3세기 초에 바빌로니아 신화를 기록한 칼데아의 학식 있는 신관 베로수스에 따르면, 최초의 수메르 왕이 등극한 뒤 대홍수가 일어나기까지 432,000년이 흘렀으며, 그 기간 동안 열 명의 매우 장수한 왕들이 통치했다고 한다. 한편 성경에서는 하느님이 아담을 만든 지 1656년 뒤에 노아의 대홍수가 일어났으며, 그 기간에 열 명의 매우 장수한 족장이 살았다. 그리고 19세기의 저명한 유대인 아시리아 연구자 율리우스 오페르트Julius Oppert의 연구 결과를 믿는다면 1656년은 86,400주다.[6]

이렇듯 세계가 수학적으로 정해진 순환 주기에 맞춰 출현했다가 사라지며 매번 대홍수로 종말을 맞이한다는 초기 메소포타미아 모델은 성경에서도 찾아볼 수 있다. 하지만 우리 모두가 알다시피 성경에서는 노아의 대홍수를 여호와가 인간의 죄를 벌하기 위해 내린 것이라고 설명한다. 이는 전혀 다른 개념으로, 여기서 강조되는 것은 낮과 밤이나 1년의 순환처럼 죄나 인격이 개입되지 않는 순환의 개념이 아니라 자유의지다.

대홍수 설화에 대한 또 하나의 해석은 기원전 2000년에서 1750년경으로 거슬러 올라가는 두 개의 수메르 설형문자 문헌에서 처음으로 확인된다. 여기에서 성난 신의 이름은 엔릴Enlil이고 방주를 건조하는 사람은 고대 수메르의 도시국가 키시의 10대 왕이다. 두 서판은 고대 메소포타미아의 왕들을 신의 '소작인'으로 칭하던 시기에 제작됐다. 이 같은 인식의 전환은 의미가 매우 크다. 첫째, 우주에서 경이가 사라졌다. 우주는 이제 생각을 불허하는 신비롭고 신적인 어떤 것, 그 안에서 동물과 식물, 인간의 도시 못지않게 살아 있는 모든 신과 악마가 역할을 맡아 돌아가는 어떤 것이 아니었다. 지상은 신성을 잃고, 이제 유일하게 신비한 존재가 된 신들이 초자연적 영역에서 지상에서 벌어지는 일을 주관했다.

하지만 다른 한편으로 인간은 자신을 살아 있는 우주의 유기적인 신적 존재와 동일시되지 않게 되면서 해방되어(또는 해방을 쟁취해) 자유의지를 갖는 독자적 존재가 될 수 있었다. 그리고 마찬가지로 자유의지를 누리는 신과 관계를 맺게 됐다. 순환의 매개자로서 동양의 신들은 순환 과정을 상징하고 관리하는 존재에 불과할 뿐 직접 그것을 시작하거나 제어하지 못한다. 하지만 자신이 만든 인간이 사악해졌다고 대홍수를 내려 벌주기로 결정할 수 있는 신, 스스로 법을 만들고 심판하고 벌을 집행하는 신이 등장함으로써 우리는 완전히 새로운 상황에 처하게 됐다. 의식의 급진적인 전환은 우주 만물에 새롭고 훨씬 밝은 빛을 비추었다. 흡사 태양의 빛이 달과 행성, 그리고 다른 별들을 가리는 것과 같았다. 그리고 이 새로운 빛은 그 뒤로 수세기 동안 이란 서쪽의 세계를 바꿔놓았다.

이제 신과 인간은 모든 이름과 형태를 넘어서는 유일하고 비인격적인 '존재 중의 존재'의 양상들에 지나지 않게 되었다. 신과 인간은 이제 본질적으로 서로 다른 존재, 심지어 서로 적대하는 존재로, 인간이 신에게 종속됐다. 더욱이 이제 인격을 가진 신이 우주의 법칙 앞이 아니라 뒤에 자리하게 됐다. 이전의 개념에서 신이 일종의 우주 관료였고 우주의 자연법칙이 그의 존재와 행동을 지배했다면, 이제 신은 어떤 법을 운용할지 결정하는 존재, 말하는 바대로 이루어지는 존재다. 그에 따라 이제 확고한 율법 대신 인격과 일시적인 변덕이 강조된다. 신은 얼마든지 마음이 변할 수 있고 실제로 자주 변한다. 이런 맥락에서 레반트의 정신은 유럽 고유의 개인주의에 근접한다. 그러나 심지어 여기에도 다른 점이 있다.

레반트에서 강조하는 것은 복종이다. 비록 변덕스러울 수는 있어도 인간은 신의 의지에 복종해야 한다. 신이 계시를 내려 그것을 책에 기록했으니, 인간은 그 책을 읽고 공경할 것이며 감히 비판하지 말고 수용하고 준수해야 한다. 이 성스러운 책을 모르거나 거부하는 자들은 조물주를 영접할 수 없다. 그 때문에 여러 크고 작은 나라들, 심지어 대륙까지도 실제로는 신의 은총을 누리지 못한다. 이 지역에서 발생한 모든 주요 종교(조로아스터교, 유대교, 기독교, 이슬람교)는 신의 말씀을 받은 민족은 지상에 오직 하나, 하나의 전통을 가지는 하나의 성스러운 민족이라는 사상을 갖고 있다. 따라서 그 구성원들은 하나의 역사를 갖는 집합의 구성원이다. 그리고 이 집합은 이전의 (동양) 신화에서처럼 자연적·우주적 집합이 아니라 초자연적으로 신성을 지니는 매우 특수한 사회적 집합이며, 가혹할 정도로 자연스럽지 못한 법을 독자적으로 갖는다. 그렇기에 레반트에서 주인공은 개인이 아니라 신의 은총을 받는 선민 또는 교회이고, 개인은 그에 참여하는 구성원에 불과하다. 예컨대 기독교 신자는 세례를 받은 교인이라는 점에서 은총을 받았고, 유대인은 그가 유대인 어머니에게서 태어났다는 신비 덕에 여호와와 언약을 맺고 있다는 것을 늘 잊지 말아야 한다. 종말이 다가오면 언약을 충실하게 지킨 자들(기독교 버전으로 말하자면 정식으로 세례를 받고 '은총 속에' 세상을 떠난 자들)만이 신 앞에 부활해 레비아난과 베헤못, 지즈 고기를 요리한 영원한 낙원의 잔칫상을 받을 것이다.

레반트의 이 공동체 개념을 그리스와 로마, 켈트, 게르만 문화에서 중시하는 개인의 가치와 융합하기가 얼마나 힘들었는지는 로마 가톨릭 교회의 교리에 사후에 영혼이 받을 두 차례의 심판이 등장하는 것에서 뚜렷하게 알 수 있다. 첫 번째 심판은 죽은 직후 각 영혼에게 영원한 상 또는 벌을 내리는 '사私심판(개별 심판)'이다. 그리고 두 번째는 세상 최후의 날에 하느님의 섭리(생전에 선한 자가 고통받고 악한 자가 번창하도록 내버려두었을 수도 있는)가 정당했음을 모두에게 알리기 위해, 지상에서 생을 얻었던 모든 이들이 모여 공개 심판을 받는 '공公심판(최후 심판)'이다.

4

끝으로 어느 고대 신화의 세 가지 다른 버전을 이야기해볼까 한다. 각각 인도와 레반트, 그리스에 전해지는 버전들을 비교해보면, 개인의 인격과 최고의 미덕에 대한 동양의 관점과 서양의 서로 다른 두 관점이 얼마나 다른지 생생하게 보일 것이다.

먼저 기원전 8세기경의 경전 《브리하다라냐카 우파니샤드 Brihadaranyaka Upanishad》('큰 숲의 서')에 들어 있는 인도 신화에서 시작하자.

태초에 우주는 인간의 형태를 띤 자아였다. 이 자아가 주위를 둘러보자 자신밖에 없기에 처음으로 입을 열어 "이것이 나다!"라고 소리쳤다. 그러자 '나'라는 개념이 생겨났다. 자신을 '나', 에고로 인식하게 된 자아는 두려움을 느꼈다. 그러나 자아는 '이곳에 있는 것은 나뿐인데 무엇을 두려워할 필요가 있나?'라고 생각했다. 그러자 두려움이 사라졌다.

그러나 자아는 여전히 '기쁨을 느끼지 못했기에 또 하나의 존재를 원했다'. 자아는 팽창해 둘로 나뉘어 남자와 여자가 됐다. 남자가 여자를 포옹해 인류가 생겨났다. 여자는 생각했다. '저이는 자기 몸에서 생겨난 나와 어떻게 하나가 될 수 있지? 숨어야겠다!' 여자가 암소가 되자 남자는 황소가 되어 소가 생겨났다. 여자가 암말이 되자 남자는 수말이 되어…… 이렇게 해서 개미까지 내려왔다. 그러자 그는 깨달았다. '사실은 내가 창조였구나, 이 모든 것을 내가 쏟아냈으니.' 그러자 '창조srishtih'('쏟아낸 것'이라는 뜻)의 개념이 생겨났다. "이를 이해하는 자는 누구나 진정 이 피조물 안에서 창조주가 된다."

이상이 산스크리트어 버전이고, 다음에는 비슷한 시기에 수록된 레반트 버전, 다시 말해 창세기 2장을 보자. 에덴동산을 가꾸고 관리하도록 조물주가 흙을 빚어 만든 인간의 조상 아담에 관한 서글픈 이야기다. 그가 외로워하는 것을 본 조물주는 그를 기쁘게 해주려고 온갖 짐승과 새를 만들어 그에게 데려와 뭐라고 부르는지 봤다. 그러나 아무것도 그를 기쁘게 해주지 못했다. "여호와 하나님이 아담을 깊이 잠들게 하시니 잠들매 그가 그 갈빗대 하나를 취하고……." 여자를 본 남자는 "이는 내 뼈 중의 뼈요, 살 중의 살

이브의 창조 요한 하인리히 퓌슬리가 밀튼의 《실락원》을 토대로 그림.

이라"라고 말했다. 그 뒤에 무슨 일이 벌어졌는지는 모두가 알고 있다. 그렇게 해서 지금 우리가 이 눈물 골짜기에 있다.

자, 여기서 주목할 점은 두 번째 버전에서 둘로 나뉜 것이 신이 아니라 그가 만든 종이라는 사실이다. 신은 남자와 여자가 되지 않았고, 자신을 쏟아내 이 모든 것이 되지도 않았다. 그는 따로 떨어져 있는 존재, 이질적인 존재로 남았다. 하나의 이야기에 완전히 다른 두 가지 버전이 있는 것이다. 종교적 삶의 이상 및 규율과 관련해 그것이 시사하는 바 또한 다르다. 동양에서는 자기 자신도 다른 모든 이도 보편적 존재 중의 존재, 즉 자아의 물질로 되어 있음을 깨달아야 한다는 것이 핵심 이상이다. 따라서 동양 종교에서는 살아생전에 자신과 그 존재의 동일성을 경험하고 깨닫는 것이 전형적인 목표다. 반면 서양에서는 성경을 따라 이 절대적 타자, 자신의 창조주와 관계를 맺는 것이 이상이다. 그는 저기 저곳에 떨어져 있는 존재이며, 어떤 의미로나 자신의 내적 자아가 아니다.

그리스 버전이 가르치는 바 또한 다르다. 플라톤의 대화편《향연》에 수록된 그리스 버전은 아리스토파네스가 이야기하는 것으로 되어 있다. 플라톤을 비롯한 위대한 영혼들의 명랑한 분위기에 맞게, 인류의 기원에 관한 진지한 논의 대신 사랑의 신비에 대한 은유로 이야기된다.

이 환상적인 이야기에서 인류는 이미 존재하고 있다. 정확히 말하자면 서로 다른 세 인류인데, 하나는 태양에 사는 완전한 남자, 또 하나는 여기 지구에 사는 완전한 여자, 그리고 마지막으로 남자와 여자가 융합된 존재로, 물론 그들이 사는 곳은 달이다. 그들은 모두 오늘날의 인간보다 갑절은 컸다. 손발은 네 개씩 있고 옆구리와 등은 원을 이루며 하나의 머리에 얼굴이 두 개 있었고 나머지도 그런 방식에 따라 있었다. 신들이 그들의 강한 힘을 두려워해 제우스와 아폴로가 "절임을 담글 사과를 반으로 가르듯, 머리카락 한 올로 달걀을 자르듯" 그들을 둘로 베었다. 하지만 둘은 서로를 그리워해 얼싸안았고, 신들이 떼어놓지 않았다면 굶어 죽었을 것이다. 여기서 배워야 할 교훈은 이것이다. '인간의 본성은 원래 하나였고 우리는 완전했으며 완전함을 향한 욕망과 추구를 (앞서 말한 세 인류에 따라) 사랑이라고 부른다. (…) 우리가 신의 친구이고 관계가 좋으면 우리 자신의 참된 사랑을 만날 것이지만 그런 일은 어지간해서는 없다.' 반면에 '우리가 신들에게 순종하지 않는다면 또다시 반으로 나뉘어 돋을새김 조각이 될 것이다'.

성경과 마찬가지로 여기에서도 둘로 나뉘는 것은 절대신이 아니다. 여기에 흐르는 것은 신과 인간이 분리되고 양자가 맺는 관계가 문제가 되는, 우리에게 익숙한 서양적 관념이다. 다만 그리스 신화의 신들은 여호와와는 달리 인간을 만들지 않았다. 그들 자신이 인간처럼 대지의 여신의 가슴에서 태어났으며, 인간의 조물주라기보다는 형이었다. 더욱이 고대 신화를 시적이고 유머러스하게 해석한 이 매우 그리스다운 버전에 따르면, 인간의 힘이 워낙 강대하고 정신은 위대해서 신들은 최초의 인간을 두려워했다. 심지어 한번은 인간이 하늘로 쳐들어가기까지 해서 얼마 동안 신전을 혼란에 빠뜨렸다. 신들이 벼락으로 인간을 몰살시켰다면 제물을 바칠 이가 아무도 없어서 신들 자신도 사라지고 말았을 것이다. 그 때문에 그들은 인간을 둘로 쪼개는 방안을 채택했다.

다시 말해 그리스의 신은 인간의 편으로, 그의 공감과 신의信義

는 인간의 것이었다. 반대로 유대인은 신의 편이다. 그리스 사람이라면 욥과 같은 말을 절대 하지 않을 것이다. "온전하고 정직한" 욥은 "까닭 없이 그를 친" 뒤 폭풍우를 타고 나타나 자신의 힘을 과시하는 신에게 이렇게 말한다.

"보소서, 나는 비천하오니 (…) 주께서는 못하실 일이 없사오며 (…) 내가 스스로 거두어들이고 티끌과 재 가운데에서 회개하나이다."

회개라고? 뭘 회개한다는 말인가?

그와는 대조적으로, 작자 미상의 욥기가 쓰인 5세기에 활동했던 위대한 그리스의 비극 시인 아이스킬로스는 프로메테우스[그 역시 "낚시로 리워야단(레비아단)을 끌어내고 그것을 새를 가지고 놀듯 하며 많은 창으로 그 가죽을 찌르는" 신에게 고통을 당하고 있었다]에게 다음과 같은 놀라운 말을 하게 만든다. "그는 괴물이요. (…) 나는 제우스에게 아무 관심이 없으니 마음대로 하라고 해라."

오늘날 비록 우리의 혀는 욥처럼 말하도록 배웠어도 우리 마음은 프로메테우스처럼 말한다.

5

동서양 종교는 어떻게 대립하는가

1970년[1]

서구에서는 신에게 이름을 부여했다. 그리고 이 형이상학적 허구가 절대적으로 존재한다고,
나아가 그것이 우리 삶을 형성하는 데 관여한다고 믿도록 가르쳤다. 반면 동양에서는
경험을 강조하며 다른 이의 경험이 아니라 자신의 경험을 믿으라고 가르친다.

나는 학생이었던 1920년대에, 1970년대가 되도록 종교에 관해 생각하기를 원하는 지적인 사람들이 있으리라고는 생각도 하지 못했다. 당시 우리는, 세계는 이제 종교에 볼일이 없다고 믿어 의심치 않았다. 과학과 이성이 세상을 지배했다. 1차 세계대전에서도 승리해 합리적 민주주의를 향한 길이 열렸다.《연애 대위법》를 쓴 올더스 헉슬리Aldous Huxley가 우리 시대의 문학 영웅이었고, 조지 버나드 쇼George Bernard Shaw, 허버트 조지 웰스Herbert George Wells 같은 합리주의적 작가들도 있었다. 그런데 이성과 민주주의, 사회주의 등에 대해 모두가 낙관하던 그때, 책 한 권이 등장해 우리의 확신을 뒤흔들어놓았다. 오스발트 슈펭글러의《서구의 몰락》이다. 이 행복했던 시기에는 그 밖에도 토마스 만Thomas Mann의《마의 산》, 제임스 조이스의《율리시스》, 마르셀 프루스트Marcel Proust의《잃어버린 시간을 찾아서》, T. S. 엘리엇T. S. Eliot의《황무지》등 나중에야 그 의의를 알게 된 작품들이 예기치 못한 방면에서 발표됐다. 문학적인 의미에서 실로 위대한 시대였다. 그러나 일부 작가는 이성의 승리와 정치 발전이 세상의 어둠을 밝혀주기는 해도 서구

문명의 심장부에서 뭔가가 와해되기 시작했다고 경고하는 듯했다. 이 모든 경고와 선언 중에서도 슈펭글러의 것이 가장 불길했다. 그의 말은 문명이 유기체 같은 생애 주기를 따른다는 역사형태론을 바탕으로 하기 때문이다.

모든 문화는 성장기와 전성기를 거친 뒤 쇠퇴기에 접어들어 합리적인 계획과 조직으로 스스로를 지탱하려고 하지만, 결국 노쇠와 경직으로 말미암아 사멸하고 만다. 더욱이 슈펭글러의 이 같은 견해에서 보면 우리는 현재 '문화' 단계에서 '문명' 단계로 이행하는 중이다. 바꿔 말하면 젊고 자발적이며 놀라운 창의성을 누리는 시대에서 불안과 불확실, 비자발적 프로그램의 시대, 종말의 시작으로 넘어오는 중이다. 슈펭글러는 지금 우리 시대가 고대 세계로 따지면 기원전 2세기 말과 유사하다고 봤다. 카르타고전쟁과 그리스 문화의 쇠퇴 및 헬레니즘의 등장, 로마 군사국가와 전제정치의 대두, '신앙의 재발견', 대도시의 대중에게 먹을 것과 오락을 제공하는 것을 기반으로 하는 정치, 그리고 폭력적이고 잔인한 대중예술 및 여흥의 시대다.

지금껏 살아오면서 나는 세상이 슈펭글러의 예언대로 흘러가는 것을 목격했다. 무엇 하나 틀린 것이 없었을뿐더러 속도도 빨랐다. 우리는 모여 앉아 이 암울한 전망을 논하고 어떻게 하면 그것을 막을 수 있을지, 이 위기와 전환의 시기에 어떤 '긍정적인' 면이 있을지 찾아보곤 했다. 슈펭글러는 우리 시대처럼 문화에서 문명으로 이행하는 시기에는 문화 형식을 버리는 경향이 있다고 말했다. 실제로 내가 가르치는 학생들 중에 서구문화 역사 전반에 대해 관심이 가지 않는다고 말하는 '아이들'(스스로 이렇게 칭하기를 좋아한다)이 점점 더 늘고 있다. 그들에게는 그 모든 것을 끌어안고 나아갈 에너지가 없는 것 같다. 확신까지는 아니라도 가끔은 그들에게 용기가 없지 않나 하는 생각이 든다. 하지만 관점을 달리해 그들이 꼬리에 꼬리를 물고 이어지는 새로운 문제와 새로운 사실, 새로운 영향에 직면해야 하는 상황을 생각하면, 그들의 에너지는 어쩌면 확장되는 현재와 문제가 많아 보이는 미래에 집중되고 있다고 볼 수도 있을 것 같다. 나아가 슈펭글러의 개념과 같은 맥락에서, 서구 사람은 과거의 문화 형식을 버리는 데 그치지 않고 강력한 다문화적 미래를 수립하고 뒷받침할 문명의 형태를 만들어가고 있다고 볼 수 있다.

여기서 생각나는 것은 아일랜드의 위대한 시인 윌리엄 버틀러 예이츠William Butler Yeats의 기이하고 예언적인 산문집 《환상록》이다. 1917년에서 1936년까지 20년간 쓴 글을 모아놓은 이 책에서 예이츠는 자신의 직관과 슈펭글러의 형태론적 견해가 일부 일치한다고 언급했다. 지금 이 시대는 2천 년이라는 기독교 순환 주기, 곧 '가이어gyre'의 마지막 단계다. 그는 "한계에 도달했거나 한계를 돌파했을 때, 항복의 순간에 다다랐을 때, 새로운 가이어가 움직이기 시작했을 때, 나는 흥분을 느낀다"라고 썼다.[2] 그는 이미 1921년에 이 주제에 관해 대단히 놀랍고 운명적인 시를 썼다.

재림

점점 넓게 퍼져가는 가이어 안에서 돌고 돌아

매는 매부리가 부르는 소리를 듣지 못한다.

모든 것이 뿔뿔이 흩어지고 중심은 잡히지 못한다.

혼돈이 세상에 풀리고

핏빛으로 어두운 물결이 풀려나 곳곳에서

순수의 의식儀式이 그에 휩쓸린다.

가장 선한 이들은 확신을 잃고 가장 악한 이들은

격정에 차 있다.

분명히 어떤 계시가 눈앞에 다가와 있다.

분명히 재림이 눈앞에 다가와 있다.

재림! 그 말을 하기 무섭게

세계의 영靈에서 나온 거대한 이미지가

내 시야를 어지럽힌다. 사막의 모래 어딘가에

사자의 몸에 인간의 머리를 지니고

시선은 태양처럼 공허하고 무자비한 형체가

허벅지를 느릿느릿 움직인다. 주위에서는

사막의 성난 새들의 그림자가 휘청인다.

어둠이 다시 깔린다. 그러나 나는 이제 안다.

2천 년의 바위 같은 잠은

흔들리는 요람 탓에 악몽에 시달렸다.

어떤 난폭한 짐승이 드디어 때를 만나

탄생을 준비해 베들레헴을 향해 엎드려 있는가?[3]

당시 활동했던 독일의 문화사학자 레오 프로베니우스Leo Frobenius

레오 프로베니우스 문화 유기체설을 주장한 독일 민속학자.

는 슈펭글러나 예이츠와 마찬가지로 문화와 문명을 형태론적으로, 다시 말해 일종의 유기적이고 역행할 수 없는 불가피한 과정으로 봤다. 다만 그는 아프리카 연구자이자 인류학자였으므로 선진문명뿐 아니라 원시문명도 시야에 넣었다. 인류문화사의 발전 전체에 세 단계가 있다는 게 그의 주요 개념이었다. 첫째는 채집과 수렵, 농경으로 식량을 공급한 원시시대의 마을 사람들이다.

이들은 문자가 없었고, 종족이 매우 다양했으며, 지구상에 인류가 처음 등장했을 때부터 시작해 지금까지도 (일부 지역에) 존재한다. 기원전 3500년경에 시작된 둘째 단계는 '기념비적 문화'의 단계로, 문자가 있고 복합적이었다. 메소포타미아와 이집트, 그리스와 로마, 인도와 중국과 일본, 중남미, 레반트, 그리고 고딕시대에서 근대에 이르는 유럽이 여기에 해당된다. 그리고 전도양양하게 동 터오는 지금의 세계화 시대가 셋째 단계다. 프로베니우스는 이를 인류문화사의 최종 단계일 것으로 예측하면서 수만 년은 지속될 것이라고 봤다. 다시 말해 슈펭글러와 예이츠가 서구문화 주기의 최후로 해석했던 것을, 프로베니우스는 훨씬 큰 관점에서 무한한 지평의 새 시대가 시작되는 것으로 봤다. 과거에 서로 개별적으로 존재했던 문화 세계가 한데 만나고 있는 것을 보면, 이것은 서구 헤게모니의 종말일 뿐 아니라 서구의 위대한 과학과 기계에 의해 결합되고 뒷받침되는 인류 새 역사의 시작일지도 모른다. 과학과 기계가 없었다면 지금 이 시대는 불가능했을 것이다.

하지만 슈펭글러의 암울한 비전은 여기에서도 오로지 황폐함을 예견한다. 그에게 과학과 기계는 서구 정신세계의 산물인데, 비서구 민족들은 오로지 서구를 파괴하고 멸망시키려는 목적으로 이를 사용하고 있다. 황금알을 낳는 거위를 죽이고 나면 능력도 없는데다 관심도 잃어 과학도 산업도 더는 발전할 수 없을 테고, 그 결과 기술이 쇠퇴하고 다양한 민족들은 독자적 생활양식으로 돌아갈 것이다. 그리고 유럽이 약속하는 위대한 가능성의 시대는 헛된 꿈으로 끝날 것이다.

반면 프로베니우스는 그보다 앞서 니체가 그랬던 것처럼 현재를 인류 전체의 생애 과정에서 역행 불가능한 진보의 시기로 봤다. 아직 젊고 지역적으로 국한된 문화 성장 단계에서 지금은 예측조차 할 수 없는 창의적인 통찰과 실현이 있을 새로운 미래로 이행하는 단계에 있다는 것이다. 하지만 나는 후자 쪽 의견에 동의하면서도 솔직히 말해서 슈펭글러의 견해가 자꾸 생각난다…….

어쨌거나 오늘날 모두가 분명하게 인식하는 것은, 우리가 새로운 지혜가 필요한 새로운 시대에 들어서고 있다는 사실이다. 그런데 이 새로운 지혜는 이상적으로 공상하는 젊음이 아니라 경험 많은 노년의 지혜이며, 나이를 불문하고 우리 모두가 흡수해야 하는 것이다. 나아가 종교로 눈을 돌려보면, 가장 명백한 사실은 기존의 전통 종교가 하나같이 매우 무질서한 상태에 있다는 것이다. 지금껏 종교의 기본 진리라고 가르쳐왔던 것들이 이제 유효하지 않다.

하지만 오늘날 젊은이들뿐 아니라 노년 세대와 중년 세대 사이에서도 종교를 향한 열정이 뜨겁다. 다만 그 방향이 신비주의를 향하고 있어서, 가장 발언권이 강한 스승들은 근대 문명의 발전에 뒤처지고 구태의연한 사고방식을 대표한다고 여겨지는 과거 세계의 사람들이다. 인도의 구루, 일본의 노사老師, 티베트의 라마가 차고 넘쳤고, 중국의 역서曆書가 서양철학 서적보다 더 많이 팔린다.

그렇지만 최고의 심리학 서적에는 못 미치는데, 사실 이것도 놀라운 일은 아니다. 동양이 갖는 매력은 궁극적으로 그 가르침이 내면을 향한 것이며 심리에 관심을 두고 신비적이니 말이다.

현재의 종교 상황과 비슷한 사례를 찾는다면, 들소 수가 감소하던 1870~80년대의 북아메리카 인디언 부족일 것이다. 대륙을 횡단하는 철도가 놓이던 당시, 들소 사냥꾼들이 철마鐵馬의 시대를 열기 위해 들소를 몰살하고 밀 재배 인구는 미시시피강에서 서쪽으로 이동하고 있었다. 들소를 도살한 또 다른 이유는 들소를 사냥하는 인디언 부족에게서 식량을 빼앗음으로써 그들을 굴복시켜 보호구역에서 살도록 하기 위해서였다. 이런 (그들에게는 고통스러운) 전개가 뒷날 서부 지역에서 내적 비전의 경험을 중시하는 새로운 종교가 갑자기 유행하는 결과를 가져왔다.

인디언 부족도 여느 원시 수렵부족과 다르지 않았기 때문이다. 식량을 공급해주는 동물사회와 인간의 관계는 종교로 유지되는 사회질서에서 중심 관심사였다. 그렇기에 들소가 사라지자 결속의 상징도 사라지고 말았다. 10년 사이에 종교가 구시대의 유물이 되고, 심리적 구제책으로 멕시코에서 페요테 컬트와 메스칼 컬트(두 가지 모두 선인장으로 만든 증류주나 약물을 복용하고 도취경에 빠지는 의식이다 – 옮긴이)가 유입됐다. 책으로 출판된 참가자들의 체험담을 보면, 그들은 특별한 오두막에 모여 기도하고 노래하면서 페요테 꼭지를 먹어 환각 상태가 되면 자기 내면에서 그들의 사회가 잃어버린 것, 성스러움의 이미지를 발견했다. 그것이 삶에 깊이와 심리적 안정감, 그리고 의미를 부여해주었다.

살아 있는 신화적 상징의 가장 중요한 효과는 사람을 각성시켜 삶의 에너지로 인도한다는 것이다. 이 상징은 에너지를 방출하고 요샛말로 '스위치를 켜주는데', 스위치가 켜지면 특정한 방식으로 기능하도록 이끈다. 그래서 개인이 삶에 참여하고 사회집단이 목적을 이루는 데 도움을 준다. 그러나 사회집단이 제공하는 상징이 효력을 잃고 다른 집단의 상징이 유효해지면, 개인은 집단에서 떨어져나가 소속감과 방향감각을 잃고 우리는 상징의 병리학이라 할 것에 직면하게 된다.

캘리포니아대학교의 저명한 정신의학과 교수 존 W. 페리John W. Perry 박사는 살아 있는 신화적 상징의 특징을 '감응 이미지affect image'라고 봤다. 감응할 곳에 떠오르는 이 이미지는 뇌에서 먼저 해석되고 이해되지 않는다. 뇌에서 해석되어야 하는 상징은 이미 살아 있지 않다. '감응 이미지'는 감정체계에 직접 호소하며 반응을 즉각 이끌어낸다. 그리고 그다음에야 뇌의 순서가 돌아와 흥미로운 코멘트를 단다. 악기가 균일하게 조율된 현에 화답하듯, 외부의 이미지에 대해 내부에서 일종의 공명이 일어난다. 한 사회집단의 살아 있는 상징이 물리적으로는 떨어져 있지만 존재와 믿음에서는 하나인 모든 구성원에게 모종의 마술적 조화를 부리면서 그들을 하나의 영적 유기체로 통합해주는 것이다.

그렇다면 성경의 상징은 어떤가? 5, 6천 년 전 고대 수메르의 천문 관측과 이제는 신뢰할 수 없는 인류학을 바탕으로 하는 성경의 상징은 오늘날 스위치를 켜줄 만한 것이 못 된다. 저 유명한 과학과 종교의 갈등은 사실 종교와 아무런 관련이 없으며, 실제로는 두 과학, 곧 기원전 4000년과 서기 2000년의 과학 사이의 갈등이다. 수십억 개의 은하와 수십억 년의 역사를 지닌 우주의 무한한 경이를 전 인류에게 보여준 위대한 서구문명이 지구상에 존재하는 가장 협소한 우주의 이미지에 갇힌 종교를 어려서부터 떠안아야 했다니 정말 아이러니한 일 아닌가? 그보다는 6,400만 년의 겁이 되풀이되는 고대 마야문명의 달력이나 43억 2,000만 년의 겁을 가진 힌두문명의 달력이 더 쉽게 정당화될 수 있었을 것이다. 더욱이 이들 웅대한 체계에서 궁극적인 신은 남성도 여성도 아니며 모든 범주를 초월한다. '저기 바깥'에 존재하는 남성 인격이 아니라 만물에 내재하는 힘이다. 다시 말해 근대 과학의 이미지와 너무 동떨어져서 조금도 활용할 수 없는 수준은 아니라는 얘기다.

성경의 우주상은 이제 더는 통용될 수 없다. 다른 모든 민족이 섬겨야 하는 신의 민족이라는 개념도,[4] 하늘에서 내린 율법을 영원토록 지켜야 한다는 개념도 마찬가지다. 오늘날 세계가 겪고 있는 사회문제는 기원전 6세기에 레반트 지방의 한구석이 겪었던 것과는 다르다. 사회는 변화하며 한 사회의 법이 다른 사회에 적용될 수 없다. 현 세계의 문제를 다루지조차 않는 십계명은 우리에게 그저 짐일 뿐이거니와, 사실 성경에서도 처음 등장하고 나서 바로 다음 장에서 묵살됐다.[5] 근대 서구의 법 개념은 누구도 건드릴 수 없는 신의 명령이 아니라 합리적으로 인식된 사회적(따라서 일시적) 목적을 실현하기 위해 불완전한 존재인 인간들이 협의해서 만드는, 항상 진화하는 법규들의 집합체다. 우리는 신이 우리의 법을 만들지 않았으며 지구상의 어떤 법도 신이 만든 게 아니라는 것을 알고 있다. 따라서 성직자들이 그들의 과학뿐 아니라 도덕률에 대해서도 절대적이라고 주장할 권리가 없다는 것 역시 (사실을 말할 용기는 없을지라도) 안다. 심지어 영적인 조언을 해주는 역할에서도 이제는 과학에 기반을 둔 정신과 의사들이 성직자들을 앞서는 터라, 여러 성직자가 최선의 목회 활동을 위해 심리학자에게 가르침을 구하는 상황이다. 종래의 상징이 갖던 마법은 이제 치유 대신 혼란을 줄 뿐이다.

다시 말해 이런 이야기다. 북아메리카의 초원에서 들소가 갑자기 사라지면서 인디언 부족들은 그들을 지탱해주었던 신화적 상징뿐 아니라 과거 그 상징이 기여했던 생활양식 자체를 잃었다. 그와 마찬가지로 우리가 사는 이 아름다운 세상에서 종교적 상징이 권위를 잃고 사라지면서 그것이 일찍이 지탱했던 생활양식도 함께 사라졌다. 그리고 인디언 부족들이 그랬던 것처럼 당혹한 많은 세상 사람들이 내면으로 관심을 돌렸다. 세속화된 사회질서와 화석화한 제도권 종교가 더는 제공해주지 못하는 감응 이미지를 내면에서 찾고자 하는, 매우 위험하고 무모할 수 있는 이 여정에 대해 사람들은 종종 서양보다 동양에서 지침을 얻으려 했다.

여기서 세 가지 개인적 일화를 들어 배경을 조명하고 동서양 종교의 대립이 가져오는 몇 가지 문제를 살펴보자.

첫째, 1950년대 중반에 나는 컬럼비아대학교의 작고 아주 특별한 방에서 열린 마르틴 부버Martin Buber 박사의 연속 강연에 초대받는 영광을 얻었다. 매주 한 번씩 대여섯 주 이어진 강연에서 그는 매우 작은 몸집에서 '카리스마'라고 부르는 강한 존재감을 뿜어내며 놀라운 언변을 과시했다. 모국어도 아닌 영어를 얼마나 유창하고 편안하게 말하는지 놀라울 정도였다. 그러나 3회 강연 중에 나는 부버 박사가 사용하는 단어 중에 이해할 수 없는 게 하나 있다는 것을 깨달았다. 강연의 주제는 구약성경에서 다루는 유대민족의 역사로, 이후의 시대도 같이 언급됐다. 내가 이해할 수 없었던 단어는 '신'이었다. 그가 쓰는 '신'은 과학

마르틴 부버 독일의 유대인 사상가이자 유대교 종교 철학자.

이 우리에게 가르쳐준 이 광대한 세상을 만든 가상의 조물주를 가리키는 것처럼 보이는가 하면, 단순히 구약성경의 여호와를 가리키는 것 같기도 했다. 그런가 하면 부버 박사와 자주 대화를 나눈 누군가 같기도 했다. 가령 한번은 강연 도중에 느닷없이 말을 멈추고 잠시 멍하니 서 있더니 고개를 내저으며 조용히 이렇게 말했다. "신을 삼인칭으로 말하려니 마음이 괴롭군요." 내가 이 이야기를 하자 게르숌 숄렘Gershom Scholem 박사(당시 텔아비브대학교에 재직 중)는 웃으며 수수께끼처럼 대답했다. "가끔 꼭 그렇게 과하다니까요!"

그래서 이 종잡을 수 없는 단어에 대해 질문하려고 나는 조심스럽게 손을 들었다. 부버 박사는 말을 멈추고 친절하게 말했다. "말씀하시죠."

"부버 박사님, 오늘 저녁 박사님이 쓰시는 단어 중에 이해가 안 되는 게 하나 있습니다만."

"뭘 말씀하시는지?"

"신입니다."

그는 눈을 크게 뜨더니 턱수염을 기른 얼굴을 약간 앞으로 내밀었다.

"'신'이라는 단어가 무슨 뜻인지 모른단 말입니까?"

"박사님이 말씀하시는 '신'이 뭔지 모르는 겁니다. 오늘 저녁 박사님은 오늘날 신은 얼굴을 감추고 이제 인간 앞에 모습을 드러내지 않게 됐다고 말씀하셨죠. 그런데 저는 얼마 전에 인도에 다녀왔습니다만(그 전해에 다녀왔다),[6] 거기서는 사람들이 늘 신을 경험하고 있거든요."

부버 박사는 갑자기 손바닥을 위로 쳐들며 몸을 뒤로 뺐다. "그 말은 지금 그 둘이……." 거기까지 말했을 때 사회를 보는 제이콥 토브스 박사가 재빨리 끼어들었다. "아닙니다, 박사님!(우리 모두 부버 박사가 무슨 말을 하려는 건지 알고 있었으며, 나는 그다음 말을 기다리고 있었다.) 캠벨 씨는 그저 박사님이 말씀하시는 '신'의 의미를 질문한 것뿐입니다."

부버 박사는 재빨리 생각을 다시 정리한 다음 강연 주제와 무관한 질문을 얼른 해치우려는 것처럼 내게 말했다. "사람은 누구나 자기만의 방식으로 추방된 상태에서 벗어나야 합니다."

그 대답은 부버 박사의 관점에서는 충분했을지 모르지만 다른 시각에서 보자면 매우 부적절했다. 동양 사람들은 자신들의 신에 의해 추방되지 않았으니 말이다. 궁극적인 신의 신비는 각 사람 안에 내재되어 있다. '저기 어딘가'가 아니라 당신 안에 있으며, 아무도 신과 단절된 적이 없다. 유일한 문제는 일부 사람들이 자기 안을 어떻게 들여다봐야 하는지 모른다는 점이다. 그것은 누구 잘못도 아니다. 또 문제는 수천 년 전에 있었던 '최초의 인간'의 타락도, 추방과 속죄도 아니다. 그것은 심리적인 문제이며 해결이 가능하다.

이상이 내 개인적인 일화 중 첫째다.

둘째는 첫째 일화가 있은 지 약 3년 뒤 젊은 힌두교도 남성이 나를 찾아왔을 때였다. 유엔 인도 대표의 서기인지 비서였던 그는 매우 독실한 비슈누 신도였다. 그는 내가 오래전 편찬한 하인리히 짐머Heinrich Zimmer의 인도 예술과 철학, 종교 관련 저서를 읽고 그에 관해 이야기를 나누고 싶어했다. 그런데 그가 하고 싶은 이야기는 그게 다가 아니었다.

서로에 대해 긴장이 풀린 뒤 그가 말했다.

"외국에 갈 때면 그 나라 종교를 알고 싶어지거든요. 그래서 몇 달 전 성경을 한 권 사서 처음부터 읽고 있습니다만……." 그는 말을 멈추더니 머뭇거리는 표정으로 나를 보면서 말했다. "종교를 찾아볼 수 없더군요!"

부버 박사가 하지 못한 말과 훌륭한 대비를 이루지 않나? 누구에게 종교인 것이 다른 누군가에게는 아예 종교가 아닌 것이다.

나는 당연히 성경을 읽으며 자란 사람이고 힌두교도 공부한 터라 조금은 도움이 될 수도 있겠다고 생각했다. "서양에선 상상으로 꾸며낸 유대민족의 역사를 읽는 게 종교 활동이라고 생각합니다만, 그걸 모르셨다면 그렇게 보였을 수도 있겠군요. 아마 성경의 태반에서 종교를 찾아보기 힘드셨을 겁니다."

시편을 읽어보라고 권하면 좋았으리라는 생각이 나중에 들었지만, 그 점을 염두에 두며 시편을 다시 읽어보고는 그 말을 하지 않길 다행이다 싶었다. 시편의 주된 테마는 "원수의 뺨을 치고" "악인의 이를 꺾는" 신의 보호를 받는 시인의 덕이라든가, 아니면 신이 그의 정의로운 종에게 합당한 도움을 주지 않는다는 불만이기 때문이다. 이 모든 것은 힌두교에서 신자에게 가르치는 종교적 감정과는 대극에 위치한다.

동양에서 궁극적인 신의 신비는 인간의 모든 사고와 감정, 이름과 형태의 범주를 초월하는 곳에 자리한다. 신은 자비롭거나 진노하지 않으며 어느 한 민족만을 선택하지도 않고 기도하는 이를 위로하고 기도하지 않는 이를 멸하지도 않는다. 사고를 초월하는 신비적 존재에 인간적 감정과 생각을 부여해 의인화하는 것은 인도의 관점에서 보자면 아이들을 위한 종교다. 성인은 범주, 이름과 형태, 감정과 사고를 초월하는 신비가 자신의 존재 근거임을 깨달아야 한다.

기원전 8세기의 《찬도갸 우파니샤드Chhandogya Upanishad》에서 브라만 아루니가 아들에게 하는 유명한 말은 바로 이 깨달음을 보여준다. "스베타케트야, 네가 바로 그것이다."[7]

여기서 '너'는 이름을 갖는 너, 친구들이 알고 사랑하는 대상, 세상에 태어나 언젠가 죽을 너가 아니다. 그런 '너'는 '그것'이 아니다. "Neti, Neti(그건 아니다, 그건 아니다)." 아끼고 집착하는 모든 것을 지울 때 비로소 '너'는 존재가 아니되 만물의 비존재non-being를 초월하는 존재와 동일성을 경험하기에 이를 것이다. 그것은 이 세상에서 알지도, 이름을 붙이지도, 심지어 생각조차 해보지 못한 어떤 것이며, 의인화해서 경배하는 신이나 절대신이 아니다. 위대한 《브리하다라냐카 우파니샤드》(《찬도갸 우파니샤드》와 비슷한 시대에 쓰였다)를 보면 이렇게 되어 있다.

> 사람들은 온갖 신에 대해 "이 신을 경배해라, 저 신을 경배해라"라고 한다. 이 모든 것은 그가 창조한 것이며 그 자신이 모든 신이다. (…)
>
> 그는 우주에, 심지어 우리 손톱 끝에까지도 깃들어 있으니 마치 면도칼이 면도칼집에, 불이 장작에 들어 있는 것과 같다. 사람들은 그를 보지 못하니 보일 때 그는 불완전하기 때문이다. 숨을 쉴 때 그는 '숨'이라는 이름이 되고, 말을 할 때 '목소리'가 되고, 볼 때 '눈'이 되고, 들을 때 '귀'가 되며, 생각할 때는 '정신'이 된다. 이들은 그가 하는 행동의 이름일 뿐이다. 이들 중 어느 하나를 숭배하는 자는 무지한 것이다. 왜냐하면 어느 하나만으로는 불완전하기 때문이다.
>
> 신이 곧 자기 자신이라는 생각으로 경배해야 하니 그 안에서, 자기 자신 안에서 그 모든 것이 하나가 되기 때문이다. 이 '자신'은 '모든 것'의 발자국이요, 그것으로 '모든 것'을 안다. 이는 발자국을 따라가면 잃었던 가축을 찾는 것과 마찬가지다.[8]

여기서 생각나는 것은 일본의 선禪 철학자 스즈키 다이세쓰의 인상적인 강연이다. 그는 신－인간－자연의 수수께끼를 동서양이 어떻게 다르게 이해하는지를 대비하는 것으로 강연을 시작했다. 성경에서 인간이 에덴에서 추방된 뒤 어떻게 그려지는지를 먼저 언급하며 그는 이렇게 말했다. "인간은 신과 대립하고, 자연은 신과 대립하고, 인간과 자연은 서로 대립합니다. 신의 이미지(인간)과 신의 피조물(자연)과 신, 이 셋이 모두 싸우는 겁니다."[9] 이어서 동양적 시각에 관해서는 이런 말들을 했다. "우리는 자연이라는 가슴에서 왔고 언젠가 그곳으로 돌아갑니다."[10] "자연은 스스로로부터 인간을 낳으며 인간은 자연 바깥에 존재할 수 없습니다."[11] "나는 자연 안에 있고 자연은 내 안에 있습니다."[12] 지고至高의 존재인 신은 창조에 앞서는 것으로 이해해야 한다. "그 안에는 아직 인간도 자연도 없었습니다." "이름이 부여되면 곧바로 신은 신이 아니게 됩니다. 그때 인간과 자연이 갑자기 생겨나고 우리는 추상적·개념적 어휘의 미로에 갇히게 됩니다."[13]

서구에서는 신에게 이름을 부여했다. 또는 우리 것이 아닌 시대와 장소에서 쓴 책이 우리 대신 신에게 이름을 붙였다. 그리고 이 형이상학적 허구가 절대적으로 존재한다고, 나아가 그것이 우리 삶을 형성하는 데 관여한다고 믿도록 가르쳤다. 반면 동양에서는 경험을 강조하며 다른 이의 경험이 아니라 자신의 경험을 믿으라고 가르친다. 다양한 교리는 자신이 '신'으로 알고 있는 것과 합일함을 경험(훨씬 심오하고 위대한 경험이다)하도록 가르치고, 이어서 합일을 넘어서면 초월하도록 가르친다.

'붓다Budhha'는 '깨어난 자'를 의미한다. 이 말은 산스크리트어 동사 budh에서 나왔는데, '깊이를 가늠하다, 바닥까지 꿰뚫어보다' 또는 '인지하다, 알다, 지각하다, 깨어나다'를 뜻한다. 붓다는 자신이 육체가 아니라 육체를 아는 자, 생각이 아니라 생각을 아는 자, 다시 말해 의식임을 깨달은 이다. 나아가 전구의 가치는 빛을 발하는 힘에서 비롯되듯이 자신의 가치는 의식을 발하는 힘에서 비롯됨을 안다. 전구에서 중요한 것은 필라멘트나 유리가 아니라 전구가 주는 빛이다. 마찬가지로 우리 각자에게서 중요한 것은 육체와 신경이 아니라 그것을 통해 빛나는 의식이다. 전구를 보호하기 위해서가 아니라 빛을 위해 살 때 사람은 붓다의 의식 안에 자리한다.

서양에도 그런 가르침이 있을까? 가장 잘 알려진 종교에는 없다. 성경에 따르면 신이 세상을 창조했고 인간을 창조했으며, 신과 그의 피조물은 어떤 의미에서도 동일하게 보면 안 된다. 실제로 주류 기독교에서 합일은 최대의 이단이다. 예수는 "나와 하느님 아버지는 하나다"라고 말한 탓에 신성모독죄로 십자가에 못 박혔다. 그리고 그로부터 900년 뒤 이슬람교의 신비주의자 알할라즈al-Hallaj도 똑같은 말을 하고 십자가형을 당했다. 동양 종교에서는 궁극적으로 바로 그것을 가르치는데 말이다.

그렇다면 서양 종교에서는 무엇을 가르치나? 신과의 합일을 경험하는 방법은 아니다. 다시 말하지만 그것은 최대의 이단이다. 기독교에서 가르치는 것은 이름이 있는 신과 '관계'를 수립·유지하는 방법이다. 그리고 그런 관계는 초자연적으로 선택되고 특별한 혜택을 받는 특정 사회집단에 속해야만 가능하다. 구약성경의 신은 역사상 존재하는 한 특정 민족, 지상에 하나뿐인 성스러운 민족과 계약을 맺는다. 그렇다면 어떻게 하면 그에 속할 수 있을까? 최근(1970년 3월 10일) 이스라엘에서는 종래의 답이 재확인된 바 있어, 유대인 어머니에게서 태어나는 것이 시민권을 얻는 첫째 전제조건으로 정의됐다.[14] 기독교적 관점에서 본다면? 참된 신이요 참된 인간인 예수 그리스도(기독교에서 이것은 기적이지만, 동양에서는 모든 사람이 참된 신이고 참된 인간이다. 다만 자기 안에 내재하는 경이의 힘을 깨달은 이가 아직 얼마 없을 뿐이다)의 부활이 그 방법이다. 우리는 우리의 인성人性을 통해 예수 그리스도와 이어지고, 예수 그리스도는 그의 신성神性을 통해 신과 우리를 이어준다. 그리고 우리가 살면서 이 유일무이한 신인God-Man과의 관계를 확인받는 방법은 세례를 통해 교회의 일원이 되는 것이다. 바꿔 말하면 또다시 사회제도를 거쳐야 한다는 뜻이다.

우리는 영혼의 신비를 나타내는 이미지와 원형, 보편적 상징을 모두 스스로를 신성시하는 이 두 역사적 사회집단의 주장을 통해 배웠다. 하지만 이 두 집단의 주장은 오늘날 역사학적으로도 천문학적으로도 생물학적으로도, 그리고 그 밖의 모든 면에서도 사실이 아니라는 게 입증됐다. 그 사실을 모르는 사람이 없다. 성직자들은 불안해 보이고 신도들은 혼란스러워 보일 만도 하다.

유대교 공회당과 기독교의 교회를 보라. 많은 교회가 이미 극장으로 바뀌었고, 일요일에 신의 의지를 전달할 때 쓰는 특유의 떨림을 곁들인 우렁찬 목소리로 윤리와 정치, 사회를 가르치는 강연장이 된 곳도 많다. 꼭 그런 식으로 전락해야 하나? 이제 더는 올바른 기능을 수행하는 게 불가능한가?

당연히 가능하다. 다만 성직자들이 자신들이 붙들고 있는 상징의 마술을 이해해야 한다. 그저 그것이 제대로 정서적으로 작용할 수 있도록 내보이면 된다. 종교에서 중요한 것은 의식, 곧 제례와 상징이며, 그것이 없으면 말은 이 시대에 의미를 가질 수도 있고 갖지 않을 수도 있는 개념을 그저 전달하는 데 불과하다. 의식은 신화적 상징의 집합체다. 사람은 의식이라는 드라마에 참여함으로써 상징을 직접 접한다. 과거와 현재, 미래라는 역사적 사건들을 말을 통해 아는 것이 아니라, 지금 여기에서 전에도 있었고 앞으로도 있을 영원한 것을 깨닫는 것이다.

유대교 공회당과 기독교 교회는 상징이 '의미하는' 바를 설명하기 때문에 문제다. 효과적인 의식은 모든 사람이 스스로 생각하게 해주는 것이다. 교리와 정의定意는 오로지 혼란을 줄 뿐이다. 이론적으로 강제된 교리와 정의는 종교적 명상을 도와주기는커녕 오히려 방해한다. 신의 존재는 각 사람의 영적 능력을 통해서만 지각되기 때문이다. 신의 이미지는 당신의 삶에서 가장 내밀한 숨은 신비인데, 그것을 가령 5세기에 몇몇 주교의 공회에서 정한 용어로 정의하는 게 무슨 소용이 있겠는가? 하지만 십자가를 보며 묵상하고 향 냄새를 맡는 것은 도움이 된다. 사제복과 그레고리안 성가, 나지막하게 읊조리는 입당송, 자비송, 축성도 도움이 된다. 이런 경이들의 '감응 가치'가 공회의 정의와 무슨 상관이 있으며, 우리가 Oramus te, Domine, per merita Sanctorum tuorum[15] 같은 말의 뜻을 정확히 이해하는지 아닌지와 무슨 상관이 있는가? 의미가 궁금하면 기도서 옆단에 번역되어 있으니 보면 된다. 하지만 의식의 마술이 사라지면…….

몇 가지 제안을 해볼까 한다. 먼저 인도의 전통적 사상 몇 가지와 일본의 사상 하나를 살펴본 다음, 서구 사람들에게 필요하지만 동양에서는 얻을 수 없는 어떤 것을 제안하도록 하자.

힌두교의 근간이 되는 경전 《바가바드기타Bhagavad Gita》에는 네 가지 기본 요가가 설명되어 있다. '얽어매다, 어떤 것을 다른 것과 연결하다'를 뜻하는 산스크리트어 동사 어간 yuj에서 파생된 요가yoga라는 단어는 정신을 정신의 근원에, 의식을 의식의 근원에 연결하는 행위를 가리킨다. 이 정의의 중요성을 알려면 아마도 즈냐나jnana 요가(지식 요가)를 보는 게 가장 빠를 것이다. 즈냐나 요가는 모든 앎의 행위에서 주체와 객체, 아는 자와 그 대상을 구별하며 자신을 주체와 동일시하는 요가다. "나는 내 몸을 안다. 내 몸은 객체다. 나는 그 객체를 보는 자, 아는 자다. 따라서 나는 내 몸이 아니다." 그리고 "나는 내 생각을 안다. 나는 내 생각이 아니다" "나는 내 감정을 안다. 나는 내 감정이 아니다" 하고 이어진다. 그렇게 해서 당신 자신을 방 밖으로 데리고 나오면, 부처가 와서 "너는 보는 자도 아니다. 보는 자는 없다"라고 덧붙인다. 그러면 이제 당신은 어디에 있나? 두 가지 생각 사이 어디쯤에 있나? 이것이 즈냐나 요가, 완전한 지식의 길이다.

둘째는 라자raja 요가, 곧 왕의 요가인데, 요가라고 하면 생각나는 게 대개 이것이다. 라자 요가는 육체적·정신적 자세를 단련하는 심리적 운동이라고 표현할 수 있을 것이다. 여기서는 가부좌를 틀고 특정한 방식, 특정한 리듬으로 심호흡을 되풀이한다. 오른쪽 콧구멍으로 숨을 들이쉬었다가 멈추고 왼쪽 콧구멍으로 숨을 내쉬면, 그다음에는 왼쪽 콧구멍으로 숨을 들이쉬었다가 멈추고 오른쪽 콧구멍으로 숨을 내쉬는 식이며, 이때 다양한 묵상에 맞춰 호흡한다. 그 결과 심리적 변화가 일어나 모든 제약과 영향에서 해방되어 환희 속에 의식의 순수한 빛을 경험하게 된다.

셋째는 박티bhakti 요가, 곧 헌신의 요가로, 서양에서 말하는 '예배'나 '종교'와 가장 가깝다. 이것은 자기 삶을 온전히 자신이 아끼는 사람 또는 사물에게 헌신하는 것으로, 이를 통해 그 대상은 '그가 선택한 신'이 된다. 19세기 인도의 위대한 성자 라마크리슈나Ramakrishna에 관한 멋진 일화가 있다. 자신이 사실은 신을 사랑하지도 진정으로 경배하지도 않는다는 것을 깨닫고 괴로움에 빠진 여

크리슈나와 암소 떼 자비의 신 크리슈나가 피리를 불고 있다.

자가 라마크리슈나를 찾아왔다. 그가 "그렇다면 사랑하는 게 아무 것도 없느냐?"라고 묻자, 여자는 갓난아기 조카를 사랑한다고 대답했다. "그게 네 크리슈나, 네 사랑하는 이다. 그 아이를 섬기면 너는 신을 섬기는 것이다." 실제로 전해지는 설화에 따르면, 크리슈나 신은 소박한 소몰이 부족의 어린아이로 살았을 때 사람들에게 하늘에 있어 눈에 보이지 않는 추상적 신 대신 자신들의 소를 경배하라고 가르쳤다. "그곳에 네 헌신이 있고 신이 네게 내리는 은총이 있다. 네 소를 경배하라." 그래서 사람들은 소를 꽃으로 장식하고 예배를 드렸다. 여기서 드러나는 교훈은 명백하며, "당신이 가장 중요하게 여기는 게 곧 신"이라는 근대 기독교 신학자 폴 틸

리히Paul Tillich의 가르침과 상당히 유사하다 하겠다.

마지막으로 《바가바드기타》에서 설명하는 넷째이자 가장 주된 형태의 요가는 카르마karma 요가다. 이것은 이 유명한 작품의 무대 배경에 이미 나타난다. 베다 아리아인의 시대, 곧 기사들의 시대가 끝날 무렵 왕자들의 전설적 전쟁이 벌어져 모든 봉건 귀족이 서로 학살을 일삼은 끝에 전멸했다. 전쟁이 시작되는 첫 장면에서, 젊은 왕자 아르주나는 자기 생애에서 가장 위대한 행동에 나서기에 앞서 그의 전차를 모는 차부이자 눈부신 친구, 젊은 신 크리슈나에게 두 전선 사이로 전차를 몰고 가라고 지시한다. 그런데 아르주나는 좌우에 집결한 양 진영에서 여러 친척과 친구, 고귀한 동지와 선한 영웅을 보고는 연민과 슬픔에 사로잡혀 활을 떨어뜨린다. 그러고는 크리슈나에게 이렇게 말한다. "내 사지에서 힘이 빠지고 입이 메마르며 머리카락이 주뼛 곤두서는구나. 이 전투를 시작하느니 차라리 이 자리에서 내가 죽는 것이 낫겠다. 우주를 지배할 수 있다 해도 나는 살생하지 않을 텐데 하물며 이 땅을 지배하기 위해서 죽이겠는가?" 그러자 젊은 신은 다음과 같은 매서운 말로 대답한다. "이 수치스러운 비겁함은 어디서 났느냐?" 그러고는 위대한 가르침이 이어진다.

생을 얻은 것에게 죽음은 확실하게 찾아오고 죽은 것에게 생은 확실하게 찾아오니 불가피한 일 때문에 괴로워하지 마라. 법을 수호하는 의무를 지는 귀족으로서 이 정당한 전쟁에서 싸우기를 거부한다면 너는 덕과 명예 모두를 잃을 것이다. 네가 염려해야 할 것은 오직 의무의 이행이지 이행의 결과가 아니다. 그러니 결과에 대한 소망과 두려움을 모두 던져버리고 네 의무를 행하라.[16]

그렇게 준엄하게 말한 뒤 크리슈나는 아르주나의 눈을 맑게 했다. 젊은 왕자는 친구의 달라진 모습을 보고 경이에 사로잡혔다. 수천의 태양처럼 눈부시게 빛나는 모습에는 번득이는 눈과 얼굴, 무기를 치켜든 팔, 머리, 번쩍이는 엄니가 달린 입이 수도 없이 많았다. 그러자 양 진영에서 군대가 쏟아져나와서는 불타는 입 속으로 뛰어들어 무시무시한 이에 부딪쳐 죽었다. 괴물이 입술을 핥았다. "맙소사! 대체 당신은 누구입니까?" 머리카락이란 머리카락이 모두 곤두선 아르주나가 외쳤다. 일찍이 그의 친구였던 세계의 신은 이렇게 대답했다. "나는 검은 시간이요, 이들을 멸하기 위해 이곳에 있다. 네가 없어도 이곳에서 이제 죽을 이들은 살지 못할 것이다. 그러니 이제 가라! 내가 이미 죽인 자들을 죽이는 척해라. 의무를 다하고 두려움에 사로잡히지 마라."[17]

인도에서 '의무를 수행하라'는 말은 '네 계급에 부과된 의무를 묻거나 따지지 말고 수행하라'는 것이다. 귀족으로서 아르주나의 의무는 싸우는 것이었다. 하지만 우리 서양 사람들은 이제 그런 식으로 생각하지 않는다. 그렇기에 항상 올바른 영적 스승, 구루라는 동양의 개념은 이제 서양에서 쓸모가 없다. 그런 개념은 서양에서 통하지도 않고 통할 수도 없는데, 왜냐하면 우리가 생각하는 성숙한 개인은 아이가 부모의 지시를 받아들이듯 사회집단의 규칙과 현 시점에서의 이상을 의문이나 비판 없이 받아들이지 않기 때문이다. 우리가 생각하는 이상적 개인은 자신의 경험과 신중한 판단(우주에 대해 원대한 계획을 가진 늙은 아무개 교수가 대학 신입생들을 대상으로 하는 사회학 강의를 앵무새처럼 흉내 내는 것 말고 직접 경험을 통한 판단 말이다), 자신의 인생을 통해 합당한 자세에 도달한 사람이다. 그는 어떤 절대적 권위에 순종하는 하인처럼 행동하는 게 아니라 스스로 결정해서 행동하고 그에 대한 책임을 진다. 따라서 서양에서 의무의 의미는 동양과 전혀 다르다. 그것은 권위적인 가르침을 어린아이처럼 수용하는 대신 스스로 사고하고 평가하고 자아를 발전시킨다는 의미다. 다시 말해 주위 환경을 독립적으로 관찰하고 합리적으로 해석해 상황에 관련해서 자신의 힘을 가늠하는 능력이다. 또한 과거의 이상이 아니라 현재의 가능성과 연관해서 행동하는 능력이다. 하지만 동양에서는 바로 이것을 금한다.

친한 교수들 가운데 요새 학생들은 선생이 아니라 구루를 원한다고 말하는 이들이 늘었다. 동양의 구루는 제자의 도덕적 삶을 책임지며, 그 대신 제자는 구루와 동일시하고 가능하면 그처럼 되도록 노력해야 한다. 하지만 내가 늘 동료 교수들에게 말하는 것처럼 우리 학생들에게는 그런 제자의 첫째 덕목이 결여되어 있다. 다시 말해 구루를 무조건적으로 존경하고 따르는 절대적 신뢰, 곧 슈라다shraddha가 없다. 그에 반해 우리가 종래에 학생들에게 길러주고자 해온 것은 비판과 자기 판단에 대한 책임이다. 이러한 노력은 꽤 성공을 거두어 요새는 아직 기저귀도 떼지 못한 학생들이 선생을 가르치려고 들 정도다. 많은 사람들이 동양을 따라 하려고 하는 가운데 그곳에서 배울 수 있는 것은 그저 자신의 내면으로 향하는 신비적인 길(적어도 첫째나 둘째 단계 정도는)일 것이라는 정도로만 말해두겠다. 그리고 그 길을 따를 때 현대적 삶의 조건을 잊지만 않는다면 창조적 사고는 새로운 깊이와 풍요로움을 얻고 삶과 문학과 예술은 더욱 충실해질 것이다.

내 개인적 일화 중 세 번째 또한 동서양 종교의 대립과 관련된 것이지만, 동양이 어떻게 종교의 마술을 예술로 바꿔놓는지를 살펴보려 한다. 1958년 여름 나는 9회 국제종교사 학회에 참석하러 일본에 갔다. 다채로운 참석자들 중에서도 특히 특이한 사람이 있었다. 저명한 뉴욕 사회철학자인 그는 학식 있고 붙임성 있고 멋진 사람이기는 했지만 동양이나 종교에 관해 아무 경험이 없었다(사실 무슨 조화로 그가 여기 오게 됐는지 궁금하기는 했다). 다른 사람들과 함께 여러 장려한 신사와 아름다운 사찰을 방문한 뒤 드디어 몇 가지 중요한 질문을 던질 준비가 된 그는 근사한 일본식 정원에서 열린 가든파티에서 학회에 참석한 한 일본 신도神道 승려에게 다가갔다. "지금까지 의식도 많이 봤고 사찰도 꽤 여럿 방문했습니다만 거기에 어떤 이데올로기가 있는지 모르겠군요. 당신들의 신학이 뭔지 잘 보이지 않습니다."

알다시피 일본인은 손님을 실망시키기를 꺼리는 사람들이라, 이 승려는 외국 학자의 심오한 질문에 예의를 차려 마치 심사숙고하듯이 잠시 침묵한 다음 입술을 깨물며 천천히 고개를 내저었다. "아마 우리한테는 이데올로기가 없을 겁니다. 신학이 없어요. 그저 춤을 추죠."

이것이 내가 그 학회에서 얻은 교훈이었다. 매우 장엄하고 음악적이고 웅장한 의식을 올리는 신도의 본고장 일본에서는 '감응 이미지'를 언어로 표현하지 않는다. 그곳에서 감응 이미지는 눈을 통해 가슴에 전달된다. 내 생각에는 서양의 종교의식에서도 그런 것이 필요한 것 같다. 화가에게 그림의 '의미'를 물어보라. 금세 두 번 다시 그런 질문을 하지 않게 될 테니까. 의미심장한 이미지가 언어로는 정의될 수 없는 이해를 부여해준다. 이미지가 이해되지 않는다면 그것은 당신이 아직 준비되지 않았기 때문이다. 언어는 그저 당신이 이해했다고 착각하게 해줄 뿐이고 당신을 이미지로부터 완전히 단절시킨다. 춤을 보면서 우리는 단순히 즐기지 의미를 묻지 않는다. 세상을 즐기지 의미를 묻지 않는다. 자기 자신을 즐기지 의미를 묻지 않는다. 적어도 상태가 좋을 때는 말이다.

하지만 세상을 즐기려면 정신적·육체적 건강만으로는 부족하다. 이제는 우리 모두 알다시피 세상은 끔찍한 곳이기 때문이다. 붓다는 "모든 삶은 고통이다"라고 말했다. 존재는 영원히 바뀌어가는 과정에 있기에 '삶을 소모하는 삶'이 존재의 본질이다. 붓다는 "세상은 영원히 타오르는 불이다"라고 말했다. 이것이 바로 우리가 춤으로 확인해야 하는 것이다. 모든 신화적 의식의 중심에 자리하는, 고통을 초월하는 신비적 기쁨의 춤을 웅장하고 엄숙하게 추는 것이다.

이와 관련해서 시바 신과 그의 아름다운 아내 파르바티에 관한 근사한 힌두교 전설을 소개하는 것으로 끝을 맺도록 하자. 세상을 지배하는 신들을 막 쓰러뜨린 악귀가 최고신 시바에게 와서 여신을 내놓으라고 요구했다. 이에 시바가 이마 한복판에 있는 제3의 눈을 뜨는 것으로 답하자 벼락이 땅에 내리꽂히면서 갑자기 그보다 더 큰 악귀가 나타났다. 몸은 큰데 앙상하게 말랐고 머리는 사자 머리에 머리카락은 천지사방으로 구불구불 뻗어나갔고, 강렬한 굶주림이 그의 본성이라 첫째 악귀를 잡아먹는 일에 제격이었다. 순간 '이 일을 어쩌지?' 하고 생각한 악귀는 시바 앞에 몸을 던져 자비를 구했다.

이는 매우 다행스러운 결정이었는데, 왜냐하면 신은 자비를 구하는 자를 반드시 보호해주어야 하기 때문이다. 그 때문에 시바는 이제 둘째 악귀로부터 첫째 악귀를 지키고 보호해야 했다. 굶주림을 달랠 음식을 잃은 둘째 악귀는 괴로움에 사로잡혀 시바에게

"그럼 저는 누구를 먹으란 말입니까?" 하고 물었다. 이에 시바는 "글쎄다, 네 자신을 먹으면 어떻겠느냐?"라고 대답했다.

말이 떨어지기 무섭게 악귀의 이가 자신의 발을, 배를, 가슴을, 목을 베어먹기 시작해 마침내 얼굴만 남았다. 시바는 사자 같은 굶주림의 형상에서 이제 태양 같은 가면만 남은 모습에 매료됐다. 그 것이 바로 삶이라는 괴물, 스스로를 먹고 사는 괴물의 완벽한 이미지였기 때문이다. 시바는 기뻐하며 이렇게 말했다. "내 너를 '영광의 얼굴' 키르티무카Kirttimujkha라 부르겠으니 너는 내 모든 사원의 문 위에서 빛을 비추어라. 너를 경배하지 않는 자는 나를 알지 못

키르티무카 힌두사원 입구 위에 새긴 '영광의 얼굴'.

하리라."[18]

　여기서 얻을 수 있는 명백한 교훈은, 삶의 경이와 신비를 상징하는 최고신을 알기 위해서는 먼저 삶이 잔인한 괴물이며 그런 본성에 기뻐한다는 사실을 인식해야 한다는 것이다. 원래 그런 것이고 바뀔 수 없으며 바뀌지도 않으리라는 사실을 깨달아야 한다. 세상이 어떻게 하면 지금보다 더 나을 수 있었는지 안다고 생각하는 자들, 자신이 창조했다면 세상에 고통도 슬픔도 시간도 삶도 없었으리라고 생각하는 자들(아주 많이 있는데)은 깨달음을 얻을 자격이 없다. '사회를 먼저 바로잡고 그다음에 나를 고치자'라고 생각하는 자들(이 또한 아주 많다)은 신의 평화라는 저택의 바깥대문조차 지나지 못한다. 모든 사회는 사악하고 슬프고 불공평하며 언제까지고 그러할 것이다. 그러니 세상을 정말 돕고 싶다면 그곳에서 어떻게 살지를 가르쳐주어야 한다. 그 일은 삶의 참모습을 아는 자, 그래서 기쁜 슬픔과 슬픈 기쁨 속에 사는 법을 아는 자만이 할 수 있다. 이것이 요가의 신의 성소 입구에 자리하는 키르티무카, 곧 '영광의 얼굴'의 의미다. 이 얼굴 앞에서 머리를 숙여 절하고 겸손하게 문을 지나지 않는 사람은 요가의 신과 그의 아내인 생명의 여신을 알 수 없다.

6

동양 예술이 주는 영감

1968년[1]

무위는 끊임없는 경계의 기술이다. 그러면 항상 깨어 있게 되는데,
삶은 의식의 표현이므로 그 상태에서는 저절로 삶을 살게 된다. 따로 가르치거나
지시하지 않아도 삶이 알아서 움직인다. 알아서 살고 알아서 말하고 행동한다.

인도에서 가르치는 미학에 따르면 예술에서 다루기에 적합한 주제에는 네 가지 유형이 있다. 첫째는 진선미 같은 추상적인 것이고, 둘째는 행동과 기분(원수나 괴물을 죽인다든지 연인을 얻는다든지 우울함이라든지 기쁨 같은)이다. 셋째는 인간의 유형(브라만, 걸인, 성스럽거나 사악한 왕자, 상인, 종, 연인, 천민, 범죄자 등)이며, 마지막 넷째는 신이다. 네 유형 모두 추상적인 개념이라 할 수 있다. 동양에서는 개인이나 독특하고 유례가 없는 사실 또는 사건에 관심이 없기 때문이다. 따라서 동양예술이라는 찬란한 광경 속에서 주로 만나게 되는 것은 이미 검증된 주제와 모티프의 반복이다. 르네상스 이후 유럽예술의 다채로움과 비교할 때 가장 두드러지는 것은 동양예술에는 제대로 된 인물화가 없다는 사실이다. 가령 램브란트나 타치아노는 작품에서 한 개인의 개성, 성격, 신체적·정신적 특징에 집중한다. 반면 동양예술은 정반대로 그런 한시적인 것에 관심이 없다. 서양에서는 개인을 고유의 현상으로 존중하며 일찍이 없었고 앞으로도 없을, 세상에 대한 특별한 선물로 보므로 개성을 억압하지 않고 길러주고자 한다. 이는 동양의 예술은 물론 생활의 정신과 완전히 반대된다. 동양에서 개인에게 기대되는 것은 혁신이나 창조가 아니라 규칙을 완벽하게 알고 수행하는 것이다.

따라서 동양의 예술가는 일정한 주제만 다루어야 하며 우리가 생각하는 자기 표현에 관심을 두지 말아야 한다. 서양 대가들의 전기에 넘쳐나는, 자신만의 특별한 언어로 자기만의 메시지를 전달하고자 하는 예술가의 길고 고독하고 고통스러운 탐색을 동양예술에서는 찾아볼 수 없다. 그런 자아지향적 사고는 동양의 생활과 사상, 종교에서 완전히 낯선 개념이다. 동양에서는 자아, 그리고 찰나의 꿈에 불과한 '나'라는 덧없는 존재에 대한 모든 관심을 끄려고 한다.

부정적인 측면에서 보자면 이런 익명성을 키우는 것은 학문적으로 정형화된 유형을 무한히 생산하는 결과를 가져왔다. 다만 내가 살펴보고자 하는 것은 이것과는 다르다. 내 주제는 만물에 깃들어 있는 영원불멸의 존재를 인간에게 보여주는 완벽한 예술작품이다. 《바가바드기타》를 읽을 때 마음의 귀로 듣는 노래는 나고 죽는 유한한 만물에 깃들어 있는 불멸의 영혼에 관한 것이다. 그 영혼은 눈에 보이는 존재의 실체로서 만물을 빛나게 한다. 이 노래는 인도예술뿐 아니라 극동의 삶 속에서도 보편적으로 불린다.

먼저 인도부터 살펴보고 극동으로 넘어가보도록 하자. 인도의 예술은 요가이고 명인은 일종의 요기(요가 수련자)다. 수년 동안

꿈의 도시 캄보디아 앙코르톰 바이온사원의 불상들.

순종적으로 도제생활을 이어온 끝에 마침내 명인으로 인정받아 사원을 짓는다든지 불상을 제작하게 되면, 예술가는 먼저 명상을 통해 내면의 눈으로 설계할 건물이나 제작할 신의 비전을 구한다. 실제로 도시 전체가 이런 식으로 만들어졌다는 설화들을 확인할 수 있다. 덕성스러운 왕이 마치 하늘에서 계시를 내린 것처럼 꿈속에서 사원 또는 도시의 전체 모습을 보는 식이다. 심지어 오늘날에도 동양의 몇몇 도시를 걷다 보면 꿈결처럼 느껴지곤 하는데 그 때문이 아닐까. 그 시작부터가 실제로 꿈에서 제안된 도시라 꿈결 같은 것이다.

가령 비슈누 같은 신의 상을 제작하려는 불사는 모든 관련 경전을 읽어 신의 정통적인 상징, 자세, 비율 등을 마음속에 그린다. 그런 다음 신의 이름의 종자음절seed syllable을 속으로 읊으며 작업을 시작한다. 재수가 좋으면 이윽고 마음의 눈앞에 환영이 나타나 작품의 모델이 되어줄 것이다. 그렇기에 인도예술 전성기의 위대한 작품들은 사실상 계시였다. 이때 계시는 저기 어딘가에 있다고 가정하는 초자연적 존재가 주는 것이 아니다. 우리 안에 내재하며 인식하기만 하면 우리 삶에서 실현될 자연의 힘에 의한 것이다. 이 점을 제대로 이해하려면 매우 독특한 심리학 서적인《뱀 힘의 여섯 신체 중심에 대하여》(《샤트차크라 니루파남Shatchakra-nirupanam》)를 읽어보라. 60여 년 전 마드라스(현 첸나이)의 가네샤출판사에서 출간한 존 우드로프John Woodroffe 경의 훌륭한 번역본이 존재한다.[2]

이 중요한 책에서 설명하는 이른바 쿤달리니kundalini 요가의 기본 논지는, 육체에는 머리끝부터 발끝까지 여섯 더하기 하나, 그러니까 일곱 개의 정신적 중심이 존재한다는 것이다. 요가를 통해 그것을 활성화하면 더욱 차원 높은 영적 각성과 행복을 얻을 수 있다. 파드마padma(연꽃) 또는 차크라chakra(바퀴)라고 하는 이것들은 평소에는 힘없이 늘어져 있다. 그러나 쿤달리니라는 영적인 힘이 척추 가운데를 지나는 신비스러운 통로를 타고 올라가 그것을 건드려 활성화시키면 깨어나 빛을 발한다. '똬리를 튼 것'을 뜻하는 '쿤달리니'는 산스크리트어의 여성형 명사로, 여기서는 일곱 개 중 가장 아래에 위치하는 중심에 똬리를 틀고 잠자는 뱀을 가리킨다. 동양 신화에서 허물을 벗고 (말하자면) 새로 태어나는 뱀은 죽음을 벗어버린 생명력을 상징한다. 인도에서는 이 힘을 여성으로 여기는데, 우주 삼라만상에게 생명을 부여하고 지탱하는 것이 여성이기 때문이다. 몸의 일곱 중심 중 가장 낮은 곳에서 똬리를 틀고 잠들어 있을 때는 나머지 여섯이 활성화되지 못한다. 따라서 이 요가의 목적은 뱀이 깨어나 대가리를 쳐들고 수슘나Sushumna('기쁨이 넘치는'이라는 뜻이다)라는 척추 속의 신비스러운 통로를 지나 올라가게 하는 것이다. 올라가는 과정에서 뱀은 각 단계의 연꽃을 관통한다. 가부좌를 틀고 바른 자세로 앉아 명상하며 속으로 신비스러운 음절을 발음하는 요가 수련자는 우선 호흡을 조절한다. 일정한 리듬에 맞춰 오른쪽 콧구멍으로 들이마셨다가 왼쪽 콧구멍으로 내쉬는 등 숨을 깊이 들이마셨다가 멈추고 다시 내쉬는 호흡을 반복함으로써 몸 전체에 프라나prana, 곧 생명의 숨을 채운다. 그러면 이윽고 똬리를 튼 뱀이 깨어나면서 활성화가 시작된다.

　뱀이 첫째 연꽃에 머물러 잠든 사람은 영적 혼탁 상태에 빠져 있다고 한다. 그의 세계는 무기력하게 깨어 있는 의식의 세계인데도 그는 한사코 이 활력 없는 실재에 매달려 그것을 놓으려 하지 않는다. 이와 연관해서 내가 생각나는 것은 용(여기서 말하는 용은 서양의 용dragon이다 – 옮긴이)의 습성이다. 용은 동굴 속에 주로 아름다운 여자와 황금을 모아놓고 지킨다고 한다. 물론 여자도 황금도 용에게는 쓸모가 없지만 그래도 늘 그곳에 있다. 현실에서는 그런 사람을 '변태'라고 하는데, 세상에 얼마나 많은지 모른다. 이 첫째 연꽃의 이름은 물라다라Muladhara, 곧 '근본'이다. 요소는 흙이며 네 장의 진홍색 꽃잎이 있고 성기와 항문 사이에 위치한다고 이야기된다.

둘째 중심은 성기 높이에 위치한다. 따라서 에너지가 이 단계에 이른 사람은 누구나 완벽하게 프로이트적인 심리 상태에 있다. 그에게는 모든 것이 성적인 의미를 갖는다. 프로이트 자신도 사람은 오로지 성만을 위해 산다고 확신했다. 오늘날에는 심지어 인간의 역사와 사상, 예술을 성과 연관해서 억압 또는 좌절, 승화, 충족으로 해석하는 자칭 철학자들까지 있다. 둘째 중심은 스바디스타나Svadhishthana, 곧 '그녀가 좋아하는 거처'이며, 여섯 장의 주홍색 꽃잎이 붙었고 요소는 물이다.

셋째 연꽃은 배꼽 높이에 있다. 마니푸라Manipura라는 이름은 '빛나는 보석의 도시'를 의미한다. 짙은 먹구름 빛깔의 꽃잎 열 장이 붙어 있고 요소는 불이다. 뱀의 힘이 이곳에 자리잡은 사람은 모든 것을 정복하고 자기 본질에 맞게 바꾸려는, 또는 모두가 자신의 생각에 복종하도록 강요하려는 생각밖에 없다. 끝없는 권력욕에 지배되는 그는 아들러형 인간이다. 따라서 프로이트와 아들러, 그리고 그들의 추종자들은 정신의 현상학을 2번 차크라와 3번 차크라에 국한시켜 해석했다고 할 수 있다. 그들이 인류의 신화 상징에 관해서나 인간의 갈망에 관해서 그 이상 흥미로운 고찰을 하지 못할 만도 하다.

왜냐하면 넷째 차크라에 이르러서야 비로소 승화된 동물적 목표와 욕구가 아니라 인간적 목표와 욕구가 생겨나고 깨어나기 때문이다. 인도에서 종교적인 상징과 예술 이미지, 철학적 질문들은 이 넷째 단계 이상(1번, 2번, 3번 차크라의 관심사는 빼고)을 다루어야 마땅하다. 이 중심의 연꽃은 심장 높이에 위치하고 요소는 공기이며 열두 장의 다홍빛(반두카꽃Pentapoetes Phoenicea 색깔) 꽃잎이 붙어 있다. 이름이 특이한데, 아나하타Anahata, 곧 '부딪치지 않다'로, '두 개가 부딪쳐서 내는 게 아닌 소리'로 해석할 수 있다. 이 세상에서 우리가 듣는 모든 소리는 두 개가 부딪칠 때 난다. 예를 들면 목소리는 숨과 성대가 부딪쳐서 내는 소리다. 마찬가지로 모든 소리는 눈에 보이든 보이지 않든 뭔가와 뭔가가 서로 맞부딪칠 때 난다. 그렇다면 그렇게 나지 않은 소리란 무엇인가?

답은 원초적 에너지의 소리다. 우주 자체가 이 에너지의 현현이며, 따라서 이 에너지는 사물에 선행한다. 그 소리는 전력발전소의 웅웅거리는 소리나 귀로 들을 수 없는 양성자, 중성자의 소리에 비견할 수 있을 것이다. 다시 말해 그 소리는 우리 자신과 우리가 아는 모든 것의 근본인 원초적 에너지가 떨리면서 내는 내적 소리로, '옴OM'과 가장 비슷하게 들린다고 한다.

기도와 명상을 할 때 발음하는 이 성스러운 음절은 네 개의 상징적 요소로 구성되어 있다고 한다. 산스크리트어에서 O는 A와 U가 혼합된 소리이기 때문에 옴은 AUM으로 쓸 수 있으며 또 그렇게 들릴 수도 있다. AUM으로 보면 네 개의 요소 중 세 개가 모습을 나타낸다. 마지막 하나는 AUM을 둘러싼 고요로, AUM은 이 속에서 나와 고요 속으로 돌아가고 고요는 토대로서 그것을 뒷받침한다.

AUM을 발음하면 A는 입 뒤쪽에서 나오는 것을 알 수 있다. U가 나오면서는 소리를 내는 공기 덩어리가 온 구강을 채우며, M에서 입술 뒤에 갇힌다. 그런 식으로 발음하면 그 음절에 모든 모음이 들어 있게 된다고 한다. 자음은 소리를 방해할 뿐이다. 제대로 발음하면 이 신성한 음절에는 모든 말의 종자소리가, 그러니까 모든 사물과 관계의 이름이 담겨 있다.

대단히 흥미롭고 중요한《만두키아 우파니샤드Mandukya Upanishad》에서는 옴의 네 가지 상징적 요소(A, U, M, 침묵)가 의식의 네 차원 또는 정도, 방식을 가리키는 것으로 해석한다. 입 뒤쪽에서 울리는 A는 깨어 있는 의식을 나타낸다. 여기에서는 앎의 주체와 객체가 서로 분리된 것으로 경험한다. 육체는 열등한 물질로, 스스로 빛을 발하지 못하며 느린 속도로 형상이 바뀐다. "'A는 A가 아니다'일 수는 없다"라는 아리스토텔레스적 논리가 우세하다. 이 차원에서 사고는 기계론적 과학, 실증적 추론의 성격을 띠고 삶의 목표는 차크라 1, 2, 3과 동일하다.

소리 덩어리가 앞으로 나오면서 머리 전체를 채우는 U는 우파니샤드에서 꿈 의식과 연결된다. 주체와 객체, 꿈을 꾸는 이와 꿈은 서로 별개의 것처럼 보여도 실은 하나다. 꿈속의 이미지는 꿈꾸는 이 자신의 의지이기 때문이다. 나아가 꿈은 오묘한 물질이며 스스로 빛을 발하고 빠르게 형상이 바뀐다. 꿈은 신성을 띠는데, 실제로 모든 신과 악귀, 천국과 지옥은 우주에서 꿈에 해당된다. 나아가 이 오묘한 차원에서는 보는 주체와 보이는 객체가 동일하기 때문에 모든 신과 악귀, 천국과 지옥은 우리 안에 있으며 우리 자신이다. 따라서 신의 모델을 찾는다면 내면으로 눈을 돌리면 된다. 동양예술에서 가시화되는 것은 이 차원에서 일어나는 의식의 경험이다.

다물어진 입술에서 끝나는 옴의 셋째 요소 M은 우파니샤드에서 꿈을 꾸지 않는 깊은 수면과 연결된다. 여기에는 보이는 객체와 보는 주체가 없으며 오로지 무의식, 정확히 말하자면 구별되지 않고 어둠으로 덮인 잠재된 의식이 있을 뿐이다. 신화학에서 이는 한 순환 주기가 끝나고 다음 주기가 시작되기까지의 우주와 동일시된다. 고대 그리스에서 말하는 '혼돈'이자 창세기에서 말하는 "땅이 혼돈하고 흑암이 깊음 위에 있는" 상태에서 만물은 우주의 밤, 어머니 우주의 자궁으로 돌아갔다. 깨어 있든 꿈속이든 객체에 대한 의식은 없이 오로지 순수한 상태의 의식이 있을 뿐이다. 다만 이 의식은 어둠 속에서 길을 잃었다.

그러므로 요가의 최종 목표는 각성한 상태로 그 영역에 들어가는 것이다. 다시 말해 깨어 있는 의식을 의식 그 자체와 연결하는 것, '얽어매는'('요가'의 어원인 산스크리트어 동사 어근 yuj) 것이다. 그것은 깨어 있는 세계에서든 꿈속에서든 어떤 객체에도 집중하지 않고 어떤 주체에도 갇혀 있지 않은, 순전하고 무한한 의식이다. 그런데 모든 언어는 객체 또는 객체와 연결된 생각을 가리키기 때문에 이 넷째 상태의 경험을 표현할 말은 없다. 심지어 '고요'나 '공空' 같은 단어도 '소리가 없는 상태' '아무것도 없는 상태'라고 소리와 사물에 빗대어야만 이해할 수 있다. 하지만 이 단계에서 말하는 것은 소리에 선행하며 잠재적 가능성으로 소리를 포함하는 원초적 고요, 사물에 선행하며 잠재적 가능성으로 온 시공간과 우주를 포함하는 '공'이다. 어떤 단어도 우리 주위 그리고 우리 안에 있는 고요가 하는 말을 전달할 수 없다. 이 고요는 무음이 아니라 깨어 있을 때든 꿈속에서든 꿈을 꾸지 않고 잠잘 때든 만물을 통해 울리면서 '옴'을 둘러싸고 뒷받침하고 가득 채운다.

　　거리에서 들려오는 소리에 귀를 기울여라. 이웃 사람의 말소리, 하늘을 날아가는 기러기의 울음소리에 귀를 기울여라. 고요 또는 소리를 해석하지 않고 들을 때, 존재의 바탕인 공, 존재의 실체인 세계의 아나하타, 고요와 옴이 들릴 것이다. 나아가 이 소리를 자신의 마음과 온 삶의 소리이자 존재로서 듣고 나면 평화를 얻게 된다. 이미 여기에, 저기에, 사방에 있으니 더 이상 찾고 구할 필

극락정토 서방정토에 있는 아미타부처.

요가 없기 때문이다. 동양예술의 고차원적 기능은 이를 알리는 것
이다. 서양 시인 게르하르트 하웁트만Gerhart Hauptmann이 모든 참
된 시의 목적에 대해 말한 것처럼 "말 뒤에서 울려퍼지는 말을 들
리게 하는 것"이다. "신 안의 벼룩은 최고 천사보다도 고귀하다. 신
안에서 만물은 모두 똑같으며 신 자신이다"[3]라는 신비주의자 마이

스터 에크하르트Meister Eckhart의 설교 또한 같은 사상을 신학적으로 표현한 것이다. 그것이 바로 넷째 차크라 영역에서 경험하는 아나하타다. 만물은 이제 참된 모습을 감추지 않기에, 시인 윌리엄 블레이크William Blake가 "지각의 문을 깨끗이 하면 만물은 무한한 본질을 인간에게 드러낼 것이다"라고 한 것처럼 그것의 경이를 경험하게 될 것이다.[4]

그렇다면 다섯째 차크라는 무엇인가?

다섯째 차크라는 후두 높이에 위치하며 비슈다Vishudda, 곧 '정화'라고 한다. 희뿌연 보랏빛 꽃잎 열여섯 장으로 이루어져 있고, 요소는 에테르, 곧 공간이다. 이 중심에서 요가 수련자는 예술과 종교, 철학, 심지어 생각마저 버린다. 기독교의 연옥에서 지복직관至福直觀에 앞서 영혼에게 남아 있는 지상에 대한 모든 집착이 정화되는 것처럼, 이 정화의 연꽃에서는 옴을 직접 듣지 못하게(시각적으로 표현하자면 신을 직접 보지 못하게) 가로막는 세계의 간섭을 모두 없애는 게 목적이다. 이 단계는 이상적으로 예술이나 문명사회보다는 은둔자나 수도승의 수련에 가까워서, 예술적이라기보다 금욕적이다.

그리고 마침내 여섯째 중심에 이르면 신비한 내면의 눈이 완전히 뜨이고 내면의 귀가 완전히 트인다. 그러면 형상 중의 형상과 널리 퍼지는 광채를 지닌 신을 온전히 보고 듣게 된다. 이 연꽃의 이름은 '권위, 명령'을 뜻하는 아즈나Ajna이며, 더없이 아름다운 하안 꽃잎 두 장으로 이루어져 있다. 요소는 마음이고, 미간보다 조금 위에 위치한다. 이곳에 도달한 영혼은 천국에서 완벽한 객체인 신을 접하게 된다.

하지만 아직 장애물이 완전히 사라진 게 아니다. 19세기 인도의 위대한 성자이자 스승 라마크리슈나가 추종자들에게 말한 것처럼, 뛰어난 요가 수련자가 이런 식으로 신을 접할 때 그와 영원한 소멸을 알게 해줄 이 사이에는 눈에 보이지 않는 유리벽이 있다. 그의 최종 목표는 여섯째 차크라의 행복이 아니라 모든 범주와 비전, 감정, 생각, 느낌을 초월하는 절대적이고 비이분법적인 상태이기 때문이다. 이 마지막 일곱 번째 차크라는 '천 장의 꽃잎'을 뜻하는 사하스라라Sahasrara로, 머리 꼭대기에 위치한다.

유리벽을 걷으면 영혼과 신, 내면의 눈과 대상이 함께 사라진다. 이제는 주체도 객체도 없고, 알거나 이름을 붙여야 할 것이 아무것도 없다. 그저 한때 들렸으나 이제는 들리지 않는 음절 '옴'의 넷째 요소이자 마지막 토대인 고요가 있을 뿐이다.

예술, 심지어 인도예술조차도 이곳과 무관하다. 인도예술은 넷째, 다섯째, 여섯째 연꽃과 유사한 경험을 부여한다. 넷째 연꽃에서는 (다시 에크하르트의 표현을 빌리자면) '신 안'에 있는 현세의 모든 대상과 피조물을 경험하고, 다섯째 연꽃에서는 자아를 파괴하는 우주적 힘(추악하고 노여움에 찬 악귀로 의인화되는)의 무시무시함을, 여섯째 연꽃에서는 행복을 주고 두려움을 없애주는 경이롭고 평화로우며 영웅적인 형태를 경험한다. 그렇기에 이 숭고하고 선지자적인 걸작들에는 늘 영원성을 띠도록 그려진 피조물이나 인간이 아는 영원성이 신화적으로 의인화된 존재가 등장한다.

그 때문에 인도예술에는 경험적·일상적 현실, 평범한 사람의 눈으로 보는 세상이 거의 없다. 인도예술이 관심을 갖는 것은 신과 신화의 장면들이다. 시대와 양식을 불문하고 인도 사원은 마치 풍경 속에서 툭 튀어나왔거나 하늘에서 뚝 떨어진 것처럼 보이며, 어느 경우에든 극동의 아름다운 사찰 정원들과 크게 대조된다. 이 사원들은 땅속 풍경이 솟아난 것이거나 천상의 신의 전차나 마법의 궁전이 지상에 잠시 내려앉은 것 같다. 실제로 마술을 부리는 듯한 장인들이 산을 깎아 만든 근사한 동굴 사원에 들어갈 때, 우리는 평범한 인간으로 경험하는 세계뿐 아니라 정상적인 현실감각 또한 뒤로한다. 그리고 이 형태들이 햇빛 아래 세상에서 익숙하게 경험하는 계시보다 더욱 참되고 사실적이며 우리와 가깝다는 것을 알게 된다. 다시 말해 인도예술은 우리가 두 눈으로 하는 경험을 초월하게 해주고자 한다. '명령의 연꽃lotus of command', 곧 이마 한가운데에 위치하는 제3의 눈을 뜨게 해주어, 깨어 있을 때조차 돌로 표현된 천국과 지옥의 꿈결같은 비전을 보여주는 것이다.

하지만 중국과 한국, 일본의 예술이 강조하는 바는 이와는 매우 다르다. 이들 나라의 불교는 물론 인도에서 시작됐고 서기 1세기에 중국으로 건너와서는 6세기에 한국을 거쳐 일본으로 전파됐다.

그리고 불교와 더불어 천국과 지옥의 존재들을 묘사하는 멋진 인도예술도 함께 전해졌다. 그러나 극동은 인도보다 천성적으로 좀 더 현실적이라 존재의 시각적·현세적·실제적 측면에 관심을 가진다. 일본의 저명한 불교철학자 스즈키 다이세쓰가 불교사에 관한 여러 저술에서 지적했듯이, 시적 비약으로 가득한 인도의 화려한 상상력은 시간 개념에 구애되지 않고 무한한 시공간을 자유롭게 넘나든다. 극동, 특히 중국의 사고방식은 이와는 대조적이다. 중국에서는 보통 광대한 우주를 가리켜 삼라만상, 곧 '만 가지 사물(만물)의 세계'로 표현한다. 영원보다는 시간, 눈에 보이지 않는 추론된 것이 아니라 현실 속에 흐르는 시간과 측량 가능한 공간에 관심을 갖는 눈과 마음에 만이라는 숫자는 충분히 크다. 그렇기에 극동 불교예술의 관심은 일반적으로 여섯째 차크라 대신 넷째 차크라의 차원을 향한다. 모든 것을 벗어버린 신의 모습을 보게 되는 달빛 같은 연꽃 대신, 본래의 자리에서 편안한 모든 것이 신성하게 인식되는 이 아름다운 세계의 풍요로운 정원을 품는다. '한 올의 머리카락에도 천 마리 황금 사자가 있다'고들 한다.

따라서 극동에서는 두 가지 서로 다른 예술 계통을 찾아볼 수 있다. 하나는 인도의 환상과 영감을 가능한 한 계승하지만 넷째 차크라 수준으로 되돌아간 불교예술이다. 그리고 다른 하나는 중국과 일본의 뛰어난 풍경화 전통에 가장 두드러지게 나타나는 극동 고유의 도교 철학이다. '도道, tao'는 주로 '길' '자연의 이치'로 해석

자연의 법칙 '기소 가도 뒤편의 아미다 폭포'. 에도시대 목판화가 가쓰시카 호쿠사이의 작품.

되는 중국말이다. 이 '자연의 이치'는 만물이 어둠에서 나와 빛으로 가고 다시 빛에서 어둠으로 가는 길이다. 빛과 어둠의 두 원리는 항상적으로 상호작용을 하면서 다양하게 결합해 '삼라만상'을 구성한다.

이 사상체계에서 빛과 어둠은 각각 양과 음이라고 하는데, 양은 시냇물의 해가 비치는 쪽, 음은 그늘진 쪽을 가리킨다. 해가 비치는 쪽은 밝고 따뜻하며 건조하다. 그늘진 쪽은 땅이 시원하고 습하다. 어둡고 차고 습한 땅과 밝고 따뜻하고 건조한 태양이 서로 반작용을 한다. 이는 나아가 수동적 원리로서의 여성과 능동적 원리로서의 남성과도 연관된다. 여기에 도덕적 가치 판단은 개입하지 않으므로 어느 쪽이 더 낫다, 강하다 하지 않는다. 음과 양은 온 세상을 지탱하는 두 가지 동등한 근본 원리로, 만물은 양자의 상호작용을 거쳐 구성되고 분해된다.

가령 산과 폭포, 호수가 있는 전원 풍경을 바라볼 때 모든 것이 빛과 어둠이다. 어디로 눈을 돌리든 보이는 것은 빛과 어둠의 굴절과 다양한 음영이다. 따라서 붓을 든 화가는 그런 풍경을 그릴 때 흰 바탕에 검은색을 더해 빛에 어둠을 더할 수 있을 것이다. 사실 그것이 동양화의 첫째 원칙이다. 화가는 음영으로 형태를 표현해야 한다. 모든 형태의 외양과 본질은 빛과 어둠, 양과 음이기 때문이다. 외적 형태는 내부에 존재하는 것의 현현이다. 그러므로 붓을 든 화가는 다름 아닌 자연의 근본 원리를 다루는 것이며, 작품은

음과 양 '구름에 싸인 산'. 명대 화가 천춘의 수묵담채화, 중국(1535년).

음양의 끝없는 상호작용이라는 세계의 본질을 드러낸다. 이 상호 작용을 바라보는 즐거움은 세상의 벽을 부수고 밖으로 나가는 대신 그 안에 머물며 무한히, 그리고 끊임없이 변화하는 음양의 가능성을 가지고 유희하는 즐거움이다.

중국과 일본에서 화가의 눈은 세상에 열려 있다. 대나무를 그리려면 대나무의 음양의 리듬을 이해하고, 대나무를 알고, 대나무와 함께 살고 보고 느끼고, 심지어 먹는다. 중국에는 고전미술의 6대 법칙이라는 게 있는데, 이는 일본도 마찬가지다. 첫째는 리듬이다. 대나무를 관찰할 때 대나무의 리듬을 느껴야 한다. 새를 관찰할 때는 걸음걸이, 자세, 비행 등 새가 살아가는 모습의 리듬을 느껴야 한다. 어떤 것을 묘사하든 먼저 그것의 리듬을 알고 경험하는 데서 시작해야 한다. 그렇기에 리듬이 첫째 법칙이고 없어서는 안 되는 표현 도구다. 둘째 법칙은 유기적 형태다. 다시 말해 선은 건강하고 연속되는, 살아 있는 선이어야 한다. 살아 있는 어떤 것의 모방이 아니라 그 자체가 살아 있어야 하는 것이다. 물론 표현되는 대상의 리듬이 담겨 있어야 한다. 셋째 법칙은 '자연에 충실할 것'이다. 화가의 눈은 오로지 자연만을 바라봐야 한다. 그렇다고 작품이 사실적寫實的이어야 한다는 뜻은 아니다. 화가가 충실해야 하는 것은 대상의 삶의 리듬이다. 새 그림이라면 새는 새 같아야 하고, 대나무에 앉은 새 그림이라면 새와 대나무의 본질이 똑같이 들어 있어야 한다. 넷째 법칙은 색이다. 여기에는 빛과 그림자, 곧 빛과 어둠에 대한 수수께끼 같은 지식이 포함되며, 그것으로 활력과 무기력의 본질을 표현한다. 다섯째 법칙(오늘날 일본 사진예술에서 두드러지게 따르는)은 '대상을 여백에 배치할 것'이다. 가령 일본에는 비교적 작은 주제를 널따란 여백(안개 속의 낚싯배라든지) 한구석에 그리는 회화 기법이 있다. 그것이 전체 장면에 영향을 끼치고 생동감을 준다. 마지막 법칙이 기법이다. 붓놀림의 힘찬 정도, 거친 정도, 세밀한 정도 같은 기법은 주제의 리듬에 적합해야 한다.

눈앞에 있는 것을 경험하기 위해서 예술가는 주로 보게 된다. 그런데 본다는 것은 적극적인 행위가 아니다. 눈에게 '가서 저기 있는 저것에게 뭔가 해라'라고 시키는 게 아니라 그저 본다. 보고 또 보다 보면 세계가 자기 안으로 들어온다. 중국어에는 '무위無爲', 곧 '행하지 않는다'라는 중요한 단어가 있다. '아무것도 하지 않는다'는 뜻이 아니라 '인위를 가하지 않는다'는 뜻이다. 만물은 타고난 본성에 따라 스스로를 드러낼 것이다. 명상하는 인도 예술가에게 신이 모습을 보여주듯, 극동의 예술가 앞에 세계가 내적인 형태로 나타난다. 중국 철학자 맹자는 "도道는 가까이에 있건만 사람들은 먼 곳에서 그것을 구한다"라고 했다. 우주가 예술가, 나아가 만물의 도를 흰 바탕에 검게 그려내는 붓과 하나되어 스스로 형상을 이룬다는 것은 도교사상의 본질이다.

중국에는 법을 가리키는 두 가지 상반되는 단어가 있다.《중국의 과학과 문명》에서 조지프 니덤Joseph Needham은 '이理'와 '칙則'을 정의하고 설명한다.[5] 이理는 원래 옥 본래의 무늬, 결, 나아가 삶 본래의 무늬를 뜻했다. 반면 솥에 인위적으로 넣은 문양을 가리키는 칙則은 자연법이 아니라 인간이 만든 사회법이다. 자연 본연의 패턴으로 경험하는 법과 인간이 고안한 법인 것이다. 예술의 기능은 자연의 법칙과 패턴, 자연이 어떻게 움직이는지를 알고 사람들에게 알리는 것이다. 그리고 예술가는 이것을 알기 위해 자기 의도를 억지로 자연에 덧씌울 수 없다. 그렇기에 예술가가 생각하는 자연의 개념, 그가 해야 할 일에 대한 개념, 그리고 그의 행동수칙들이 자연의 실제 패턴과 조화될 때, 행위와 무위가 균형을 이루어 완벽한 예술작품이 태어난다.

극동에서 무위는 모든 효율적인 행동과 연관된다. 지난번에 일본에 갔을 때 도쿄에서 스모 세계선수권대회가 열리고 있었다. 스모 선수들은 정말 몸집이 거대하고 뚱뚱해서 적자생존이 아닌 뚱보생존의 법칙이라는 말이 있을 정도다. 매 시합에서 두 선수는 쭈그린 자세로 서로 마주 본다. 이 자세를 얼마 동안 유지했다가 옆으로 다가가 소금 한 줌을 쥐고 바닥에 대충 던진다. 그러고는 다시 자세를 취한다. 이 동작을 여러 번 반복하는 동안 일본 관중은 환성을 지르며 기다린다. 그러면 어느 순간 갑자기 두 선수가 서로 들러붙고 순식간에 승부가 판가름난다. 경기는 그것으로 끝이다. 준비 동작을 반복하는 동안 스모 선수는 상대방을 가늠하고 자기 안에서 정靜의 중심을 찾는다. 왜냐하면 정과 동動은 일종의 음양 같은 상관관계로 서로 균형을 이루기 때문이다. 패배한 선수는 정의 중심을 잃은 선수다.

과거 동양에서 무술을 배우고자 하는 젊은이는 스승에게 방치된 채 오랫동안 설거지 따위의 도장 주변의 잡일을 했다고 한다. 그러면 스승이 가끔 갑자기 나타나 목검으로 그를 때린다. 이것을 얼마 동안 계속하다 보면 제자는 불시의 습격에 대비하게 되지만 그래봤자 소용없다. 이쪽에서 날아들겠지 하고 대비하면 저쪽에서 날아들기 때문이다. 어리둥절한 젊은이는 이윽고 특정 방향에서 오는 습격에 대비하지 않는 게 최선이라는 것을 배운다. 위험이 어느 쪽에 도사리고 있는지를 생각하면 엉뚱한 방향을 경계하게 되기 때문이다. 유일한 대비책은 지속적으로 중심을 유지하며 불시의 습격에 즉각 대처할 수 있도록 경계하는 것이다.

이런 종류의 스승에 관한 재미있는 이야기가 있다. 그는 도장의 젊은 제자들에게 방법을 불문하고 자신의 허를 찌르는 자에게 머리를 숙여 절하겠다고 말했다. 며칠이 지나도록 아무도 성공하지 못했다. 그러던 어느 날 정원에서 오후를 보내고 돌아온 스승은 제자에게 발 씻을 물을 가져오라고 했다. 열 살 된 아이가 물을 가져왔는데 좀 찼다. 다시 데워오라고 하자 이번에는 물이 뜨거웠다. 아무 생각 없이 발을 담갔던 스승은 얼른 발을 빼고 가장 어린 제자 앞에 무릎을 꿇었다.

부주의로 인한 죄(경계하지 않고 깨어 있지 않은 죄)는 삶의 순간을 놓치는 죄다. 반면에 무위는 끊임없는 경계의 기술이다. 그러면 항상 깨어 있게 되는데, 삶은 의식의 표현이므로 그 상태에서는 저절로 삶을 살게 된다. 따로 가르치거나 지시하지 않아도 삶이 알아서 움직인다. 알아서 산다. 알아서 말하고 행동한다.

최근 서양에서는 조각·회화·무용·음악·연기 할 것 없이 모든 예술이 스튜디오에 한정되어 있지만, 중국과 일본, 인도를 통틀어 모든 동양권에서 이상적인 예술이란 삶과 괴리된 행위가 아니었다. 고대 동양에서 예술은 삶의 기술이었다. 약 30년간 보스턴미술관의 큐레이터를 지냈고 지금은 세상을 떠난 A. K. 쿠마라스와미A. K. Coomaraswami는 "과거에는 예술가가 특별한 사람이 아니었다. 모든 사람이 특별한 예술가였다"라고 말했다. 기술뿐 아니라 모든 삶과 일에서 최고의 관심사이자 없어서는 안 될 목표는 완벽성의 추구였다. 이는 최대한 돈을 많이 받고 최대한 짧게 일한다는 현대 노조의 이상과는 정반대다. 쿠마라스와미는 이 문제를 다룬 글에서 다음과 같이 썼다. "장인은 자신의 작품이 걸작의 기준에 미치지 못하면 부끄러워해야 한다."6 실제로 다년간 이집트와 메소포타미아, 그리스, 동양 할 것 없이 고대 세계의 예술작품을 연구해오면서 이 놀라운 작품을 제작한 것은 요정이나 천사가 틀림없다는 느낌을 종종 받았다. 어쨌거나 요즘 사람들과는 다르다. 하지만 휴식시간과 휴식시간 사이에 의식을 온전히 집중할 수 있는 방법만 터득한다면 우리도 천사 수준의 재능과 능력, 기술을 손에 넣을 수 있을지 모른다.

인도의 정신과 예술이 상상력을 통해 삼라만상을 벗어나 높이 비상하는 반면, 중국의 예술과 예술가는 도교에 따라 자연과 더불어 남아 그와 조화를 이루고자 한다는 것은 앞서 말한 바와 같다. 옛 문헌을 보면 고대 중국의 도교 사상가들 또한 산과 강을 사랑한 것 같다. 그들은 주로 도시를 등지고 황야에서 자연과 어울려 홀로 사는 것으로 그려진다. 그러나 일본에서는 이런 삶이 불가능하다. 사방 어디를 돌아보나 사람이 너무 많아서 자연과 홀로 있고 싶어도 있을 수 없으며, 어쩌다 홀로 있어도 오래가지 못한다. 험준한 산에 오르면 꼭대기에 이미 소풍을 나온 즐거운 단체 손님이 있다. 사람으로부터, 사회로부터 벗어날 방법이 없다. 그렇기에 일본어로나 중국어로나 '자유'는 같은 한자를 쓰지만 의미하는 바는 다르다. 중국어의 '자유'는 인간관계로부터 해방을 뜻하는 반면, 일본어로는 세속적 활동에 자발적으로 몸을 바침으로써 인간관계를 따른다는 것을 뜻한다.[7] 한쪽은 사회로부터 벗어나 넓은 하늘 아래 안개 낀 산속에서 버섯을 따는 자유('아무도 내가 어디 있는지 모른다!'), 다른 한쪽은 거부할 수 없는 세상의 굴레, 그가 그 안에서 자랐고 그에 이바지해야 하는 사회질서 안에서의 자유다. 그 사회질서에 전적으로 동의함으로써 그 안에 머물면서도 '자유'를 경험하고 획득할 수 있다. 사회 속에서 살아가는 사람의 마음속에도 산꼭대기에서의 삶이 살아 있기 때문이다.

일본어에는 '유희언어遊ばせ言葉'라는 매우 특이하고 흥미로운 용어가 있다. 귀족계급의 매우 정중한 경어를 가리키는데, 가령 '도쿄에 오셨군요'라는 뜻으로 "도쿄에 계시는 것을 누리고 계시는군요"라고 말하는 식이다. 여기에는 상대방이 자신의 삶과 힘을 완전히 제어하고 있어서 그에게는 모든 것이 놀이고 게임이라는 생각이 담겨 있다. 그는 놀이를 하듯 자유롭고 편안하게 삶을 산다. 심지어 '아버님이 돌아가셨다고 들었습니다'도 "아버님이 별세를 향유하셨다고 들었습니다"라고 한다.[8] 나는 이것이 매우 고귀하고 숭고한 삶의 자세라고 생각한다. 어차피 피할 수 없는 일이라면 마치 놀이를 할 때처럼 자진해서 한다. 니체가 말하는 운명애Amor fati

가 바로 이 자세이며, 자주 인용되는 세네카의 명언, "운명은 뜻이 있는 자를 인도하지만 뜻이 없는 자는 억지로 끌고 간다"[9] 또한 이 얘기다.

너는 네게 주어진 운명을 상대할 수 있는가? 햄릿이 고민하는 문제가 바로 이것이다. 삶이라는 경험의 본질은 궁극적으로 고통과 쾌락, 기쁨과 슬픔이 따로 뗄 수 없이 뒤섞여 있다는 것이다. 세상에 태어나 생명을 얻기 위해서는 고통을 무릅써야 한다. 그러지 않으면 태어날 수 없다. 동양의 환생 개념의 바탕에는 바로 이런 사상이 깔려 있다. 네가 네 깨달음을 위해 이것을 원했기 때문에 너는 이 특정한 시간, 특정한 장소에 특정한 운명을 띠고 세상에 태어난 것이다. 그렇게 해서 이루어지는 것은 네가 지금 생각하는 '너'가 아니라, 네가 태어나기 전에 이미 있었고 지금도 네 심장을 뛰게 하고 폐가 숨쉬게 하고 네 삶에서 온갖 복잡한 일을 해주고 있는 '너'다. 용기를 잃지 말고 겪어내라! 네 방식대로 게임을 즐겨라!

게임을 해본 사람이라면 누구나 알겠지만, 승패를 떠나서 즐거운 게임일수록 힘들고 복잡하고 위험하다. 그렇기에 동양에서나 서양에서나 예술가는 대개 단순한 일을 하는 것에 만족하지 않는다. 다른 사람들에게는 난해한 것이 예술가에게는 단순하게 느껴진다. 예술가는 어려운 일, 도전을 추구한다. 예술가가 삶에 접근하는 기본 자세는 일이 아니라 유희이기 때문이다.

예술을 삶의 게임으로 대하고 삶 자체를 게임의 예술로 보는 이 같은 자세는 꼭 좋은 것만은 아닌 실존에 즐겁고 활기차게 접근하게 해준다. 이는 인류 보편의 죄라는 신화에 기반하는 서구 기독교 문명과 상반된다. 서구에서는 낙원에서 추방된 이래로 모든 사람은 죄인이고, 모든 행동은 죄의식을 수반하는 죄의 행위다. 반면 동양에서는 우리 눈에 잔인해 보이는 자연조차 순수하다고 생각한다. 인도에 세상은 신의 유희라는 말이 있다. 기기묘묘하고 가차 없는 유희, 더없이 거칠고 잔인하고 위험하고 어려우며 한도를 모르는 유희로, 종종 가장 뛰어난 자가 패배하고 가장 형편없는 자가 승리하는 것처럼 보이기도 한다. 하지만 이 게임의 목표는 승리가 아니다. 앞서 쿤달리니의 통로를 올라가면서 배운 것처럼 일반적인 의미의 승패는 저급한 차크라의 경험이기 때문이다. 뱀이 위로 올라가는 것은 의식의 빛을 맑고 환하게 하기 위해서이며, 이를 성취하기 위한 첫 단계는 (《바가바드기타》를 비롯한 여러 경전에서 가르치듯) 현세에서든 내세에서든 행동이 가져올 결과에 대한 관심을 모두 버리는 것이다. 전쟁터에서 크리슈나 신은 전사 왕자 아르주나에게 다음과 같이 말했다. "네게 주어진 것은 오로지 행동이지 행동의 결과가 아니다. (…) 포기와 행동이 하나임을 아는 자는 진리를 아는 자다."[10]

그러므로 예술로서의 삶, 그리고 유희로서의 예술, 득실을 따지지 않는 그 자체를 위한 행동은 삶을 요가로, 그리고 예술을 그런 삶을 얻게 해주는 수단으로 바꿔주는 열쇠다.

　이 가르침을 분명하게 전달해줄 재미있는 불교 일화가 있다. 추라는 중국의 젊은 학자가 친구와 산으로 산책을 갔다가 우연히 폐허가 된 사원을 발견했다. 무너진 건물에서 은둔하던 늙은 승려가 두 사람을 발견하고는 옷매무새를 가다듬고 안내해주겠다며 다가왔다. 신들의 상이 있는가 하면 남아 있는 벽 곳곳에 사람과 동물, 꽃이 핀 풍경을 실물처럼 그린 그림도 있었다. 그중 어느 벽 위쪽에 그려진 아름다운 마을 풍경을 보고 추와 그의 친구는 마음을 빼앗겼다. 그림 앞쪽에는 꽃을 든 아름다운 여자가 있었다. 머리를 늘어뜨린 것으로 보아 미혼인 이 여자를 보자마자 추는 사랑에 빠졌다. 입술에 사랑스러운 미소를 머금은 여자를 상상한 순간, 추는 (그에게 한 수 가르쳐줘야겠다고 생각한 교활한 승려의 환술에 의해) 아름다운 여자와 함께 마을 속 거리에 서 있었다.

　여자는 흔쾌히 그를 집으로 데려갔다. 두 사람은 며칠 동안 정열적으로 사랑을 나누었고, 그 사실을 알게 된 여자의 친구들은 "저런! 그런데도 아직 머리를 올리지 않았어?" 하고 놀리면서 칠보 머리 장식품을 가져다주었다. 예쁘게 머리를 올린 여자를 보고 가엾은 추는 더욱 사랑에 빠졌다. 그러던 어느 날 바깥에서 무시무시한 목소리와 사슬이 철컹거리는 소리, 묵직한 발소리가 들려왔다. 창가로 다가가 보니 등록되지 않은 이방인을 색출하러 온 황제의 군대였다. 겁에 질린 여자는 추에게 숨으라고 했다. 그는 침대 밑에 숨었다가 밖에서 더 요란한 소리가 들리자 뛰쳐나와 창가로 달려갔다. 그 순간 소매가 나부끼는 게 느껴지면서 추는 그림에서 빠져나와 친구와 늙은 승려가 있는 곳으로 추락했다. 두 사람은 바로 조금 전 그 자리에 그대로 서 있었다. 추와 친구는 놀라서 승려에게 설명해달라고 했다.

"환상은 그것을 보는 이 안에서 태어났다가 죽는 것입니다. 늙은 중이 무슨 말을 할 수 있겠습니까?" 그러나 승려를 따라 두 사람이 그림을 올려다보니 여자가 올린 머리를 하고 있었다.[11]

7

'선禪'을 찾아서

1969년[1]

선은 삶과 삶의 감각은 의미에 선행한다고 생각한다. 삶에 이름을 붙이지 않고
그저 알아서 다가오도록 두는 것이다. 그러면 당신이 이름을 갖는 곳 대신 당신이 사는 곳,
당신이 존재하는 곳으로 삶이 당신을 돌려놓을 것이다.

인도에서는 종교를 대하는 두 가지 주된 자세를 나타내는 재미있는 상징이 있다. 하나는 '새끼 고양이 방식'이고 또 하나는 '원숭이 방식'이다. 새끼 고양이가 야옹 하고 울면 어미가 와서 목덜미를 물고 안전한 곳으로 데려간다. 그리고 인도를 여행해본 사람이라면 누구나 알 텐데, 원숭이 무리가 나무에서 내려와 길을 건널 때 어미 등에 탄 새끼는 스스로 어미에게 매달려 있다. 따라서 첫째 종류의 사람은 '오, 신이시여, 신이시여, 제발 저를 구해주세요!' 하고 기도하는 사람이고, 둘째 종류의 사람은 스스로 알아서 해결하는 사람이다. 일본의 불교에서는 이를 각각 '타력종他力宗'과 '자력종自力宗'이라고 하며, 깨달음을 얻기 위한 두 가지 자세를 서로 상반되는 종교적 삶과 생각의 유형으로 나타낸다.

이 중 좀 더 대중적인 정토진종淨土眞宗에서는 초월적이고 신비적인 아미타불인 무량광불無量光佛 또는 무량수불無量壽佛에게 윤회에서 벗어날 수 있게 해달라고 빈다. 기독교에서 예수 그리스도에게 구원을 내려달라고 비는 것과 마찬가지다. 반면 선종禪宗은 그어떤 신이나 부처에게도 도움을 구하거나 기대하지 않는 자력과 자조自助, 곧 내적 에너지를 통해 이뤄져야 할 일을 스스로 이루는 방식이다.

한 인도 설화에서 우주의 질서를 유지하는 비슈누 신은 어느 날 그가 타고 다니는 황금 깃털을 가진 태양의 새 가루다를 불렀다. 아내인 락슈미가 이유를 묻자 그는 한 신도가 곤경에 처한 것을 알았다고 대답했다. 그런데 가루다를 타고 날아오르자마자 돌아와 내리기에 락슈미가 다시 이유를 물었다. 이에 그는 신도가 스스로 문제를 해결하더라고 대답했다.

대승불교의 한 종파인 선종으로 대표되는 자력종은 신에게 의지하지 않는다. 절대신이라는 개념이 없을뿐더러 초자연적 요소가 아예 없고, 심지어 붓다조차 필요로 하지 않는 형태의 종교(이것을 종교라고 할 수 있다면)다. 자력종은 다음과 같이 묘사된 바 있다.

> 경전 밖에서 특수하게 전달되며
> 말이나 문자에 의존하지 않고
> 인간의 마음을 직접 가리키며
> 자신의 본성을 들여다봄으로써
> 불성을 얻는다.

선은 일본어로 '젠'이라고 발음하는데, 이는 중국어 '찬(선禪)'을 음역한 것이고 '찬'은 '사색, 명상'을 뜻하는 산스크리트어의 '디야나dhyana'를 음역한 것이다. 그렇다면 무엇을 사색하는가?

여기서 잠깐 우리가 이 원고를 처음 발표했던 강연장에 있다고 상상해보자. 위를 올려다보면 조명이 많이 있다. 전구 하나하나가 각각 떨어져 있으니 우리는 그것을 각각 개별적인 것으로 생각할 수 있다. 그런 식으로 볼 때 그것은 여러 경험적 사실이다. 그리고 그런 식으로 보는 세계를 '사법계事法界'라고 한다.

하지만 다시 생각해보자. 전구 하나하나는 빛의 매개체인데 빛은 여러 개가 아니라 하나다. 말하자면 저 많은 전구를 통해 하나의 빛이 나타나는 것이다. 따라서 우리는 많은 전구 또는 하나의 빛에 대해 생각할 수 있다. 나아가 전구 하나가 나가면 다른 것으로 대체될 테고 그러면 우리는 다시 같은 빛을 누리게 될 것이다. 하나의 빛이 여러 전구를 통해 나타나는 것이다.

마찬가지로 강단에 선 내 눈앞에는 많은 청중이 있다. 천장의 전구 하나하나가 빛의 매개체인 것처럼 우리 한 사람 한 사람은 의식의 매개체다. 하지만 전구에게서 중요한 것은 빛의 질이다. 마찬가지로 우리에게서 중요한 것은 의식의 질이다. 우리 각자는 스스로를 자신의 나약한 육체와 동일시하는 경향이 있지만, 육체를 단순히 의식의 매개체로 보고 여기서 우리 모두를 통해 발현된 하나의 존재가 의식이라고 생각하는 것도 가능하다. 하나의 사실을 해석하고 경험하는 두 가지 방법 중에 어느 쪽이 더 참되다고 할 수 없다. 그저 방법이 다를 뿐이다. 하나는 여러 개별적 사물에 비추어서 보고, 다른 하나는 이 여러 사물을 통해 발현하는 하나에 비추어서 본다. 전자가 '사법계'라면 후자는 '이법계理法界', 곧 절대적 우주다.

사법계의 의식은 필연적으로 대상을 구별하는데, 이런 식으로 스스로를 경험하는 사람은 전구의 빛처럼 연약한 몸에 갇히게 된다. 반면 이법계의 의식에는 그런 제약이 없다. 따라서 동양의 모든 신비주의 가르침은 우리가 스스로를 전구가 아니라 빛과 동일시할 수 있도록 해주는 게 목표라고 할 수 있다. 언젠가 사멸할 육체가 아니라 의식과 동일시하게 해주는 것이다. 이것이 바로 인도의《찬도갸 우파니샤드》에 나오는 저 유명한 '네가 바로 그것이다'의 의미다. "네 자신이 모든 존재, 모든 의식, 모든 행복의 구별되지 않은 보편적 바탕"이라는 것이다.[2]

단 당신이 일반적으로 자신과 동일시하는 '너', 이름과 식별번호가 붙어 세금 징수를 위해 컴퓨터 데이터에 등록된 '너'가 아니다. 그런 '너'는 '바로 그것'인 '너'가 아니라 당신을 개별적인 전구로 만드는 조건이다. 하지만 자신의 존재 의미를 육체 대신 의식에서, 더 나아가 총체적 의식에서 찾기란 쉽지 않다.

인도에 갔을 때 트리반드룸의 현자 스리 아트마난다Sri Atmananda를 만나 잠시 대화할 기회가 있었다. 그는 내게 생각해보라며 '두 가지 생각 사이의 어느 위치에 있나?'라는 물음을 주었다.《케나 우파니샤드Kena Upanishad》에서는 "그곳에 눈은 이르지 않고 말도 이르지 않으며 마음도 이르지 않는다. 그것은 지_知와 다르고 미지_{未知} 이상이다"[3]라고 한다. 두 가지 생각 사이에서 돌아오면 모든 말(말은 생각과 사물, 이름과 형상에 대한 것일 수밖에 없기에)은 그릇된 이해를 준다는 것을 알게 된다. 이 역시 우파니샤드를 인용하자면 "그것을 어떻게 가르쳐야 하는지 우리는 알지 못하고 이해하지 못한다".

실제로 유사한 경험을 하지 않은 상대방에게 말로 자기 경험을 전달하기가 불가능하다는 것은 누구나 겪어봐서 알 것이다. 가령 눈을 본 적이 없는 사람에게 산에서 스키를 타고 내려오는 경험을 한번 설명해보라. 뿐만 아니라 경험하기도 전에 생각과 정의_{定意}가 그것을 없던 것으로 만들 수 있다. 예를 들면 '내 이 감정이 사랑일 수 있을까?' '과연 허용되는 일일까?' '편리할까?' 하고 묻는 식이다. 물론 결국은 그런 질문을 해야 할 수도 있지만, 그럼에도 그런 질문이 떠오르는 순간 자발성이 사라진다는 슬픈 사실은 남는다. 정의된 삶은 과거에 매여 미래로 나아가지 못한다. 자신의 삶을 늘 의도와 의미의 맥락에서 설명하려고 하는 사람은 결국 삶을 경험하는 느낌을 잃고 만다.

따라서 선종의 으뜸가는 목표는 개념의 그물을 끊는 것이다. 일부에서 선을 '무심_{無心}의 철학'이라고 하는 것은 그 때문이다. 심리치료를 연구하는 많은 서양 학파는 우리 모두에게 가장 필요한 것은 삶의 의미라고 주장한다. 삶의 의미를 찾는 것이 도움이 되는 사람들도 있을 것이다. 그러나 그것으로 도움을 받는 것은 지성뿐인데, 지성이 이름과 범주, 관계의 인식과 의미를 정의하는 것으로 삶을 다루기 시작하면 가장 내향적인 것을 금세 잃고 만다. 반면 선禪은 삶과 삶의 감각은 의미에 선행한다고 생각한다. 삶에 이름을 붙이지 않고 그저 알아서 다가오도록 두는 것이다. 그러면 당신이 이름을 갖는 곳 대신 당신이 사는 곳, 당신이 존재하는 곳으로 삶이 당신을 돌려놓을 것이다.

선사들이 즐겨 하는 이야기 중에 붓다가 말없이 연꽃 한 송이를 드는 것으로 설법을 했다는 것이 있다. 좌중 중에 이해한 사람은 현재 선종의 창시자로 간주되는 카시아파(가섭迦葉)라는 승려뿐이었다. 붓다는 그것을 눈치채고 그에게 고개를 끄덕여 보인 다음, 나머지 사람들을 위해 말로 다시 설법했다. 여전히 관념의 그물에 갇혀 의미가 필요한 그들 중 일부라도 언젠가는 그물에서 벗어나 참된 길에 이르도록 하기 위해서였다.

설화에 따르면 붓다 자신도 다년간의 수행과 금욕생활 끝에 우주의 중심에 위치하는 깨달음의 나무인 보리수에 이르러서야 비로소 그물을 끊었다. T. S. 엘리엇은 〈번트 노턴〉에서 붓다의 가장 깊은 침묵의 중심인 그곳을 "회전하는 세계의 정점定點"이라고 했다.

나는 그저 우리가 그곳에 있었다고만 말할 수 있다. 하지만 그게

어디인지

얼마나 오래 있었는지는 말할 수 없다. 그곳을 시간 안에 두는 일이기에.[4]

욕망과 죽음이라는 이름을 가졌으며 세계를 계속 회전하게 하는 마귀는 보리수 밑에 앉은 싯다르타의 수행을 방해하려고 그에게 접근했다. 애욕을 자극하는 아름다운 모습으로 나타난 그는 싯다르타 앞에 자신의 아름다운 세 딸 애욕과 애념, 애락을 보냈다. 꼼짝 않고 좌선하던 싯다르타가 '나'를 의식했다면 분명 '그들'도 의식해 흔들렸을 것이다. 그러나 싯다르타는 사물이 서로 떨어져 있는 사법계의 감각을 이미 잃었던 터라 동요하지 않았고, 최초의 유혹은 실패로 돌아갔다.

마귀는 즉각 죽음의 왕이 되어 무시무시한 군대를 모두 보내 싯다르타를 공격하게 했다. 그러나 그가 꼼짝 않고 앉은 곳에는 '나'도 '그들'도 없기에 두 번째 공격 또한 실패했다.

마지막으로 마귀는 다르마, 곧 '의무, 법'의 왕으로 변신해, 왕궁에서 백성을 다스리는 것이 왕자로서의 의무인데 어찌하여 회전하는 세계의 정점에 꼼짝 않고 앉아 있느냐고 따졌다. 그러자 싯다르타는 오른손을 무릎에 얹고 손가락을 땅에 대는 이른바 항마촉지인降魔觸地印을 취해 지신地神을 불러냈다. 지신은 인간사회에 우선하는 대자연으로서, 천둥소리를 통해 그곳에 앉아 있는 싯다르타

항마촉지인 손가락을 땅에 대는 수결을 맺은 청동 좌불상.

는 무수한 생애를 통해 스스로를 세상에 바쳤기에 그곳에는 아무도 없다고 말했다.

　욕망과 죽음, 의무의 왕이 타고 있던 코끼리가 싯다르타에게 머리를 숙여 절하고, 마귀와 그의 군대는 사라졌다. 그날 밤 싯다르타는 깨달음을 얻어 스스로를 '자아'가 아니라 이법계와 동일시하여 모든 이름과 형태를 초월하는 존재로 의식하게 됐다.

감정과 사고를 옭아매는 개별적 사물의 그물에서 벗어난 붓다는 눈부신 빛 아래에서 7일 동안 꼼짝도 하지 않았다. 그러고는 일어나 앉아 있던 곳에서 일곱 걸음 가서 깨달음을 얻은 자리를 바라보며 또 7일을 보냈다. 그 뒤에 앉아 있던 곳과 서 있던 곳을 왔다 갔다 한 다음, 이번에는 또 다른 나무 밑에 앉아 자신의 경험이 이제 돌아가게 될 세상의 그물과 무관함을 생각했다. 세 번째 나무 밑에서 다시 7일 동안 해탈의 기쁨을 생각하고, 네 번째 나무로 옮겨갔을 때 거센 폭풍이 7일 동안 주위에서 휘몰아쳤다. 그러자 세계수 밑에서 올라온 세계의 뱀이 붓다의 몸을 부드럽게 휘감고 대가리를 그의 머리 위로 들어 보호했다. 폭풍이 잦아들자 뱀은 사라졌다. 그러고 나서 붓다는 다섯 번째 나무 밑에서 7일 동안 편안히 앉아 '이것은 사람들에게 가르칠 수 없겠다' 하고 생각했다.

　　깨달음은 말로 설명할 수 있는 게 아니기 때문이다.

　　그러나 붓다가 그런 생각을 하자마자 하늘에서 브라마와 인드라를 비롯한 신들이 내려와 인간과 신, 모든 존재를 위해 가르침을 달라고 간청했다. 이를 수락한 붓다는 그때부터 49년간 세상에 가르침을 주었다. 하지만 깨달음은 가르치지 않았고 또 가르칠 수도 없었다. 그렇기에 불교는 그저 '길'일 뿐이다. 사법계(개별적 사물, 많은 전구, 별개의 빛이라는 경험)라는 차안此岸에서 개념과 생각의 그물을 초월하는 이법계라는 피안彼岸으로 우리를 데려가주는 수레yana다. 그곳에서는 침묵 너머의 침묵에 대한 깨달음이 강렬한 경험 속에 실제가 된다.

그래서 붓다는 어떻게 가르쳤나?

그는 병자의 병을 진단하고 약을 처방해주는 의사로 세상에 나와 먼저 "세상이 앓고 있는 병의 증상은 무엇인가?"라고 묻고는 "고통"이라고 대답했다. 첫째 진리는 '모든 삶은 고통이다'다.

무슨 말인지 알겠나? '모든 삶은 고통이다.' 고통인 것은 '모든 삶'이지 '현대인의 삶'이라든지 최근 들은 것처럼 '자본주의 체제에서의 삶'이 아니다. 사회질서가 바뀐다고 해서 사람들이 행복해지는 게 아니기 때문이다. 붓다가 가르친 것은 혁명이 아니다. 그의 첫째 진리는 모든 삶이 고통이라는 것이었다. 따라서 그가 처방하는 약은 사회적·경제적·지리적 상황과 상관없이 병자의 고통을 덜어줄 수 있어야 한다.

따라서 붓다의 둘째 물음은 "그렇게 완전한 치료가 가능한가?"였고, 이에 대한 대답은 "그렇다"였다. 둘째 진리는 '고통에서 벗어날 수 있다'다.

이는 삶에서 벗어나는 것(삶을 포기하는 것, 자살 등)을 의미하지 않는다. 삶에서 벗어나는 것은 병자가 건강을 되찾는 것이라고 볼 수 없기 때문이다. 불교를 삶에서 벗어나는 것으로 가르친다면 그것은 잘못이다. 붓다의 물음은 삶이 아니라 고통에서 벗어나는 것에 대한 것이었다.

그렇다면 붓다 자신이 마음속에 그렸을 뿐 아니라 이미 손에 넣었던 건강한 상태의 본질이란 어떤 것인가? 셋째 진리에서 우리는 답을 알 수 있다. '고통에서 벗어나는 것이 열반이다.'[5]

'열반'을 뜻하는 산스크리트어 니르바나nirvana는 원래 '불어서 끈다'라는 뜻이다. 붓다는 이 말을 자기중심주의의 소멸을 가리키는 말로 썼다. 그와 더불어 자아의 쾌락을 향한 욕망과 죽음에 대한 공포, 사회가 부과하는 책임의식도 소멸될 것이다. 왜냐하면 해방된 이를 움직이는 것은 외적 권위가 아니라 내적 동기이며, 이는 책임의식이 아니라 고통받는 모든 이들에 대한 연민이기 때문이다. 죽지도 세상을 버리지도 않은 채 깨달음을 통해 이법계에 대한 완전한 지식과 경험을 얻은 자는, 고타마 싯다르타가 깨달음을 얻은 뒤로 여든두 살까지 가르쳤던 사법계에서 움직인다.

그가 가르친 것은 고통에서 벗어나는 방법이었다. 팔정도八正道라고 이름을 붙인 이것은 정견正見(올바로 보는 것), 정사正思(올바로 생각하는 것), 정어正語(올바로 말하는 것), 정업正業(올바로 행동하는 것), 정명正命(올바로 생명을 유지하는 것), 정근正勤(올바로 노력하는 것), 정념正念(올바른 의식을 가지는 것), 정정正定(올바로 마음을 안정시키는 것)이다.[6]

하지만 여기서 말하는 '올바로'(산스크리트어로 '적절한, 완전한, 바른, 적합한, 진실된'을 뜻하는 samyak)가 무슨 뜻인지 묻는다면, 붓다의 가르침이 다양하게 해석되고 있음을 알게 될 것이다.

붓다의 초기 제자들은 그의 생활양식을 그대로 따라 해 속세를 버리고 숲이나 암자에 들어가 금욕적으로 생활했다. 그들의 수행은 속세를 떠나 재물을 향한 욕망과 죽음 및 가난에 대한 공포, 모든 사회적 책임감, 그리고 무엇보다도 '나'와 '내 것'에 대한 모든 생각을 버리는 '자력'의 길이었다. 붓다의 생애가 이런 방식을 대표했거니와, 불교에서는 오늘날까지도 이런 금욕적인 생활이 지배적이다.

그런데 붓다의 생애(기원전 563~483년으로 여겨진다)로부터 약 500년 뒤, 말하자면 서양에서 기독교의 시대가 갓 시작됐을 무렵, 인도 북부의 불교 중심지에서 교리에 대한 새로운 해석이 등장했다. 이 해석을 옹호하는 이들은 일종의 후기 추종자들로, 스스로 깨달음을 얻어 초기 제자들이 놓쳤던 의미를 이해할 수 있었다. 깨달음을 얻기 위해 꼭 속세를 떠나 수도승이 될 필요는 없다. 세상에 남아 세속의 과제를 사심 없이 수행하면서도 얼마든지 목표에 다다를 수 있다.

이 중대한 깨달음은 불교의 사상과 이미지의 중심에 새로운 이상과 실현의 상像을 가져왔다. 고되고 혼란스러운 사회를 벗어난 탁발승 대신 왕의 의복을 입고 보석으로 꾸민 관을 쓰고 손에는 세계를 상징하는 연꽃을 든 당당한 인물이 새로 등장한 것이다. 이 인물은 일상적 세계를 상대하는 보살Bodhisattva이다. 그는 '존재sattva'가 '깨달음bodhi'이다. buddha는 '깨어난', bodhi는 '깨어남'을 뜻한다. 이 중에서도 가장 유명하고 널리 모셔지는 아름다운 보살

관음상 마카오(20세기).

이 수많은 설화에 등장하는 아발로키테슈바라Avalokiteshvara, 곧 관세음보살이다. 산스크리트어로 아발로키테슈바라는 일반적으로 '세계를 (자비롭게) 바라보는 분'을 뜻한다고 여겨진다. 관세음보살은 인도예술에서는 늘 남성으로 나타나는 반면, 극동에서는 자비의 여신이다. 그런 존재는 성의 한계를 초월하는 데다 여성이 남성보다는 아무래도 훨씬 자비롭기 때문이다.

설화에 따르면 관세음보살이 윤회로부터 완전히 벗어나게 됐을 때 바위와 나무, 온갖 피조물이 슬퍼하는 소리가 들렸다. 이유를 묻자, 그의 존재가 세상 만물에게 열반의 기쁨을 주었는데 그가 세계를 두고 떠나면 그 기쁨을 잃게 될 것이라고 했다. 그러자 그는 무한한 연민으로 수많은 생애에 걸쳐 추구했던 해탈을 단념하고 이 세상에 남아 만물을 가르치고 돕기로 했다. 그는 상인들에게는 상인으로, 왕자王子들에게는 왕자로, 곤충들에게는 곤충으로 나타난다. 그리고 우리가 서로 대화를 나눌 때마다 우리 안에 구현되어 가르침을 주거나 자비를 베푼다.

중국에는 중생을 구원하는 관세음보살의 힘이 얼마나 무한한지를 말해주는 멋진 설화가 있다. 황하 상류의 외진 마을에 종교에 대해서는 들어본 적도 없고 오로지 궁술과 빠른 말에만 관심 있는 소박한 사람들이 살고 있었다. 그런데 어느 날 아침 일찍 깜짝 놀라게 젊고 아름다운 여자가 마을 거리에 나타났다. 여자가 들고 있는 푸릇푸릇한 버들잎을 깐 바구니에는 강에서 잡은 금빛 비늘의 물고기가 가득 담겨 있었다. 물고기가 금세 모두 팔리자 여자는 사라졌다. 그러고는 다음 날 아침 다시 나타났다. 이렇게 며칠 계속되는 사이에 아름다운 여자를 눈여겨보던 마을 청년들이 어느 날 아침 그녀를 멈춰 세우고 청혼했다.

그러자 여자가 대답했다.

"고귀하신 분들이여, 저도 물론 결혼하고 싶습니다. 하지만 저는 한 명뿐이니 여러분 모두와 결혼할 수는 없습니다. 그러니 관음경을 암송하실 수 있는 분과 결혼하겠습니다."

그런 게 있다는 것조차 몰랐던 청년들은 그날 밤 열심히 관음경을 외웠다. 다음 날 아침 여자 앞에 서른 명이 줄을 섰다. 여자는 다시 대답했다. "고귀하신 분들이여, 저는 한 명뿐입니다. 그러니 관음경의 의미를 설명하실 수 있는 분과 결혼하겠습니다." 그다음 날 아침에는 열 명이 줄을 섰다. "사흘 사이에 관음경의 의미를 '깨달을' 수 있는 분과 꼭 결혼하겠습니다." 여자가 약속했다. 사흘째되는 날 아침 여자를 맞이한 것은 메로라는 남자 한 명뿐이었다. 아름다운 젊은 여자는 그를 보고 미소를 지었다.

"당신은 정말로 관음경의 의미를 깨달으셨으니 기꺼이 당신을 남편으로 맞겠습니다. 오늘 저녁 물굽이에 있는 저희 집으로 오시면 부모님이 맞이해주실 겁니다."

그날 저녁 물굽이로 간 메로는 강가 바위밭에서 작은 집을 발견했다. 대문 앞에서 나이 든 남녀가 그에게 손짓하고 있었다. 그가 다가가 이름을 밝히자 노인이 "오래전부터 당신을 기다렸습니다"라고 말하고, 노파는 그를 딸의 방으로 안내했다.

그런데 방에 아무도 없었다. 홀로 남은 메로가 열린 창문으로 밖을 내다보니 강까지 이어지는 모래밭에 여자 발자국이 남아 있었다. 발자국을 따라가자 강가에 금빛 샌들 한 켤레가 놓여 있었다. 땅거미가 지는 가운데 주위를 둘러본 그는 집이 사라진 것을 발견했다. 강가에 보이는 것이라곤 저녁바람에 술렁이는 갈대밭뿐이었다. 그 순간 그는 고기 잡는 처녀가 바로 관세음보살이었음을 깨닫고, 관세음보살의 무한한 자비를 이해했다.[7]

이것은 '타력', 곧 곧 새끼 고양이의 길에 관한 우화로, 선종은 이와는 다르다.

앞에서 붓다가 연꽃을 들었는데 오로지 한 사람만이 그 의미를 이해했다는 설화를 이야기했다. 내가 지금 연꽃을 들고 의미를 묻는다고 생각해보자! 또는 연꽃의 우화적 의미는 워낙 유명한 게 많으니 미나리아재비를 들고 미나리아재비의 의미를 묻는다고 치자. 아니면 마른 나뭇가지를 들고 "마른 나뭇가지의 의미는 무엇인가?" 하고 묻는다면? 아니면 당신이 내게 불교나 붓다의 의미를 물었는데 내가 마른 나뭇가지를 든다면?

붓다는 타타가타Tathagata, 곧 여래如來, '그처럼 다가오는' 자다. 꽃이나 나무에 의미가 없듯이, 우주에 의미가 없듯이, 당신이나 내게 의미가 없듯이 붓다도 의미가 없다. 하지만 어떤 것을 관념이나 연관성, 실질적 관계와 무관하게 그냥 그 자체로 경험할 때, 그 사람은 한순간 강렬한 미적 충격에 사로잡혀 의미를 갖지 않는 자기 존재로 돌아가게 된다. 그 또한 불에서 튀어나온 불똥처럼 '그처럼 다가온' 의식의 매개체, 여래이기 때문이다.

　서기 1세기에 불교가 인도에서 중국으로 전파됐을 때, 중국 황실은 승려들을 환영하고 사찰들을 세웠다. 그리고 경전을 번역하는 엄청난 사업을 시작했다. 산스크리트어를 중국어로 번역하는 어려움에도 불구하고 작업은 500년 동안 순조롭게 진행됐다. 서기 520년경, 달마라는 늙은 승려가 인도에서 건너와 황궁을 찾았다. 설화에 따르면 황제는 이 완고한 승려에게 사찰을 짓고 승려들과 번역자들을 후원해온 자신이 덕을 얼마만큼 쌓았느냐고 물었다, 그러자 달마는 "전혀 쌓지 못했습니다"라고 대답했다.

"왜 그렇소?" 황제가 물었다.

"그런 것은 저급한 행동입니다. 그런 행동의 목적은 그림자에 불과합니다. 참된 덕을 쌓을 수 있는 유일한 방법은 오로지 순수하고 완벽하고 신비로운 지혜뿐입니다만, 그것은 물질적 행위를 통해 얻을 수 없습니다."

"그렇다면 가장 고귀한 진리는 무엇

보리달마 일본(18세기).

인가?"라고 묻자 달마는 "공空입니다. 조금도 고귀하지 않습니다"
라고 대답했다.

화가 난 황제는 "그럼 내 눈앞에 있는 이 승려는 누구인가?"라고
물었다. 그러자 달마는 "모릅니다"라고 대답하고 황궁을 떠났다.

달마는 사찰에 들어가 9년간 벽을 보고 앉아 한마디도 하지 않
았다. 올바른 불교는 신심 어린 행동도 경전을 번역하는 것도 의식
을 올리는 것도 아님을 보여주기 위해서였다. 그가 그렇게 면벽 수
행을 하는데, 혜가慧可라는 유학자가 찾아와 공손하게 "선생님" 하
고 불렀다. 그러나 달마는 들은 척도 하지 않고 벽만 바라봤다. 혜
가는 며칠을 선 채로 기다렸다. 눈이 와도 달마는 말도 하지 않고
움직이지도 않았다. 그러자 혜가는 자신의 진지함을 보여주기 위
해 칼로 자기 왼팔을 잘라 내밀었다. 그제야 달마가 돌아봤다.

"부처님의 가르침을 구하러 왔습니다." 혜가가 말했다.

"그것은 다른 사람을 통해 얻을 수 있는 게 아니오." 달마가 대
답했다.

"그럼 제 영혼을 달래주십시오."

"꺼내 보이면 그렇게 하겠소."

"오래전부터 찾고 있습니다만 못 찾겠습니다."

"바로 그것이다. 네 영혼은 평화를 누리고 있으니 그대로 두거
라." 달마는 그렇게 말하고 도로 벽을 향했다. 자신이 모든 세속적
인 지식과 이해利害를 초월한다는 깨달음을 얻은 혜가는 중국 선종

의 개조改組가 됐다.

　중국 선종의 계보에서 그다음으로 중요한 사람은 혜능慧能(서기 638~713)으로, 그는 배움이 없는 나무꾼이었다고 한다. 그는 땔감을 팔러 다니면서 홀어머니를 모셨다. 어느 날 어느 집 밖에서 주문을 받으려고 기다리는데 금강경을 읊는 소리가 들렸다. "마음을 일깨우고 그것을 어느 한곳에 두지 마라." 그 순간 그는 깨달음을 얻었다.

　자신의 이해를 깊이 하기 위해 혜능은 5대조 홍인弘忍이 머무는 황매산의 사찰로 찾아갔다. 홍인은 무식한 젊은이를 훑어보고 그를 주방으로 보냈다. 그로부터 8개월 뒤, 후계자를 정할 때가 온 것을 깨닫고 홍인은 부처님의 가르침을 가장 잘 요약하는 게송을 짓는 제자에게 자신의 가사와 바리때를 물려주겠다고 발표했다. 500여 명의 승려가 겨루는 가운데 가장 뛰어난 신수神秀가 이길 것이라고 모두가 생각했다. 실제로 그의 게송이 뽑혀 식당 문 옆 벽에 새겨졌다.

　　몸은 보리의 나무요
　　마음은 맑은 거울이니
　　먼지가 앉지 않도록
　　늘 잘 닦아라

불교의 본질은 부지런한 정화라는 의미다.

시험 이야기를 들은 무식한 주방 일꾼은 그날 밤 다른 사람에게 벽에 쓰인 게송을 읽어달라고 부탁했다. 그리고 게송을 듣고는 옆에 이렇게 써달라고 했다.

몸은 보리 나무가 아니고
마음은 맑은 거울이 아니다
근본에 아무것도 없는데
어떻게 먼지가 앉겠는가?

다음 날 아침, 흥분한 승려들의 이야기를 듣고 내려와 작자 미상의 게송을 읽은 홍인은 화를 내며 신을 벗어 그것을 지웠다. 그러나 누가 썼는지 짐작하고 그날 밤 혜능을 불러 자신의 가사와 바리때를 주었다. "받아라. 이것이 네가 6대조라는 상징이다. 이제 당장 떠나라!"

신수의 교리는 단계적 깨달음(점오漸悟)과 가르침을 중시하는 중국 북선종의 바탕이 됐다. 반면 혜능은 직관적 깨달음(돈오頓悟), 곧 갑작스러운 통찰을 중시하는 남선종의 창시자가 됐다. 하지만 사찰의 규율은 직관적 깨달음을 얻는 데 불필요할 뿐 아니라 심지어 걸림돌이 될 수 있었다. 홍인이 깨달은 것처럼 그런 교리는 사찰체계 전체의 의미를 뒤흔들어놓고 결국에는 약화시킬 것이다.

그렇기에 홍인은 혜능에게 떠나라고 한 것이었다.

혜능은 "신비는 네 안에 있으니 내면을 들여다보라"라고 가르쳤다고 한다.[8]

하지만 교리를 공부하지 않고 어떻게 그 신비를 알 수 있을까?

일본의 선종 사찰에서 선호하는 방법은 명상으로, 이때 공안公案을 실마리로 삼는다. 대부분 중국 조사祖師들의 말에서 가져온 엉뚱한 화두인데, 가령 "네 부모가 태어나기 전에 네가 어떤 얼굴이었는지 보여달라"라든지 "한 손으로 손뼉을 치면 어떤 소리가 나느냐?" 같은 것이다. 그런 난문은 이성적 사고로 답을 찾을 수 없다. 그것은 사고를 집중하게 하고 이어서 혼란에 빠뜨린다. 스승은 깨달음을 얻고자 하는 이들에게 이런 수수께끼를 주고 명상으로 답을 구해오라고 지시한다. 실패와 명상을 거듭하다 보면 어느 순간 갑자기 이성적 사고에서 벗어나 적절한 대답이 떠오른다. 궁극적인 공안은 우주 그 자체이며 이에 대한 대답을 얻으면 나머지는 저절로 알게 된다고 한다. 스즈키 다이세쓰는 "공안은 논리적 명제가 아니라 어떤 정신 상태의 표현이다"라고 말했다.[9] 언뜻 보면 엉뚱한 것 같지만 실제로는 세심하게 고안된 질문들이 이 초월적 통찰의 정신 상태를 깨운다. 수백 년간 공안이 유효한 방법이었고 지금도 유효하다는 사실은 그것의 의미나 가치를 의심하고 비판하는 사람에 대한 답이 될 것이다.

이성 너머에 자리하며 '말이 이르지 못하는' 피안의 지혜를 보여주는 현대 서구의 우화를 이야기해보겠다. 30년 전쯤 내 훌륭한 친구 하인리히 짐머에게서 직접 들은 이야기다. 앞서 언급한 것처럼 불교는 피안으로 우리를 데려다주는 운송수단 또는 배다. 그러니 우리가 차안, 가령 맨해튼에 서 있다고 치자. 그런데 이곳이 너무 지긋지긋하게 싫다. 허드슨강 건너 서쪽을 바라보니 뉴저지가 보인다. 자연이 풍부한 뉴저지는 좋은 곳이라고들 한다. 지저분한 뉴욕 길거리와는 분명 다를 것이다! 그런데 아직 다리가 없어서 건너려면 배를 이용해야 한다. 그래서 우리는 부두에 앉아 아쉬운 눈으로 뉴저지를 바라보며 그곳에 대해 생각한다. 실제로는 어떤지 모르는데도 점점 더 간절해진다. 그러던 어느 날 뉴저지 쪽에서 배가 출발하는 게 보인다. 배는 강을 건너 이쪽으로 다가와 우리 바로 앞에 정박한다. 선원이 소리친다 "뉴저지로 가실 분?" "여기요!" 선원이 손을 내민다.

그런데 우리가 배에 올라타는데 선원이 "후회는 없습니까?"라고 묻는다. "맨해튼으로 돌아오는 배편은 없습니다. 지금 떠나면 이제 두 번 다시 뉴욕으로 돌아오지 못할 겁니다. 친구들, 직업, 가족, 명성과 특권, 모든 것을 잃게 됩니다. 그래도 후회하지 않겠습니까?"

어쩌면 조금은 주춤할지 모르지만 우리는 고개를 끄덕이고 후회는 없다고 대답한다. 뉴욕이라면 이제 아주 진저리가 난다고.

출가해서 승려가 되는 길이 이것이다. 붓다의 초기 추종자들,

그리고 오늘날 스리랑카·미얀마·태국의 불교는 히나야나Hinayana, 곧 '작은 탈것'으로 소승불교다. 오로지 속세를 버릴 준비가 된 사람들만이 이 작은 배를 타고 피안으로 건너갈 수 있다. 결정적인 한 걸음을 내디딜 준비가 되지 않은 일반 사람들은 다음 생에서 자신들이 누리는 사치가 얼마나 부질없는지 조금 더 이해할 때까지 기다려야 한다. 배는 작고 의자는 딱딱하다. 배 측면에 새겨진 이름은 테라바다Theravada, 곧 '옛 성인들의 교리'를 뜻하는 상좌부上座部 불교(장로불교)다.

우리가 배에 올라타면 선원이 노를 건네주고 배가 출발한다. 다만 항해는 생각보다 길 수 있다. 어쩌면 여러 생을 견뎌야 할지도 모른다. 그래도 우리는 벌써 항해를 즐기기 시작했고 벌써 우월감을 느끼고 있다. 우리는 성스러운 이들, 이곳에도 저곳에도 속하지 않는 항해자들이다. 물론 우리는 뉴욕의 시궁창에 사는 바보들 못지않게 뉴저지에 대해 아는 게 없지만, 어쨌거나 올바른 방향으로 가고 있으니 우리 삶의 규칙은 고향에 남은 사람들과는 다르다. 쿤달리니 요가의 사다리로 말하자면 우리는 5번 차크라인 비슈다, 곧 '정화'라는 금욕적 수행의 중심에 있다. 처음에는 아주 흥미로워 열중하게 된다. 그런데 뜻밖에도 서서히 좌절이 찾아들고 가망이 없는 것처럼 느껴지기 시작한다. 자아를 없애는 게 목적이건만, 애를 쓰면 쓸수록 자기 자신에 대한 생각만 하기 때문이다. '내가 잘하고 있는 건가?' '오늘은 내가 진전이 있었나?' '지금 이 시

간에는? 이번 주에는? 이번 달에는? 올해에는? 지난 10년간에는?'
자기를 살피는 데 집착한 나머지 배에서 내리기를 원치 않는 사람
도 있다. 하지만 어느 한순간 우연히 자기를 잊으면 기적이 일어나
배가 뉴저지에, 열반에 다다를지도 모른다. 우리는 배와 해야 하고
하지 말아야 할 모든 것을 뒤로하고 뭍에 오른다.

그래서 이제 우리는 어디에 있는가? 우리는 이법계, 곧 모든 것
이 하나임을 아는 경지에 다다랐다. 이 절대적 관점에서 보면 맨해
튼이 어떻게 보일까 싶어 돌아보니 뜻밖에도 '건너편'이 없다. 양
쪽을 가르는 강물도 배도 선원도 없다. 불교도 붓다도 없다. 구속
과 자유, 삶의 슬픔과 열반의 기쁨을 구분하고 한쪽에서 다른 한쪽
으로 건너가야 한다는 생각은 환상이고 착각이었다. 당신과 내가
사법계의 의식 차원에서 고통 속에 경험하고 있는 이 세계가 이법
계 차원에서는 열반의 기쁨이다. 그저 눈과 경험의 초점을 바꾸기
만 하면 된다.

하지만 그것이 바로 약 2,500년 전에 붓다가 가르치고 약속한
바가 아닌가? 자아와 그에 따른 욕구와 두려움을 없애면 열반이
바로 우리 것이 될 것이다! 몰라서 그렇지 우리는 이미 그곳에 다
다라 있다. 이 넓은 세상은 무한한 공간에 정박 중인 배이며, 우리
모두 그 배를 타고 있다. 그 사실을 '돈오'를 통해 갑자기 깨달을
수 있다는 것이 마하야나Mahayana, 곧 '큰 탈것'인 대승불교로, 티베
트와 중세 중국, 한국, 일본의 불교가 이것이다.

우리는 이제 사법계가 이법계와 다르지 않다는 것을 알았다. 이 둘을 구분하는 것은 아무것도 없다. 이 깨달음의 단계를 일본 대승불교에서는 현상과 진리가 구분되지 않는 '이사무애理事無碍'라고 한다. 개별적 현상의 세계에서 움직이면서도 우리는 모든 것이 하나임을 깨닫는다. 우리는 만물의 합일을, 우리 인간뿐 아니라 천장의 전구들도, 이 오래된 강연장의 벽들도, 맨해튼 거리도, 심지어 뉴저지의 자연조차도 하나임을 경험한다. 우리의 수많은 과거도, 도토리 안에 상수리나무가 있듯이 이미 이곳에 있는 미래도 그에 포함된다. 이 모든 것을 알고 경험하며 산다는 것은 멋진 꿈속을 거니는 것과 같다.

마지막으로 이것도 다가 아니다. 우리가 도달할 수 있는 깨달음이 하나 더 있기 때문이다. 현상과 현상이 구분되지 않고 하나인 '사사무애事事無碍'다. 이는 보석을 엮은 그물에 비유할 수 있을 것이다. 우주는 보석으로 한 코 한 코 엮은 광대한 그물이며, 각 보석은 다른 모든 보석을 반사하고 또 반사된다. 또는 꽃을 엮은 화관으로도 생각할 수 있다. 화관에서 어떤 꽃도 다른 꽃의 '원인'이 아니지만 모두 하나로 합해서 '화환'이다.[10] 우리는 보통 원인과 결과를 생각한다. 내가 이 책을 밀면 책이 움직인다. 내가 밀었기 때문에 책이 움직였다. 원인이 결과에 앞선다. 하지만 도토리가 자라는 원인은 무엇인가? 앞으로 생겨날 상수리나무다. 미래에 일어날 일이 현재 벌어지는 일의 원인이고, 동시에 과거에 일어난 일이 현재 일어나는 일의 원인이다. 나아가 주위의 온갖 것이 현재 일어나는 일을 야기하고 있다. 모든 것이 모든 것의 원인이다.

불교에서는 이것을 가리켜 연기緣起라고 한다. 모든 것은 상호관계에 따라 일어나기에 어떤 일에 대해 누군가를, 또는 어떤 것을 탓할 수 없다. 적은 상호작용에 의해 생겨난다. 적대하는 양측은 결국에는 하나다. 지도자와 그를 추종하는 자들도 하나다. 당신과 당신의 적, 당신과 당신의 친구, 모든 것이 하나의 일부, 하나의 화관이다.

극동의 불교예술에 존재하는 개념이 바로 이것이다. 가령 일본의 학 그림을 보자. 그것은 당신이나 내가 학으로 인식하는 사물이 아니라 우주, 이법계의 상호작용, 만물을 아우르는 부처의 의식이다. 나아가 어떤 것도 그런 식으로 경험할 수 있다.

한 승려가 당대의 승려 혜충慧忠에게 와서 물었다. "비로자나불은 어떤 분입니까?"

대사는 "저기 물병을 가져다주겠나?"라고 말했다.

승려가 물병을 가져오자 그는 원래 있던 자리에 도로 갖다놓으라고 말했다. 승려는 시키는 대로 한 다음 다시 비로자나불에 관해 물었다.

혜충은 "이미 오래전에 떠났네"라고 대답했다.[11]

이것이 대승불교에서 말하는 '선' '디야나', 다시 말해 '명상'의 의미다. 꼭 달마처럼 면벽하고 결가부좌를 하지 않아도 걸으면서,

일하면서, 속세의 생활을 영위하면서 얼마든지 명상을 할 수 있다. 이 세상 안에서 이 세상을 즐겁게 살면서 참여하는 것이다. 생업에 종사하고, 가족을 먹여 살리고, 아는 이들과 관계를 맺고, 고통받고 기쁨을 누리는 것이 수행이다. T. S. 엘리엇은 그의 희곡 〈칵테일파티〉에서 암암리에 불교 경전을 다수 인용해가며 이 관념을 현대 사교계라는 맥락에 적용했다. 중세 일본에서는 이것이 무사계급의 불교로, 오늘날까지도 스모와 검도, 궁도 등 일본의 무술에서 그 영향을 찾아볼 수 있다. 뿐만 아니라 정원 조경과 꽃꽂이, 요리, 심지어 선물을 포장하고 증정하는 방법에까지 이 같은 불교 개념

사찰 정원 자갈과 바위로 '선'의 개념을 표현한 일본의 사찰 정원.

이 스며 있다. 서구에서 생각하는 종교뿐 아니라 일상생활의 모든 영역에 '원숭이의 길', 곧 자력이 행해지는 것이다. 일본문화의 경이로운 아름다움은 대체로 여기에서 비롯된다. 그 길에는 가난과 고통, 잔인함, 불의 등 눈물 골짜기에서 살아가면서 생기는 온갖 일들이 한껏 드러나 있다. 마치 어디에나 있으며, 앞으로도 끝없이 있을 것처럼! 하지만 고통에서 벗어날 수 있는 길이 존재한다. 그 길은 열반이고, 열반은 욕망과 공포 없이 있는 그대로 경험하는 세상 그 자체, 사사법계事事法界다. 열반은 바로 여기에 있다!

라마크리슈나가 즐겨 이야기했던 유명한 인도 우화로 끝을 맺도록 하자. 다중적 의식과 초월적 의식, 이 두 가지 의식 차원을 마음속에 동시에 유지하는 게 얼마나 어려운지를 말해주는 우화다.

한 젊은 수행자가 구루의 가르침을 통해 자신이 본질적으로 우주를 지탱하는 힘(신학에서 의인화하는 '신')과 같다는 깨달음을 얻었다. 자신이 세계신과 하나라는 생각에 깊이 감동받은 젊은이는 생각에 잠겨 걸어갔다. 그런데 그 상태로 마을 밖으로 나왔을 때, 거대한 코끼리가 등에 안장을 얹고 다가오는 것을 발견했다. 코끼리를 모는 사람은 늘 그러듯이 코끼리 목에 앉아 있었다.

'나는 신이다, 만물은 신이다'라는 명제에 대해 명상하던 수행자는 거대한 코끼리를 보고 '코끼리 또한 신이다'라고 생각했다. 코끼리는 장중한 발걸음에 맞춰 방울을 울리며 계속해서 다가오고, 코끼리를 모는 사람이 "비켜! 비키라고, 이 멍청아! 얼른 비켜!"라고 소리쳤다.

　황홀경에 빠진 젊은이는 여전히 '나는 신이다. 저 코끼리는 신이다'라고 생각하고 있었다. 그리고 비키라는 소리를 듣고 '신이 신을 두려워해야 하나? 신이 신 앞에서 비켜야 하나?' 하고 생각했다. 남자는 계속 비키라고 소리치고 코끼리는 다가오는데, 젊은이는 명상을 중단하지 않고 길에서 비키지도 않고 초월적인 통찰을 고집했다. 이윽고 진리의 순간이 찾아와 코끼리는 거대한 코로 이 미치광이를 감아 길옆으로 던져버렸다.

　젊은이는 육체적·정신적으로 충격을 받고 땅에 쿵 떨어졌다. 다행히 멍은 심하게 들지 않았지만 너무 놀라 옷매무새를 바로잡지도 않고 스승에게 돌아갔다. 그는 사정을 설명하고 이렇게 말했다. "스승님은 제가 신이라고 하셨습니다." 구루는 "그래, 너는 신이다"라고 대답했다.

　"만물이 신이라고 하셨죠."

　"그래, 만물이 신이다."

　"그럼 코끼리도 신이었습니까?"

　"그래, 코끼리도 신이었다. 그런데 왜 너는 신이 코끼리 머리 위에서 비키라고 소리치는데 그 말을 듣지 않았느냐?"[12]

8

사랑의 신화

1967년[1]

사랑에 담긴 깊고 두려운 신비는 우리의 이해를 뛰어넘거나

우리가 그저 이해하지 않으려고 드는 것이지만, 시험을 받게 된다면

우리는 그것을 완전히 이해하여 흡수해야 한다. 사랑은 삶 못지않게 강하기 때문이다.

참 근사한 테마 아닌가! 이 보편적 신비를 기리는 신화의 세계 또한 정말 근사하다. 고대 그리스에서 사랑의 신 에로스는 신들 중 가장 연장자였지만, 동시에 모든 사랑하는 이의 가슴속에 촉촉한 눈을 가지고 새로 태어나는 가장 어린 신이기도 했다. 나아가 에로스가 지상의 모습으로 나타나느냐, 천상의 모습으로 태어나느냐에 따라 사랑은 두 가지로 구분됐다. 그리스 로마 시대의 이런 관념을 따라 단테는 삼위일체가 앉은 천상의 자리에서 지옥의 불구덩이에 이르기까지 사랑이 가득하며 사랑이 우주를 움직인다고 생각했다.

　내가 아는 사랑의 이미지 중 가장 놀라운 것은 페르시아에서 찾아볼 수 있다. 여기에서는 사탄이 누구보다도 신을 사랑하고 신에게 충실한 존재로 그려진다. 신이 천사들을 창조했을 때 오로지 자신만을 경배하도록 명령했다는 이야기는 다들 알 것이다. 신은 이어서 인간을 만들고는 천사들에게 자신의 가장 숭고한 작품에게 절하도록 명령했다. 우리는 루시퍼가 자존심 때문에 이를 거부했다고 알고 있다. 하지만 이슬람교에서는 신을 너무나도 강렬하게 사랑한 나머지 다른 존재 앞에서 머리를 숙여 절할 수 없었던 것으로 해석한다. 그 때문에 그는 지옥으로 떨어져서 자신이 사랑하는 신과 영원히 헤어져 지내는 벌을 받았다.

지옥의 온갖 고통 중에서도 최악은 불도 악취도 아니고 지복직관이 영원히 불가능하다는 것이라고 한다. 그러니 신이 직접 명령하는데도 다른 존재에게 머리를 숙일 수 없을 만큼 사랑이 컸던 사탄에게 천상에서의 추방은 얼마나 고통스러웠겠는가?

페르시아의 시인들은 "사탄은 어떻게 버텼는가?" 하고 물었다. 여기에 대해 그들이 찾아낸 대답은 '"내 눈앞에서 사라져라!"라고 말한 신의 음성을 기억하면서'였다. 사랑의 환희와 번뇌가 한꺼번에 일어나는 영적 고통의 이미지로서 참 절묘하지 않은가?[2]

페르시아가 주는 또 다른 가르침은 위대한 수피파 신비주의자 알할라즈의 생애와 그가 남긴 말에서 찾을 수 있다. 그는 922년 자신과 사랑하는 이(신)가 하나라고 말했다는 이유로 고문을 당하고 십자가에 못 박혔다. 그는 신을 향한 자신의 사랑을 나방이 불을 사랑하는 것에 비유했다. 나방은 날이 밝을 때까지 램프 주위를 날아다니다가 지친 날개로 친구들에게 돌아가 자신이 발견한 아름다운 존재에 관해 이야기한다. 그리고 그것과 완전히 하나가 되기를 바라는 마음에 그다음 날 밤 불길에 날아든다.

그런 은유는 우리 모두가 어쨌거나 한 번쯤은 경험했을, 최소한 상상이라도 해봤을 환희를 이야기한다. 하지만 사랑에는 또 다른 측면이 있다. 이 또한 경험해본 사람들이 있을 테고, 페르시아 경전에 등장한다. 고대 조로아스터교의 설화에서 인류 최초의 조상은 한 줄기 갈대의 형태로 대지에서 솟아난 것으로 그려진다. 남녀는 완전히 딱 붙어 있어 따로 분간할 수 없었다. 그러다가 이윽고 둘은 서로 떨어졌다가 또 시간이 흘러 하나가 됐다. 그 뒤에 두 아이가 태어나자, 그들은 아이들을 너무도 사랑한 나머지 각각 한 명씩 잡아먹었다. 인류를 지키기 위해 신은 인간의 사랑하는 힘을 99퍼센트 정도 낮추었다. 이 최초의 남녀는 그 뒤로 일곱 쌍의 아이를 더 낳았는데, 다행히 모두 목숨을 부지했다.

사랑의 신을 가장 나이 많은 신으로 본 고대 그리스의 생각과 비슷한 것을 앞서 언급했던 인도의 《브리하다라냐카 우파니샤드》에서도 찾아볼 수 있다. 이름도 형태도 없었던 태초의 존재는 원래 자아를 알지 못했으나, 그 뒤로 '나'를 인식하면서 그 즉시 자신이 생각한 '나'가 죽음을 당할지도 모른다고 두려워했다. 하지만 '이곳에 있는 것은 나뿐인데 무엇을 두려워하랴?'라고 스스로를 타이르고는, '누가 있으면 좋겠다!'라고 생각했다. 그러고는 팽창해 둘로 나뉘어 남자와 여자가 됐다. 이 태초의 남녀에게서 세상의 모든 존재가 생겨났다. 다 이루어졌을 때 주위를 둘러본 남자는 자신이 만들어낸 세상을 보고 '이 모든 것이 나다'라고 생각하고 또 말했다.

이 이야기가 의미하는 바는 첫째, 의식을 갖기 이전 태초의 존재가 우리를 움직이는 동력이라는 것이다. 둘째는, 사랑의 결합을 경험함으로써 우리는 만물의 바탕이 되는 창조 행위에 동참한다는 것이다. 인도에서는 우리가 시공간적으로 서로 분리되어 있다는 것은 우리가 본질적으로 하나의 존재, 하나의 바탕이라는 진리의 부차적 측면에 불과하다. 우리는 사랑의 환희 속에서 우리 자신이라는 한계를 넘어 우리 밖으로 나감으로써 이 진리를 알고 경험한다.

독일의 위대한 철학자 쇼펜하우어는 〈도덕성의 기초〉라는 훌륭한 글에서 영혼의 이 초월적 경험을 다룬다. 한 개인이 다른 사람을 죽음 또는 고통으로부터 구하기 위해 자신을 위험에 빠뜨릴 만큼 자기 자신을 잊는 것은 어째서인가? 마치 자신의 목숨이고 자신의 위험인 양 말이다. 쇼펜하우어에 따르면 그런 사람은 그와 상대방이 사실은 하나라는 진리를 본능적으로 인식하고 그에 따라 행동하는 것이다. 자신은 타인과 별개라는 저급하고 부차적인 지식이 아니라 위대하고 참된 진실, 우리 모두가 존재의 근본에서는 하나라는 진실이 그를 움직였다. 쇼펜하우어는 이것을 '자비compassion', 독일어로 mitleid라고 불렀으며, '동고同苦'가 본질적으로 도덕적인 행동을 유발하는 유일한 동기라고 봤다. 그에 따르면 동고는 형이상학적으로 유효한 통찰에 기반한다. 잠시 이기심을 잊고 경계를 잊고 자아를 잊는 것이다.[3] 최근 텔레비전 뉴스를 보면서 쇼펜하우어의 이 말을 종종 떠올리곤 했다. 베트남에서 부상당한 채 낙오된 동료들을 헬리콥터로 구출한 젊은 병사들은 마치 자기 일인 양 위험도 아랑곳하지 않았다. 이것이 우리 시대에서 찾아볼 수 있는 진정한 이타적 행동이 아닐까.

인도의 경전에서는 신자가 신을 섬기고 알아가는 과정(다시 말해 자신과 절대적 존재가 하나임을 깨닫는 과정)에 사랑의 다섯 단계가 있다고 이야기한다. 이 사랑의 첫째 단계는 주인을 향한 하인의 사랑이다. "아아, 신이시여, 당신이 주인이고 저는 종입니다. 명령을 내려주십시오, 그대로 따르겠습니다!" 인도의 가르침에 따르면 세계 어디에서나 이것이 대다수 신자가 신을 대하는 적합한 태도다. 둘째 단계는 친구 간의 사랑으로, 기독교에서는 예수 그리스도와 제자들의 관계가 그 전형이다. 그들은 친구였고 그들 사이에서는 토론, 심지어 논쟁을 벌이는 것까지도 가능했다. 그러나 그런 사랑은 첫째 단계보다 더 깊은 이해와 영적인 성장을 전제로 한다. 힌두교 경전에서는 《바가바드기타》에서 아르주나 왕자와 크리슈나 신이 나누는 대화에서 이를 찾아볼 수 있다. 사랑의 셋째 단계는 자식을 향한 부모의 사랑이며, 기독교에서는 크리스마스의 말구유 이미지로 나타난다. 영적으로 깨어난 삶이 낳은 신성한 아이를 가슴속에 보듬어 기르는 것이다. "하느님은 마리아의 몸에서 태어난 것보다 각각의 순수하고 선한 영혼에게서 영적으로 생겨난 것을 더욱 가치 있게 여기신다"[4]라는 신비주의자 마이스터 에크하르트의 말은 그런 의미다. 그는 또한 "하느님이 최종적으로 바라는 것은 탄생이다. 당신의 아드님이 우리 안에서 태어나야 비로소 만족하신다"[5]라고 했다. 힌두교에서는 소몰이들 사이에서 자란 어린 '버터 도둑' 크리슈나 신 숭배에서 이 주제가 매우 재미있게 그려진다.[6] 근대로 와서는 앞서 언급한 근심하는 여자와 인도의 성자 라마크리슈나의 에피소드가 있다. 자신이 신을 사랑하지 않는 것 같다고 고민을 털어놓은 여자에게 라마크리슈나는 사랑하는 것이 없느냐고 물었다. 여자가 어린 조카를 사랑한다고 대답하자, 그는 "그 아이를 사랑하고 섬기는 것이 바로 네가 신을 사랑하고 섬기는 것이다"라고 말했다.[7]

사랑의 넷째 단계는 부부간의 사랑이다. 가톨릭교에서 수녀는 예수 그리스도와 영적으로 결혼했다는 표시로 결혼반지를 낀다. 사랑으로 맺어진 모든 결혼은 영적이다. 예수 그리스도가 했다는 말처럼 "이 둘은 한 몸이 될 것이다".[8] 왜냐하면 이제 소중한 것은 자기 자신, 자기 개인의 삶이 아니라 자아를 초월하여 한 쌍을 이루는 둘의 삶이기 때문이다. 인도에서는 남편을 잘 섬기는 아내가 신앙심이 깊은 것이다(하지만 반대로 아내에 대한 남편의 의무에 대해서는 별로 들어보지 못했다).

그렇다면 마지막으로 최고의 사랑은 무엇인가? 그것은 열렬한, 금지된 사랑이다. 결혼을 할 때 사람들은 이성을 유지하고 있고, 부나 사회적 지위 등 자신의 세속적 가치를 여전히 누린다. 게다가 동양에서 전통적인 결혼은 집안끼리 맺어지는 중매 결혼이고 오늘날 서양에서 우리가 생각하는 사랑과는 아무런 관계가 없다. 그런 맥락에서 열정적인 사랑은 거센 폭풍처럼 자신이 순종해온 삶의 질서를 파괴하는 금지된 사랑일 수밖에 없다. 그 같은 사랑이 원하는 것은 알할라즈가 말했던 나방처럼 사랑의 불속에서 파멸하는 것일 수밖에 없다. 크리슈나 설화에서 그려지는 인간의 모습을 취한 젊은 신 크리슈나과 인간 여자 라마의 정열적인 사랑이 일례다. 평생 칼리 여신을 섬긴 라마크리슈나는 그 자신이 그 같은 연인이었다. 신을 이런 식으로 사랑하며 그의 얼굴을 보기 위해 모든 것을 희생한 사람이 "오, 신이시여, 이제 내 앞에 나타나소서!" 라고 하면 신은 응답해야 한다.[9]

인도에는 또 크리슈나가 밤에 브린다반 숲에서 피리를 불면, 젊

크리슈나와 젊은 부인들

은 부인들이 아름다운 선율에 홀려 남편의 침대에서 몰래 빠져나와 숲으로 와서는 초월적인 기쁨을 느끼며 젊고 아름다운 신과 함께 달빛 아래에서 밤새 춤을 춘다는 이야기가 있다.[10]

이 바탕에 자리하는 것은 사랑의 환희 속에서 속세의 규범과 관계를 잊게 된다는 사상이다. 속세의 규범과 관계는 사물이 서로 별개로 존재하는 이차적 세계에 속하기 때문이다. 12세기에 클레르보의 성 베르나르St. Bernard Clairvaux는 성경의 아가雅歌에 대해 설교하며 영혼이 법률도 이성도 떠나 하느님을 구한다고 했다.[11] 나아가 기독교에서는 초기부터 이성과 열정적인 사랑의 분리와 갈등을 근심했다. 가령 갈라디아서에서 사도 바울은 "육체의 소욕은 성령을 거스르고 성령은 육체를 거스르나니"라고 썼다.[12]

성 베르나르와 동시대에 살았던 아벨라르Pierre Abélard는 하느님의 아들이 지상에 내려와 육체를 가지고 십자가에 못 박혀 죽기를 받아들인 것이 인간에 대한 신의 사랑을 보여주는 최고의 증거라고 여겼다. 성경 해석학에서 예수 그리스도의 죽음은 늘 까다로운 문제였다. 왜냐하면 기독교 신앙에 따르면 예수는 자발적으로 죽음을 받아들인 것처럼 보이기 때문이다. 어째서 그랬을까? 아벨라르는 당시 일부 사람들이 주장했던 것처럼 인간을 사탄의 손아귀에서 '구해내기' 위해 예수가 '몸값'을 치렀다고도, 또 하느님 아버지에게 아담의 원죄를 대속했다고도 보지 않았다. 그의 생각에 그것은 인간이 세속적인 이해 대신 다시 신을 사랑하도록 하기 위해 자발적으로 치른 자기희생이었다.[13] 그리스도가 이 사랑의 행위로 말미암아 고통을 받지 않았을지도 모른다는 것은 마이스터 에크하르트의 말에서 짐작할 수 있다. "사랑이 아닌 다른 것을 위해 고통받는 이에게 고통은 아프고 견디기 힘들다. 그러나 사랑을 위해 고통받는 이는 괴롭지 않을뿐더러 그의 고통은 하느님이 보시기에 값지다."[14]

신이 인간을 사랑하는 마음으로 세상에 내려옴으로써 그 보답으로 인간의 신을 향한 사랑을 일깨운다는 생각은 방금 인용한 사도 바울의 말과 완전히 반대되는 것 같다. 그보다는 인간은 신의 은총을, 신은 인간의 경의를 열망해 이 둘이 상호작용을 일으킨다는 의미가 아닐까 싶다. 십자가에 못 박힌 예수가 참된 신인 동시에 참된 인간이라는 이미지는 징벌적인 속죄가 아니라 결혼으로 하나됨이라는 의미에서 상호희생의 관계를 부각시킨다. 나아가 그리스도가 골고다에서 십자가에 못 박힌 역사적 순간뿐 아니라 신이 시공간을 초월해 존재하며 모든 생명의 고통에 동참하는 신비를 상징하는 것으로 볼 때, 십자가는 과거·현재·미래에 존재하는 모든 것을 영원히 긍정하는 의미로 봐야 한다. 그노시스교의 도마복음에서 예수 그리스도는 "나무를 쪼개면 그곳에 내가 있고 돌멩이를 들면 그곳에서 나를 찾을 수 있으리라"[15]라고 말했다. 또 플라톤은 《티마이오스》에서 시간은 "영원의 움직이는 이미지"[16]라고 말했다. 그런가 하면 "영원은 시간이 만들어내는 것들을 사랑한다"[17]라는 윌리엄 블레이크의 말도 생각난다. 토마스 만은 인간을 "서로를 갈망하는 영혼과 자연의 고귀한 만남"[18]이라고 했다.

따라서 비록 일부 도덕론자들은 육체와 영혼, 시간과 영원을 구분하지만, 사랑이 있는 곳에서는 그런 구분이 사라지고 모든 대립이 하나되는 삶이 깨어난다고 할 수 있다.

대립을 초월해 세상을 긍정하는 그 같은 자세로 동양에서 가장 널리 존경받는 것은 앞에서 이미 상세히 다룬 바 있는 무한한 자비를 베푸는 관세음보살이다. 평생 사람들에게 가르침을 주다가 세상을 영원히 떠난 붓다와 달리, 윤회의 소용돌이 안에 남기를 선택한 관세음보살은 살아서 영원한 해방을 아는 것의 신비를 상징한다. 그렇게 해서 가르치는 해방은 역설적이게도 소용돌이로부터 벗어나는 게 아니라 자비에 의해 자발적으로 그 슬픔에 동참함을 의미한다. 무아無我를 통해 자아로부터 해방되고, 자아로부터 해방되면서 욕망과 공포에서 해방되기 때문이다. 그리고 관세음보살과 마찬가지로 우리 또한 자비의 완성을 어디까지 경험했느냐에 따라 해방된다.

관세음보살의 손끝에서 나오는 감로수는 지옥의 가장 깊은 곳까지 이르러 격정이라는 고문실에 여전히 갇혀 있는 영혼들을 달래준다고 한다. 나아가 우리가 다른 사람과 관계할 때 알든 모르든 관세음보살의 대리인이 된다고 한다. 속세를 바꾸는(또는 '더 낫게 만드는') 것은 관세음보살의 목적이 아니다. 갈등과 긴장, 패배와 승리는 만물의 본질에 내재하는데, 관세음보살은 만물의 본질에 동참한다. 그의 자비에는 목적이 없다. 그런데 모든 삶은 필연적으로 고통이기에 한 형태의 삶에서 다른 형태의 삶으로 변화하는(또는 '진전하는') 것은 답이 될 수 없다. 고통 자체를 해소하는 것만이 길이다. 선과 악, 참과 거짓, 옳고 그름이라는 개념에 집착하는 자아를 없애는 것이다. 그런 이분법은 자비라는 형이상학적 충동 속에 사라진다.

열정passion으로서의 사랑과 연민compassion으로서의 사랑은 우리가 다루는 주제의 양극이다. 이 둘은 각각 육체적인 사랑과 정신적인 사랑이라는 서로 완전히 상반되는 것으로 종종 그려져왔다. 그러나 한 개인이 자신에게서 분리되어 더 크고 지속적인 형태로 정체성을 재발견하게 된다는 점에서는 두 사랑이 같다. 그리고 두 사랑 모두에서 우리는 신 중에서 가장 나이가 많으면서 또 가장 어린 에로스의 자취를 발견할 수 있다. 고대 인도 신화에서 에로스는 태초에 스스로를 쏟아 만물을 창조했다.

서양에서 열정으로서의 사랑을 가장 인상적으로 그린 것은 분명 트리스탄과 이졸데의 전설일 것이다. 사랑의 기쁨이 주는 아픔과 그 아픔 속에서 연인들이 느끼는 기쁨이라는 역설을 그리는 이 이야기에서 사랑의 아픔은 고결한 영혼들에게 삶의 진미다. 트리스탄과 이졸데 전설을 다룬 여러 위대한 시인 중에서도 가장 위대한 고트프리트 폰슈트라스부르크Gottfried von Strassburg(바그너의 오페라에 영감을 준 것이 그의 작품이다)는 "나는 세상을 사랑하는 마음에서 고결한 영혼들을 위로하기 위해 작품을 쓰기 시작했다. 그들이 내게 소중하기 때문이다"라고 썼다. 그러나 이어서 그는 이렇게 덧붙였다. "단 (내가 듣기로) 슬픔을 참지 못하고 오로지 기쁨만을 누리려 하는 평범한 세상을 말하는 게 아니다. (신이시여, 그들이 기쁨 속에서 살 수 있기를!) 내 이야기는 그런 이들의 세상이나 삶의 방식과는 무관하다. 그들과 내 삶은 접점이 없다. 내가 염두에 두는 것은 그와는 다른 세상, 가슴속에 기쁨의 고뇌와 슬픔의 달콤함, 환희와 고통스러운 갈망, 소중한 삶과 슬픈 죽음, 소중한 죽음과 슬픈 삶을 함께 담고 있는 세상이다. 나는 이 같은 세상에서 내 세계를 갖고 그와 더불어 저주든 구원이든 받으련다."[19]

앞서 우리가 살펴봤던 지옥의 사탄, 십자가에 못 박힌 예수 그리스도, 불길에 뛰어드는 나방이 상징하는 서로 상반되는 것들의 형이상학적 일치와 초월이 여기서도 나타나는 게 보이지 않는가?

그러나 중세 유럽에서 고트프리트를 비롯해 트리스탄과 이졸데를 노래하는 시인들, 나아가 12세기에서 13세기 초의 트루바두르들과 미네젱거들(각각 중세 프랑스와 독일의 음유시인을 가리킴 - 옮긴이)이 해석한 사랑의 경험과 이해는 극동, 중동, 근동 할 것 없이 동양권에서 발견되는 것과는 다르다. 불교의 자비인 가루나迦樓那는 본질적으로 기독교의 사랑인 아가페에 해당한다. 아가페는 네 이웃을 네 몸과 같이 사랑하라는 예수 그리스도의 꾸짖음, 나아가 기독교의 모든 가르침 중에서도 가장 숭고하고 대담하다 할 다음 구절에 집약된다. "너희 원수를 사랑하며 너희를 박해하는 자를 위해 기도하라 이같이 한즉 하늘에 계신 너희 아버지의 아들이 되리니 이는 하나님이 그 해를 악인과 선인에게 비추시며 비를 의로운 자와 불의한 자에게 내려주심이라."[20]

연민, 자애, 아가페로서의 사랑에 대한 모든 전통적 표현에서 미덕은 온갖 차이와 의리마저도 초월하는 보편적이고 비개인적인 것이다. 이렇게 더 숭고하고 영적인 사랑과 일반적으로 대비되는 것은 저급하고 흔히 '동물적'이라고 일컫는 욕망으로, 이 또한 온갖 차이와 신의를 초월하는 보편적이고 비개인적인 것이다. 후자의 사랑은 어쩌면 남자의 성기와 여자의 성기가 서로에 대해 갖는 갈망으로 표현하는 것이 좀 더 정확할지도 모르겠다. 이 경우 프로이트의 저작이 그런 사랑에 대한 근대 문헌의 결정판이라 할 수 있다. 그러나 12세기와 13세기 초 유럽에서 프로방스 지방의 트루바두르들, 이어서 미네젱거들은 종전의 두 대립되는 사랑과는 다르게 경험되는 사랑을 노래했다. 나는 유럽 특유의 이 같은 사랑이 인간의 감정뿐 아니라 인류의 영적 의식에서 가장 중요한 변화 중하나라고 보기에 이 장의 결론으로 넘어가기에 앞서 잠시 다뤄볼까 한다.

중세시대에는 결혼이 거의 전적으로 사회적이고 집안과 집안 간의 문제였다. 아시아는 물론 서양에서도 20세기가 되도록 그런 경우가 많았다. 결혼은 가족이 정해주는 상대와 했다. 특히 귀족사회에서는 아직 소녀티를 벗지 못한 젊은 여자들이 정치적 도구로서 결혼해야 했다. 그런데 교회는 어울리지 않는 신비적 표현을 사용해 하느님에 의해 사랑으로 맺어져 두 사람이 이제 한 몸이 되었으며 하느님이 맺은 것을 인간이 갈라놓을 수 없다는 식으로 그런 결합을 축성했다. 그런 체제에서 실제 사랑을 경험하는 것은 오로지 화를 불러올 뿐이었다. 혼외 관계를 맺은 이는 화형에 처해지는 데다 당시에는 지옥의 불구덩이에 떨어질 것이라고 여겨졌다. 그래도 마치 고트프리트에게 축복받은 것처럼, 고결한 영혼들에게 사랑이 찾아왔다. 뿐만 아니라 그들은 기꺼이 사랑을 맞이했다. 트루바두르들에게 이런 열정은 교회의 혼인성사보다도 숭고한 신의 은총에 의해 이루어지는 사랑이었고, 천국에서 외면한다 해도 지옥에서는 인정해줄 것이었다. 아모르amor(라틴어로 '사랑')의 철자 순서를 바꾸면 ROMA가 된다는 사실은 둘의 대비를 멋지게 나타내주는 듯 보였다.

그렇다면 아가페도 에로스도 아닌 아모르, 이 새로운 사랑은 어떤 점에서 특별했나?

트루바두르들은 시를 통해 이 문제를 즐겨 토론하곤 했다. 그렇게 해서 얻어진 가장 적절한 정의가 기로 드보르네유Guiraut de Borneil의 시구에 남아 있다. 그에 따르면 아모르는 눈과 가슴에서 비롯된다는 점에서 다르다.

눈을 통해 사랑이 가슴에 다다르니

눈은 가슴의 정찰병이라

가슴이 기꺼이 간직하고자 할 것을

찾아다닌다.

그리하여 셋이 모두 하나의 뜻으로

확고하게 일치할 때

비로소 눈이 가슴속으로

인도한 것에서 완벽한 사랑이 태어난다,

사랑은 오로지 이렇게 해서만 태어나고 시작될 수 있으니

달리 태어나고 시작될 수는 없다.[21]

단 여기서 짚고 넘어가자면 그런 고귀한 사랑은 보편적이지 않
다. '네 이웃을 네 몸과 같이 사랑하는' 아가페, 곧 자애와 연민이
아니며, 보편적 성욕과도 다르다. 그것은 말하자면 천국도 지옥도
아닌 지상의 사랑이다. 어느 특정한 개인의 정신과 눈을 바탕으로
하는 사랑인 것이다. 눈은 또 다른 특정한 개인을 인지하고 가슴에
상대방의 이미지를 전달한다. 이때 가슴은 육체적인 욕망이 아니
라 사랑의 감정, 아모르를 느낄 수 있는 '고결하고' '다정한' 가슴
이다.

그렇게 해서 태어난 사랑은 어떤 것인가?

근동이든 인도든 동양의 여러 성애신비주의 맥락에서 사랑에

빠진 남자는 여자를 통해 더없이 깊은 초월적 깨달음을 경험한다. 단테와 베아트리체의 관계가 이런 것인데, 트루바두르들은 다르게 봤다. 그들에게 사랑의 대상은 어떤 신성한 원리를 나타내는 게 아니라 단순히 여자, 그것도 다른 누구도 아닌 '그 여자'였다. 사랑은 오로지 그 여자를 위한 것이다. 그들이 기린 것은 지상의 사랑이 주는 고뇌였다. 사랑으로 맺어진 관계는 이 세상에서는 완전하게 실현될 수 없기 때문이다. 사랑의 기쁨은 영원을 맛보는 데 있고, 사랑의 고통은 시간이 흘러가는 데 있다. 고트프리트가 말하는 '기쁨의 고뇌와 슬픔의 달콤함'이 그 본질이다. '슬픔을 참지 못하고 오로지 기쁨만을 누리려 하는' 이들에게 삶이 주는 최고의 선물이라 할 이 미주美酒는 너무 독하다. 고트프리트는 심지어 사랑을 여신으로 만들기까지 한다. 그의 작품에서 트리스탄과 이졸데는 황야에 감추어진 여신의 예배당으로 간다. '연인들의 동굴'로 알려진 그곳에는 제단 대신 고귀한 수정 침대가 놓여 있다.

나아가 (이 부분이 고트프리트의 작품에서 가장 감동적인데) 아일랜드를 출항한 배 위에서(바그너의 오페라는 이 장면에서 시작한다) 젊은 두 남녀는 무엇인지 모른 채 미약을 마시고는 얼마 전부터 가슴속에서 소리 없이 커져온 사랑을 서서히 깨닫는다. 미약이 든 병을 우연히 방치해두었던 충실한 하인 브랑게네는 그들에게 경고한다. "그 병과 병에 들어 있던 것이 두 분의 죽음을 불러올 것입니다!" 트리스탄은 그 말에 이렇게 대답한다. "살든 죽든 하

트리스탄과 이졸데 둘은 사랑의 묘약을 마시게 된다.

느님의 뜻대로 이루어지기를. 그 약은 달콤한 독이니까. 네가 말하
는 죽음이 어떤 것인지는 모르지만 이 죽음은 마음에 드는구나. 사
랑하는 이졸데가 계속 이렇게 나의 죽음이 된다면 나는 기꺼이 영
원한 죽음을 받아들이겠다."22

　브랑게네가 말한 것은 육체적인 죽음이었다. 그러나 트리스탄
이 말한 '이 죽음'은 사랑의 환희를 의미했고, '영원한 죽음'은 영

파올로와 프란체스카 단테는 지옥에서 고통받는 두 연인을 만난다.

원한 지옥을 의미했다. 이는 중세시대의 가톨릭교도에게 결코 단순한 수사가 아니었다.

여기서 신을 사랑해 지옥에 떨어진 이슬람교의 사탄이 생각난다. 그런가 하면 단테의 《지옥》도 생각난다. 단테는 육욕으로 말미암아 죄를 지은 죄인들을 지나치는 장면을 묘사하면서 세미라미스, 헬레나, 클레오파트라, 파리스, 트리스탄 등 역사상 유명한 연인의 영혼들이 불타는 바람에 실려 비명을 지르며 소용돌이치는 것을 봤다고 했다. 그곳에서 그는 시동생 파올로의 품에 안겨 있는 프란체스카 다 리미니에게 두 사람이 어떻게 해서 이 끔찍한 영원에 이르게 되었느냐고 물었다. 그러자 프란체스카는 자신들이 함께 기니비어와 랜슬롯 이야기를 읽다가 어느 순간 서로를 바라보고 몸을 떨며 입을 맞추었다고, 그날은 더 이상 책을 읽지 않았다고 대답했다. 트리스탄이 '영원한 죽음'을 환영하는 것에 비추어 이 부분을 떠올리면, 지옥에서 만난 영혼들이 순전한 고통을 겪는다고 한 단테의 묘사가 과연 옳은가 싶다. 단테는 어디까지나 제삼자였을뿐더러 그의 사랑은 그를 천국에서도 가장 높은 곳으로 인도했다. 반면 파올로와 프란체스카는 훨씬 불같은 열정을 직접 체험한 사람들이었다. 그들이 느꼈을 공포와 기쁨은 그 역시 신비주의자인 윌리엄 블레이크의 《천국과 지옥의 결혼》에서 짐작할 수 있다. "지옥의 불길 사이를 걸으며 즐거움을 누리는 천재를 보고 반가웠는데, 천사들에게는 그것이 고통과 광기로 보인다."[23] 지옥의 핵심은 결국 그곳이 자기가 있을 곳이고 있고 싶은 곳이기 때문이다.

장폴 사르트르도 희곡 〈닫힌 방〉에서 같은 이야기를 한다. 무대 배경은 지옥의 한 호텔 객실로, 프랑스 제2제정 양식의 가구를 빈약하게 갖추었고 벽난로 선반 위에는 에로스의 조각상이 놓여 있다. 이 방으로 벨보이가 영원히 이곳에 머물게 될 세 투숙객을 한 명씩 안내한다.

첫째 손님은 중년의 평화주의자 언론인이다. 방금 탈주하려다가 총을 맞은 그는, 멕시코로 도피해 그곳에서 평화주의 잡지를 내려고 한 자신의 시도가 영웅적이었고 자신이 겁쟁이가 아니라는 말을 들어 자존심을 만족시키고 싶어한다. 둘째 손님은 레즈비언인데, 그녀가 유혹한 젊은 유부녀가 몰래 가스를 틀어 함께 자다가 질식해 죽었다. 냉담하고 지적인 여자는 이곳에서 영원히 함께 지내게 될 비겁한 남자를 보자마자 경멸한다. 마지막으로 들어온 손님은 남자에 미쳐 사생아를 물에 빠뜨려 죽이고 애인을 자살하게끔 만든 젊은 여자다. 두 여자 모두 남자에게 그가 원하는 위안을 주지 못한다.

마지막 여자는 당연히 남자에게 즉각 관심을 보이지만, 그가 필요한 것은 열정이 아니라 동정이다. 레즈비언은 두 사람 사이를 방해하는 한편 여자에게 접근한다. 하지만 여자는 상대방이 무엇을 원하는지 알지도 못하고 관심도 없다. 절묘하게 얽힌 세 사람이 서로에게 요구하는 바가 계속해서 좌절되다 못해 어떻게든 이곳에서 탈출하는 것밖에 방법이 없을 지경에 이르렀을 때, 잠겨 있던 방문이 활짝 열리고 그 너머로 푸른 허공이 보인다. 그런데 아무도 떠나지 않는다. 문이 닫히고 세 사람은 그들이 선택한 감방에 영원히 갇힌다.

버나드 쇼 또한 〈인간과 초인〉 3막에서 비슷한 이야기를 한다.

어느 재치 있는 장면에서 교회의 충실한 딸인 작은 노부인은 자신이 행복하게 거닐고 있는 이곳이 천국이 아니라 지옥이라는 말을 듣고 화를 내며 "내가 단언하는데 여기는 지옥이 아니에요. 고통스럽지 않은걸요"라고 우긴다. 원한다면 노부인은 언덕을 넘어 천국으로 갈 수 있다. 하지만 지옥에서 행복한 이들은 그곳에서 견디지 못한다. 그래도 천국에 남는 사람들이 몇 있는데(대다수가 영국인이다), 그곳에 만족해서가 아니라 사회적 지위 때문이라고 한다. "영국인은 편치 않아야 도덕적이라고 생각하죠." 버나드 쇼의 예리하고 재치 있는 말과 함께 이 장에서 다룬 주제를 마지막으로 생각해보기로 하자.

트리스탄과 이졸데 전설에서 그려지는 명예와 사랑 사이에서 갈등하는 세계는 치유를 상징하는 성배 전설을 통해 답을 찾는다. 이 매우 상징적인 이야기에서 당시의 견디기 힘든 영적 무질서는 '황무지'로 표현되는데, 이는 T. S. 엘리엇이 1922년에 발표한 동명의 작품에서 불안한 시대 상황을 묘사할 때 썼던 표현이기도 하다. 교회가 압정을 일삼던 시대에는 모든 본능이 부패한 것으로 낙인 찍혔고, '구원'은 오로지 교회의 성사를 통해서만 가능하다고 되어 있었으나 교회 자체가 부패해 있었다. 사람들은 사실 꼭 믿는 것도 아닌 신앙을 따르고 그에 의거해 살아야 했다. 강요된 도덕질서가 진실과 사랑에 우선했다. 간음한 여자들과 이단들, 악당들이 공개적으로 사지를 찢기고 화형당함으로써 지옥의 고통을 보여주었다. 그리고 희망은 오직 고트프리트가 경멸했던 천상에만 존재했다. 슬픔도 욕망도 감당할 수 없는 이들이 그곳에서 영원한 행복을 누렸다.

고트프리트와 같은 시대에 그와 문학적 명성을 겨루었던 볼프람 폰에셴바흐Wolfram von Eschenbach가 성배 전설을 다룬《파르지팔》에서, 기독교 세계가 황폐해진 것은 젊은 성배 왕 안포르타스('병약함'을 뜻한다)가 심한 상처를 입은 탓으로 그려진다. 기다리고 기다리던 성배의 기사가 나타나면 이 젊은이의 끔찍한 상처를 낫게 해줄 것이라 기대된다. 안포르타스는 영적인 삶을 상징하는 성배를 수호하는 지위를 그저 계승했을 뿐 자신의 힘으로 정당하게 손에 넣은 것이 아니었다. 다시 말해 역할에 합당하다는 것을 입증하지 않았으며 여전히 여느 젊은이처럼 행동했다. 그는 당시 모든 젊은 귀족이 그러듯이 어느 날 "아모르!" 하고 함성을 지르며 말을 타고 성에서 달려나갔다. 그러고는 곧 에덴동산에서 멀지 않은 나라에서 성배를 찾으러 온 이교도 기사와 마주쳤다. 기사의 창끝에는 성배의 이름이 새겨져 있었다. 두 사람은 창을 겨눈 채 말을 달렸고 이교도 기사는 살해당한다. 그러나 그때는 이미 성배의 이름이 새겨진 그의 창이 젊은 왕을 성적 불구로 만든 다음이었고, 부러진 창끝이 상처 속에 박히고 말았다.

볼프람에게 이 재앙은 기독교 세계에서 영혼과 자연이 분리된 것을 상징했다. 자연을 타락한 것으로 보며 부정하고 '초자연적'으로 주어졌다는 권위를 행사함으로써 자연과 진리의 가치를 무너뜨리고 말았다. 따라서 왕을 낮게 할 수 있는 것은 오로지 자연에 의해 힘을 얻은 타락하지 않은 젊은이뿐이었다. 무엇에도 흔들리지 않는 고결한 사랑과 굳은 의리, 마음에서 우러난 연민으로 자기만의 진실한 삶과 경험을 통해 왕이 될 자격을 얻을 젊은이가 바로 파르지팔이었다. 이 짧은 글에서 파르지팔의 상징적인 생애를 모두 살펴보기는 불가능하지만, 네 개의 주요 에피소드를 통해 볼프람이 말하려는 치유를 이해할 수 있을 것이다.

궁정 세계와 거리가 먼 숲에서 홀어머니 밑에서 자란 파르지팔은 어느 날 우연히 원정 기사들 한 무리가 말을 타고 지나가는 것을 보고 처음으로 기사도라는 것을 알았다. 그는 어머니를 버리고 아서 왕의 궁정으로 갔다. 궁정 예절과 마상 시합을 그에게 가르친 나이 많은 귀족 구르네만츠는 파르지팔의 자질에 감탄해 그에게 딸을 주려 했다. 그러나 파르지팔은 '내 힘으로 아내를 얻어야 한다'라고 생각해 정중하게 사양하고 다시 길을 떠났다.

고삐를 늦추어 말에게 몸을 내맡긴 그는 자연(그의 말)의 의지에 따라 적에게 포위된 성에 다다랐다. 그리고 이튿날 부모를 잃은 동갑내기 여왕 콘드비라무르Condwiramurs('사랑의 인도Condwiramurs')를 포로로 잡아 결혼해서 영토를 차지하려 한 왕에게서 젊고 아름다운 여왕을 구해내 그녀와 결혼했다. 그들의 혼례는 성직자 없이 거행되었다. 볼프람은 이 장면에서 결혼을 축복해주는 것은 고귀

파르지팔과 콘드비라무르 1912년에 출판된 《파르지팔》의 삽화.

한 사랑뿐이며 사랑을 확인해주는 것은 정절이라고 이야기한다.

볼프람이 그다음으로 다룬 문제는, 중세시대에 성배가 상징하는 궁극적인 영적 목표를 달성함으로써 (극복되거나 초월되는 게 아니라) 완성되는 인간 본성이었다. 왜냐하면 파르지팔은 당시의 세속적 과제(기사로서의 행위와 결혼)를 완수한 다음에야, 생각지도 않게 성배의 성과 왕의 기적 같은 치유로 상징되는 더 고차원의 영적 모험에 얽히게 됐기 때문이다. 그 모험은 그가 예상했던 것이 아닐뿐더러 예상이 불가능했다. 모험을 지배하는 신비스러운 법칙에 따라 영웅은 그가 무엇을 완수해야 하는지, 어떤 규칙이 있는지 모른 채 본능적으로 자연스럽게 그것을 해내야 했다. 성배의 성이 환영처럼 그의 앞에 나타나 다리를 내리면 그는 말을 타고 다리를 건너야 했다. 사람들이 기쁨에 차 그를 맞이하고 불구가 된 왕이 가마에 실려 웅장한 홀로 들어왔을 때, 그가 해야 할 일은 그저 어디가 아프냐고 묻는 것뿐이었다. 그러면 곧바로 상처가 낫고 황무지는 푸르러지며 구원의 영웅은 왕좌에 앉게 될 것이었다. 그러나 처음 성에 왔을 때 파르지팔은 연민을 느끼면서도 아무 말도 하지 않았다. 구르네만츠에게서 기사는 질문하지 않는 법이라고 배웠기 때문이다. 다시 말해 그는 사회적 이미지를 염려해 본성의 충동을 억누른 것이었다. 그 시대에는 물론 누구나 그렇게 했고, 그 때문에 모든 게 잘못되었다.

길고 놀라운 이야기를 아주 짧게 줄이자면, 그릇된 판단으로 가슴이 시키는 대로 따르지 않은 결과 젊은 기사는 멸시와 치욕과 저주와 조롱 속에 성배의 성에서 추방되었다. 부끄럽고 당혹한 나머지 그는 자신을 비열하게 속였다며 신을 저주하고는, 성배의 성으로 돌아가 왕을 고통에서 해방하기 위해 수년간 외로운 원정을 계속한다. 숲의 은자에게 "성을 찾는 자는 그것을 발견할 수 없고 한 번 실패하면 그것으로 끝이라는 마법이 바로 신의 법칙"이라는 말을 듣고도, 젊은이는 굳은 결심으로 포기하지 않았다. 자신이 실패한 탓에 고통을 겪고 있는 왕을 연민해서였다.

하지만 그가 최종적으로 승리를 거둔 것은 아이러니하게도 성을 다시 찾아내겠다는 완강한 결의 때문이 아니라 콘드라비무르를 배신하지 않았고 전투에서 용맹했기 때문이었다. 그는 아름다운 여자들이 수두룩하고 색색의 천막에서 남녀가 놀아나는 성대한 결혼 피로연을 뒤로했다. 그것은 도덕적으로 옳지 못하다는 노여움에서가 아니라, 가슴속에 콘드라비무르(수년간 한눈팔지 않고 성을 찾아다니는 동안 만나지 못했다)의 모습이 있어 근사한 잔치의 유흥을 즐길 수 없었기 때문이다. 그가 홀로 떠난 지 얼마 되지 않아 근처 숲에서 한 훌륭한 이슬람 기사가 그를 향해 돌진해왔다.

얼마 전 파르지팔은 자신에게 이슬람교도인 이복형이 있다는 것을 알게 됐는데, 그가 바로 이 기사였다. 둘은 치열하게 싸웠다. 볼프람은 다음과 같이 썼다. "슬프게도 그들은 한 남자에게서 태어난 두 아들이었다. 둘로 본다면 '그들'이라고 할 수 있을 테지만 이 둘은 하나였다. '내 형제와 나'는 좋은 남편과 아내처럼 한 몸이기 때문이다. 의리와 절개 때문에 싸움으로써 하나의 몸, 하나의 핏줄이 스스로에게 해를 입히고 있었다."[24] 이 장면은 안포르타스와 이교도의 대결을 재현한다. 그런데 파르지팔의 칼이 상대방의 투구에 부딪쳐 부러지자, 이슬람 기사는 무기도 없는 기사를 죽일 수 없다며 자기 칼을 멀리 내던졌다. 두 사람은 앉아 이야기를 나누었고, 그때 서로의 정체를 알게 된다.

이 중요한 만남에는 명백히 당시 대립하던 기독교와 이슬람교, 곧 '한 남자에게서 태어난 두 아들'에 대한 우화적 의미가 들어 있다. 두 형제가 화해하자 놀랍게도 성배의 전령이 나타나 두 사람 모두 성으로 초대했는데, 십자군전쟁 시대에 기독교 신자가 쓴 작품에서 이는 대단한 일이다. 왕의 상처가 낫고, 파르지팔이 왕위에 오르고, 이슬람 기사는 성배의 처녀(성배를 들 수 있었던 것은 오로지 그녀의 순결한 손뿐이었다)를 아내로 맞고 자기 나라로 돌아갔다. 그리고 왕위에 오른 파르지팔은 진리와 사랑으로 다스려 "백성이 권리를 누릴 수 있게 했다".

어쨌거나 볼프람 폰에셴바흐의 이 멋진 《파르지팔》을 꼭 읽어 보라.[25] 유머러스하고 즐거운 데다 리하르트 바그너의 무거운 오페라와 분위기도 의미하는 바도 전혀 다른 이 작품은 중세시대 유럽의 가장 다채롭고 교양 있고 위대한 문학작품 중 하나다. 나아가

시대와 형식을 떠나 세상을 구원하는 사랑의 힘을 찬미하는 가장 위대한 사랑 이야기일 것이다.

이제 끝으로 우리 시대의 작가 토마스 만의 작품을 이야기해보자. 그는 맨 처음 쓴 중편 《토니오 크뢰거》에서 자신의 창작 원리는 사랑이라고 했다.

《토니오 크뢰거》의 주인공 토니오는 어머니가 라틴계인 북부 독일 출신 청년으로, 자신이 파란 눈의 친구들과 육체 면에서뿐 아니라 기질 면에서도 다르다고 느꼈다. 그는 친구들에게 기묘한 우수와 더불어 지적으로 우월감을 느끼는 한편, 경탄과 애정이 뒤섞인 부러움을 느끼고 있었다. 실제로 그는 은밀히 그들 모두, 그중에서도 특히 파란 눈을 가진 매력적인 한스와 금발의 아름다운 잉게보르크를 영원히 사랑하겠다고 맹세했다. 이 둘이 그에게는 청춘의 아름다움과 젊은 생기의 거부할 수 없는 매력을 상징했다.

성년이 된 토니오는 작가로서 운명을 개척하기 위해 북부를 떠나 한 남부 도시로 이주했고, 그곳에서 리자베타라는 젊은 러시아 사람과 그녀의 진지한 사상가 친구들을 만났다. 그러나 인간의 평범성을 비판하고 멸시하는 이들 사이에서 그는 그들이 경멸하는 대상들과 함께 있었을 때만큼이나 자신이 겉도는 것을 깨달았다. 그는 두 세계 사이에서 '길을 잃은 시민lost burgher'이었다. 그는 그곳을 떠난 뒤 어느 날 리자베타에게 예술가로서의 신조를 표명하는 선언문을 편지로 보냈다.

그는 바른말이 상처를 주고 심지어 죽일 수도 있다는 것을 알게 됐다. 하지만 작가는 관찰하고 정확하게 묘사할 의무가 있다. 상처를 주고 심지어 죽이는 게 의무인 것이다. 왜냐하면 작가가 묘사하는 것은 필연적으로 불완전한 상태에 있기 때문이다. 삶에 완벽한 것이란 존재하지 않는다. 혹시 존재한다 해도 존경은 할 수 있을지언정 사랑할 수는 없을 테고, 심지어 아주 따분할 수 있다. 완벽함에는 개성이 부족하다(모든 부처는 완벽하고 따라서 동일하다고 한다. 불완전한 이 세상에서 해방된 그들은 이 세상을 떠나 영영 돌아오지 않았다. 그러나 보살은 남아 불완전한 세상의 삶과 행동을 눈과 자비로운 눈물로 바라보고 있다). 인간은 바로 그 불완전한 부분이 사랑스러운 것이다. 작가는 이를 표현할 바른말을 찾아 화살처럼 표적을 향해 날리되 매번 사랑이라는 연고를 곁들여야 한다. 불완전한 부분이 바로 대상에게 개인적이고 인간적이고 자연스러운 부분이며 삶의 핵심이기 때문이다.

토니오 크뢰거는 지적인 친구 리자베타에게 다음과 같이 썼다. "다이몬(그리스 신화에 등장하는 초자연적 반신반인의 존재 – 옮긴이)의 위대하고 아름다운 길을 걸으며 '인간'을 멸시하는 자존심 강하고 냉담한 이들을 대단하다고는 생각하지만 부럽지는 않습니다. 왜냐하면(여기서 그도 화살을 쏜다) 문학 하는 사람을 진정한 시인으로 만드는 것은 오로지 인간적인 것, 평범한 것에 대한 시민적 사랑이기 때문입니다. 모든 온기와 선함, 웃음은 여기에서 비롯됩니다.

심지어 인간과 천사의 혀를 가지고 말해도 이 사랑이 없이는 금관 악기를 불고 심벌즈를 울리는 것 같다는 생각이 듭니다……."

토마스 만이 말하는 이 '에로틱 아이러니' 또는 '플라스틱 아이러니'는 거의 한평생 그의 창작 원리였다. 냉정한 눈으로 관찰하고, 지성으로 표현하고, 연민을 느낀다. 삶을 사랑하는 모든 마음의 생명력은 눈이 인지하고 지성이 표현한 것을 연민으로 대하는 능력으로 시험되고 평가될 것이다. 로마서에서 말하듯 "하나님이 모든 사람을 순종하지 아니하는 가운데 두심은 모든 사람에게 긍휼을 베풀려 하심이로다".

뿐만 아니라 살아가다 보면 궁극적으로 우리 모두가 그런 사랑을 할 능력이 있는지 시험받을 것이라고 확신할 수 있다. 토마스 만 또한 파란 눈의 한스와 금발머리 잉게보르크가 히틀러 밑에서 오로지 괴물이라고 표현할 수밖에 없는 것으로 변하면서 시험을 받았듯 말이다.

그런 시험을 받으면 어떻게 해야 할까?

사도 바울은 "사랑은 모든 것을 참는다"라고 했다.[26] 또 예수 그리스도도 "비판을 받지 않으려거든 비판하지 마라"[27]라고 했다. 그런가 하면 헤라클레이토스는 "신에게 만물은 아름답고 선하고 바르다. 그런데 인간은 어떤 것은 그르다 하고 어떤 것은 바르다 한다. 선과 악은 하나다"[28]라고 말했다.

여기에 담긴 깊고 두려운 신비는 우리의 이해를 뛰어넘거나 우리가 그저 이해하지 않으려고 드는 것이지만, 시험을 받게 된다면 우리는 그것을 완전히 이해하여 흡수해야 한다. 사랑은 삶 못지않게 강하기 때문이다. 삶이 지성이 악이라 하는 것을 줄 때, 우리는 '가슴이 믿는 바'에 따라 정의로운 싸움을 벌여도 된다. 하지만 그 때문에 사랑의 원칙(그리스도가 말하는 '네 원수를 사랑하라!')을 잃는다면 우리의 인간다움 또한 잃게 될 것이다.

미국 소설가 너대니얼 호손Nathaniel Hawthorne의 말처럼 "인간은 그 어떤 큰 죄를 저지른 사람에 대해서도 형제애를 잊어서는 안 된다".[29]

9

전쟁과 평화의 신화

1967년[1]

인류 역사에는 처음부터 전쟁은 종류를 불문하고 불가피하고 선할뿐더러
문명화된 인간에게 정상적인 행위라는 개념이 존재했다. 반면에 이와 정반대로
전쟁과 분쟁을 그만두고 항구적인 평화를 얻기 위해 노력해야 한다는 생각도 찾아볼 수 있다.

평화에 관한 신화보다 전쟁에 관한 신화가 더 쉽게 생각나는 이유는 간단하다. 집단 간의 갈등은 인간에게 보편적인 경험인 데다 살상은 모든 삶의 전제조건이라는 잔인한 사실 때문이다. 생명은 다른 생명을 먹어야 존재할 수 있다. 이 끔찍한 필연성을 근본적으로 받아들일 수 없는 이들이 이따금 영구적 평화를 이룩하기 위한 수단으로 신화를 만들어내곤 했다. 그러나 다윈이 말하는 '보편적 생존 투쟁'에서 살아남은 자들은 대개 그런 사람이 아니라 이 지상에서 살아간다는 것의 본질을 수용한 사람이었다. 간단히 말해서 전쟁 신화를 들으며 자란 나라, 부족, 민족이 살아남아 후손들에게 자신들의 삶을 뒷받침해준 신화를 물려준 것이다.

선사고고학의 최신 연구에 따르면, 동아프리카에서 발견된 인류 진화의 초기 유적으로 보건대 180만 년 전에 이미 지상에 두 종류의 원인猿人 또는 인간과 비슷한 존재가 있었던 것으로 보인다. L. S. B. 리키 교수가 발견해 진잔트로푸스Zinjanthropus라고 명명한 원인은 채식을 했던 듯한데 이쪽 계열은 이미 소멸됐다. 리키 교수가 '능력 있는 사람'이라는 뜻으로 호모 하빌리스Homo habilis라고 명명한 다른 하나는 육식과 살상을 했고 도구와 무기를 제작했다. 현재의 인류는 이쪽에서 시작된 것으로 보인다.

오스발트 슈펭글러는 "인간은 육식동물이다"라고 썼다.[2] 그게 자연의 섭리다. 그런데 또 다른 섭리가 있으니, 온 동물계에서 육식동물은 그것이 포식하는 초식동물에 비해 일반적으로 더 강할 뿐 아니라 더 똑똑하기도 하다. 헤라클레이토스는 전쟁이 모든 위대한 것을 만들어낸다고 주장했다. 그리고 슈펭글러는 "망치가 될 용기가 없는 자가 모루 역할을 하다가 부서진다"[3]라고 했다. 감수성이 예민한 이들은 이 달갑지 않은 진실 앞에서 자연을 받아들일 수 없는 것으로 보고 생존에 가장 적합한 이들을 '사악하다' '괴물이다'라고 규탄했다. 그리고 오른쪽 뺨을 맞으면 왼쪽 뺨도 내미는 딴 세상에서 온 사람을 그와 대척되는 이상으로 내세웠다. 그리하여 역사의 드넓은 파노라마 속에서 두 가지 서로 상반되는 기본 신화를 찾아볼 수 있는데, 하나는 모든 세속적 삶의 끔찍한 전제조건을 긍정하는 신화이고, 또 하나는 부정하는 신화다.

문자 문명이 없는 원시부족들의 신화를 살펴보면 그들은 예외 없이 긍정하는 전자에 속한다. 충돌을 거부하고 경멸하거나 전쟁을 절대악으로 여기는 원시부족은 어디에서도 본 적이 없다. 수렵부족은 수시로 동물을 죽이는 데다, 동물의 수가 수요에 비해 적다 보니 같은 짐승 무리를 사냥하러 온 경쟁 집단들 사이에 충돌이 발생하는 것은 필연적이다. 수렵부족은 대체로 전투 부족이다.

뿐만 아니라 대부분이 전투에서 활력을 찾았고 싸움을 통해 용맹성을 단련했다. 그런 부족의 의례와 신화는 일반적으로 죽음이 존재하지 않는다는 생각에 기반한다. 살해된 동물의 피는 삶의 본질로서 재생을 위해 대지로 돌아갔다가 다음 계절에 같은 동물로 다시 태어나 현세의 육체를 두를 것이다. 그러니 사냥당한 동물들은 적절한 의례를 거쳐 삶의 본질을 근원으로 돌려보내줄 것이라는 이해 아래 자진해서 인간에게 자기 육체를 내주는 것이다. 마찬가지로 전투를 치른 다음에는 목숨을 잃은 이들의 혼을 달래 영혼의 나라로 보내기 위해 특별한 의식을 거행한다.

그런 의식에는 살상을 행한 이들의 열기와 흥분을 가라앉히는 의례가 포함되기도 한다. 상대가 동물이든 인간이든 죽이는 행위에는 위험이 수반된다고 여겨지기 때문이다. 살해된 사람이나 동물이 복수를 할 위험이 있는가 하면, 죽인 이가 살육에 물들어 난폭해질 가능성도 있다. 따라서 죽은 이들의 넋을 달래고 기리는 의례와 더불어 전쟁터에서 돌아온 전사들이 고향의 생활에 다시 적응하게 해주는 특별한 의례를 올리는 것이다.

내가 초기에 편찬한 책들 중에 나바호족의 전쟁 의례를 다룬 것이 있다.[4] 그와 관련된 일련의 모래 그림(이 경우 꽃잎을 빻아서 재료로 썼으니 '꽃가루' 그림이겠다)에 나바호족의 쌍둥이 전쟁 신이 등장하는데, 2차 세계대전 중 미 육군에 징집된 나바호족 젊은이들에게 전쟁 정신을 고취시키기 위해 보호구역에서 그들의

코드 토커 2차 세계대전 당시 아메리카원주민 언어를 전쟁용 암호로 사용하기 위해 '코드 토커'로 징집된 나바호족 군인들.

의식이 부활되기도 했다. 의식의 이름은 '둘은 어디에서 아버지에게로 왔는가'로, 당시 세상에서 날뛰던 괴물들을 멸할 마법과 무기를 얻기 위해 아버지인 태양신의 집으로 가는 나바호족 쌍둥이 신의 여정을 이야기한다. 거의 모든 전쟁 신화에서 적은 괴물이며 그것을 죽임으로써 지상에서 유일하게 진정으로 중요한 인간의 생활질서(당연히 자기 부족)를 수호한다는 게 기본 개념이다. 나바호족의 통과의례에서 용감한 젊은이는 신화의 시대에 황야에서 독사라든지 거인, 괴물을 몰아내 인류를 지켰던 젊은 영웅 신과 동일시된다. 우리 사회의 가장 큰 문제 중 하나는 평화롭고 가정적인 환경에서 보호를 받으며 자란 젊은 세대가 갑자기 전사 역할을 하게 됐을 때 심리적인 인도를 거의 또는 전혀 받지 못한다는 점이다. 그 때문에 그들은 영적으로 태곳적에 시작된 목숨을 건 게임에서 그들에게 요구되는 역할을 할 준비가 되어 있지 않고, 그것을 뒷받침해줄 도덕적 정서를 적절하게 갖추지 못한다.

하지만 모든 원시부족이 전사인 것은 아니다. 수렵과 전투로 살아가는 초원의 유랑 부족이 아니라 마을에 정착한 열대지방의 부족(기본적으로 채식을 한다)이라면 전쟁과 관련된 심리나 신화가 필요 없는 비교적 평화로운 세상에서 살았을 수도 있다. 그러나 앞 장에서 이미 살펴본 것처럼, 열대지방 전역에는 새 생명이 부패물에서, 삶이 죽음에서, 새 식물이 지난해 죽은 식물에서 비롯된다는 기묘한 믿음이 존재한다. 따라서 이 지역의 여러 부족 사이에서 지배적인 신화적 테마는 죽임으로써 삶을 늘린다는 관념을 뒷받침한다. 실제로 이곳에서는 오늘날까지도 생명을 활성화하기 위해 죽인다는 생각으로 매우 끔찍하고 그로테스크한 인신 공양 의식이 계속되고 있다. 또 사람 사냥도 행해지는데, 결혼을 앞둔 젊은 남자는 새로운 생명을 낳기 전에 전리품으로 다른 생명을 죽여 머리를 베어 와야 한다. 머리는 결혼을 통해 태어날 아이들에게 생명을 부여하는 존재로서 혼례에서 정중하게 모셔진다.

생명의 확장을 위한 제물을 확보하는 무시무시한 행위의 극단적인 사례를 고대 아즈텍문명에서 찾아볼 수 있다. 고대 아즈텍문명에서는 끊임없이 인간을 불태워 제물로 바치지 않으면 태양이 움직임을 멈추고 시간이 멎고 우주가 붕괴할 것이라고 믿었다. 수백 수천의 제물을 확보하기 위해 아즈텍 사람들은 계속해서 이웃 부족들과 전쟁을 벌였다. 아즈텍족 전사들은 사제로 존경을 받았고, 전쟁의 원리(심지어 바람, 흙, 물, 불이라는 4대 원소끼리도 서로 싸웠다)가 우주의 기본 원리였으며, 그것을 기리는 가장 성대한 행사가 '꽃의 전쟁'이라는 전쟁 의례였다.

그런데 기원전 8000년경 최초의 농경 공동체와 마을이 발생한 고대 근동 지방에서 전혀 새로운 질서가 서서히 형성되기 시작했다. 약탈과 수렵 대신 작물을 심고 추수하는 것을 기반으로 하는 새로운 질서에서 생명을 유지시켜주는 주된 존재는 대지였다. 그리고 이 시기에 생겨난 경작과 파종, 추수, 키질, 맷물 등과 관련된 풍작 기원 의식은 모든 농경문명의 기본 의례가 되었다. 1천여 년간 최초의 작은 마을들은 성벽으로 보호되지 않아도 살아남을 수 있었다. 그러나 기원전 6000년 이후, 특히 5000년경에 이들 문명 생활의 중심에서 벽이 발견되기 시작했다. 고고학적 증거를 보면 땅을 일구며 평화롭게 생활하는 비교적 부유한 정착지들이 유랑하는 전사 부족에게 위협받고 때로 약탈당했음을 알 수 있다.

새로이 발달되던 농경 지역의 서부를 침략한 두 주된 민족은 동유럽의 목초지에서 소를 치던 아리안족과 남쪽 시리아 및 아라비아의 사막에서 양과 염소를 치던 셈족이었다. 양쪽 모두 매우 무자비해 마을과 도시를 가차없이 습격했다. 구약성경에는 평화롭던 정착지가 약탈을 당해 쑥대밭이 되는 이야기가 수두룩하다. 한번 상상해보라. 망루에서 망을 보던 이가 지평선에서 먼지구름을 발견한다. 폭풍이 오나? 아니, 베두인족 무리다. 이튿날 아침 성벽 안에 목숨이 붙어 있는 사람은 한 명도 없다.

　서구의 2대 전쟁 신화는《일리아드》와 구약성경이다. 청동기시대 후기와 철기시대 초기의 그리스인들이 에게해를 장악하던 당시 아모리인과 모아브인, 히브리인은 가나안 지방을 휩쓸고 있었다. 양쪽의 침략이 거의 동시에 발생했고 그들의 승리를 기리는 전설도 동시에 나타났다. 뿐만 아니라 두 전설의 기본적인 신화적 개념도 그리 다르지 않았다. 양쪽 모두 세계는 지상과 신들이 존재하는 천상 두 층으로 구성되어 있었다. 지상에서는 전쟁('우리' 민족이 '상대' 민족을 정복하는)이 벌어지고 있었는데, 전쟁의 추이를 결정하는 것은 천상의 신이었다.《일리아드》의 경우, 천상의 여러 신이 양 진영을 지지하며 다투었다. 포세이돈은 제우스와, 아테네는 아프로디테와 싸우고, 제우스는 한때 헤라와 싸웠다. 천상에서 벌어지는 싸움의 향방은 지상의 싸움에도 영향을 끼쳤다.《일리아드》의 가장 흥미로운 점 중 하나는 그리스인들을 기리기 위해 지어졌음에도 불구하고 트로이인들을 더 찬양하고 높이 평가한다는 점이다. 트로이의 고결한 수호자 헥토르는 이 작품의 정신적인 주인공으로, 아킬레스는 그에 비하면 깡패다. 6권에서 전쟁터에 나가는 헥토르가 아내 안드로마케와 유모의 품에 안긴 어린 아들 아스티아낙스('아름다운 별 같은'이라는 뜻)에게 이별을 고하는 장

면은 작품 전체에서 가장 인간적이고 다정하며 진정한 남자다움
을 담은 순간이다.

착한 아내는 간청한다. "남편이여, 당신의 용맹함이 당신을 파멸시
킬 것입니다. 이제 곧 아카이아인들이 당신을 죽일 테지요." 그러자
그녀의 훌륭한 남편은 이렇게 대답한다. "사랑하는 아내여, 부디 너
무 슬퍼하지 마십시오. 어떤 사람도 내 운명을 거역해 나를 하데스강
에 빠뜨리지 못할 테니까요. 오로지 운명만이, 겁쟁이든 용감한 자든
그 누구도 피하지 못하는 운명만이 나를 죽일 수 있을 것입니다." 어
린 아들이 말갈기로 장식된 빛나는 투구에 겁을 먹고 몸을 움츠리자

헥토르의 시신이 트로이로 돌아오다《일리아드》의 한 장면을 묘사한 부조.

헥토르는 큰 소리로 웃으며 투구를 벗어 땅에 내려놓았다. 그러고는 아들에게 입을 맞추고 품에 안아 어르며 제우스에게 아들을 위한 기도를 드리고는 전쟁터로 나갔다. 그리고 죽었다.

아이스킬로스의 비극 〈페르시아인들〉은 아이스킬로스 자신이 살라미스에서 페르시아인의 침략에 맞서 싸운 지 채 20년도 되지 않았을 때 그리스의 도시에서 상연되었다. 무대의 배경은 페르시아로, 페르시아의 여왕과 신하들은 살라미스 해전에서 패배한 크세르크세스의 귀환을 논하고 있다. 페르시아의 관점에서 쓰인 이 작품은 고대 그리스인이 당시 가장 위협적이던 적마저 존중하고 그들에게 공감했음을 보여준다.

그런데 구약성경과 예루살렘의 신화 속 천상과 그곳에 거하는 신은 《일리아드》나 아테네와는 매우 다르다. 여러 신이 양 진영을 동시에 지지하는 게 아니라 유일신이 언제까지고 한쪽 편만을 든다. 그리고 그리스에서와 달리 적은 인간 이하의 존재로 취급된다. '너You'(마르틴 부버의 용어를 빌리자면)가 아니라 사물, '그것It'인 것이다. 다음에 몇몇 전형적이고 우리에게 매우 친숙할 구절을 골라봤다. 위와 같은 맥락에서 살펴보면 우리가 지금껏 존재하는 가장 잔인한 전쟁 신화를 보며 자라왔음을 깨달을 수 있을 것이다.

네 하나님 여호와께서 너를 인도하사 네가 가서 차지할 땅으로 들이시고 네 앞에서 여러 민족 헷 족속과 기르가스 족속과 아모리 족속과 가나안 족속과 브리스 족속과 히위 족속과 여부스 족속 곧 너보다 많고 힘이 센 일곱 족속을 쫓아내실 때에 네 하나님 여호와께서 그들을 네게 넘겨 네게 치게 하시리니 그때에 너는 그들을 진멸할 것이라 그들과 어떤 언약도 하지 말 것이요 그들을 불쌍히 여기지도 말 것이며 또 그들과 혼인하지도 말지니 네 딸을 그들의 아들에게 주지 말 것이요 그들의 딸도 네 며느리로 삼지 말 것은 그가 네 아들을 유혹하여 그가 여호와를 떠나고 다른 신들을 섬기게 하므로 여호와께서 너희에게 진노하사 갑자기 너희를 멸하실 것임이니라 오직 너희가 그들에게 행할 것은 이러하니 그들의 제단을 헐며 주상을 깨뜨리며 아세라 목상을 찍으며 조각한 우상들을 불사를 것이니라 너는 여호와 네 하나님의 성민이라 네 하나님 여호와께서 지상 만민 중에서 너를 자기 기업의 백성으로 택하셨나니[5]

네가 어떤 성읍으로 나아가서 치려 할 때에는 그 성읍에 먼저 화평을 선언하라 그 성읍이 만일 화평하기로 회답하고 너를 향하여 성문을 열거든 그 모든 주민들에게 네게 조공을 바치고 너를 섬기게 할 것이요 만일 너와 화평하기를 거부하고 너를 대적하여 싸우려 하거든 너는 그 성읍을 에워쌀 것이며 네 하나님 여호와께서 그 성읍을 네 손에 넘기시거든 너는 칼날로 그 안의 남자를 다 쳐죽이고 너는 오직 여자들과 유아들과 가축들과 성읍 가운데에 있는 모든 것을 너를 위하여 탈취물로 삼을 것이며 너는 네 하나님 여호와께서 네게 주신 적군에게서 빼앗은 것을 먹을지니라 네가 네게서 멀리 떠난 성읍들 곧 이 민족들에게 속하지 아니한 성읍들에게는 이같이 행하려니와 오직 네 하나님 여호와께서 네게 기업으로 주시는 이 민족들의 성읍에서는 호흡 있는 자를 하나도 살리지 말지니 곧 헷 족속과 아모리 족속과 가나안 족속과 브리스 족속과 히위 족속과 여부스 족속을 네가 진멸하되 네 하나님 여호와께서 네게 명령하신 대로 하라[6]

네 하나님 여호와께서 네 조상 아브라함과 이삭과 야곱을 향하여 네게 주리라 맹세하신 땅으로 너를 들어가게 하시고 네가 건축하지 아니한 크고 아름다운 성읍을 얻게 하시며 네가 채우지 아니한 아름다운 물건이 가득한 집을 얻게 하시며 네가 파지 아니한 우물을 차지하게 하시며 네가 심지 아니한 포도원과 감람나무를 차지하게 하사 네게 배불리 먹게 하실 때에 너는 조심하여 너를 애굽 땅 종 되었던 집에서 인도하여내신 여호와를 잊지 말고[7]

신명기를 잇는 여호수아서에는 저 유명한 여리고의 함락이 등장한다. 나팔 소리가 울려퍼지고 성벽이 무너졌다. "그 성안에 있는 모든 것을 온전히 바치되 남녀노소와 소와 양과 나귀를 칼날로 멸하니라 (…) 무리가 그 성과 그 가운데 있는 모든 것을 불로 사르고 은금과 동철 기구는 여호와의 집 곳간에 두었더라."[8] 그다음

도시는 아이Ai였다. "복병도 성읍에서 나와 그들을 치매 (…) 한 사람도 남거나 도망하지 못하게 하였고 (…) 그날에 엎드러진 아이 사람들은 남녀가 모두 만이천 명이라."9 "이와 같이 여호수아가 그 온 땅 곧 산지와 네겝과 평지와 경사지와 그 모든 왕을 쳐서 하나도 남기지 아니하고 호흡이 있는 모든 자는 다 진멸하여 바쳤으니 이스라엘의 하나님 여호와께서 명령하신 것과 같았더라."10

오늘날 비둘기파가 종종 인용하는 '살인하지 마라'를 말한 장본인이 바로 이 '하나님 여호와'다.

그런가 하면 사사기의 마지막에는 베냐민의 후손들이 아내를 취하는 이야기가 나온다.11 성경에 처음으로 등장하는 드보라의 노래는 전쟁의 노래다.12 열왕기에서는 엘리야와 엘리샤가 여호와의 이름으로 끔찍한 학살을 자행한다. 요시야의 개혁이 그 뒤를 따르는데,13 그로부터 얼마 지나지 않아 기원전 586년에 예루살렘이 바빌로니아의 느부갓네살 왕에게 포위·함락된다.14

그러나 이 모든 것은 궁극적이고 보편적인 평화라는 아름다운 이상을 위해서다. 이는 이사야 이래로 서구의 모든 전쟁 신화에 나타난다. 가령 이사야서 65장 끝머리에는 자주 인용되는 매력적인 이미지가 있다. "이리와 어린 양이 함께 먹을 것이며 사자가 소처럼 짚을 먹을 것이며 뱀은 흙을 양식으로 삼을 것이니 나의 성산에서는 해함도 없겠고 상함도 없으리라 여호와께서 말씀하시니라." 그러나 이사야서 앞부분으로 돌아가면 이 이상적인 평화가 실제로 어떤 것인지 나와 있다.

내가 노하여 너를 쳤으나 이제는 나의 은혜로 너를 불쌍히 여겼은
즉 이방인들이 네 성벽을 쌓을 것이요 그들의 왕들이 너를 섬길 것이
며 네 성문이 항상 열려 주야로 닫히지 아니하리니 이는 사람들이 네
게로 이방 나라들의 재물을 가져오며 그들의 왕들을 포로로 이끌어
옴이라 너를 섬기지 아니하는 백성과 나라는 파멸하리니 그 백성들
은 반드시 진멸되리라 레바논의 영광 곧 잣나무와 소나무와 황양목
이 함께 네게 이르러 내 거룩한 곳을 아름답게 할 것이며 내가 나의
발 둘 곳을 영화롭게 할 것이라 너를 괴롭히던 자의 자손이 몸을 굽
혀 네게 나아오며 너를 멸시하던 모든 자가 네 발 아래에 엎드려 너
를 일컬어 여호와의 성읍이라, 이스라엘의 거룩한 이의 시온이라 하
리라[15]

최근 6일전쟁(1967)과 7일째의 안식일 뒤 승리를 기뻐하는 이
스라엘에게서 이와 비슷한 느낌을 받고 묘하고 두려운 기분이 들
었다.[16] 바꿔 말하면 이 구약성경의 전쟁 신화는 고대 그리스 것과
달리 오늘날에도 살아 있다는 뜻이다. 당연히 아랍에도 신이 허락
한 전쟁 신화가 있다. 그들의 신화에 따르면 아랍인들 또한 아브라
함의 혈통으로, 아브라함의 장남 이스마엘의 후손이기 때문이다.
뿐만 아니라 쿠란에 따르면 이삭이 태어나기 전 메카에 전 아랍세

계와 이슬람권을 하나로 묶는 상징인 카바 성전을 세운 사람이 바로 아브라함과 이스마엘이다. 히브리인들과 같은 선지자들을 숭배하고 그들의 가르침을 따르는 아랍인들은 아브라함과 모세와 솔로몬을 숭배한다. 단 최고의 선지자는 무함마드로, 신의 이름으로 전쟁을 벌이는 그들의 광신적인 신화는 용맹한 전사였던 무함마드에게서 비롯된 것이다.

지하드jihad, 곧 성전은 쿠란의 일부 구절에서 발전된 개념으로, 대정복시대(7~10세기)에 자유 신분과 지적 능력을 가진 모든 건강한 이슬람 성인 남자의 의무로 해석됐다.

쿠란에 따르면 "싸움이 네게 주어진 의무다. 네가 그것을 싫어할지라도 그것이 네게 이득이 될 수 있다. 네가 모르는 것을 신은 아신다"[17]라고 한다. 이 구절에 대한 한 해설에는 "진리를 위해 싸우는 것이 자비의 최고 형태다"라고 쓰여 있다. "네가 바칠 수 있는 것으로 네 목숨보다 더 값진 것이 있는가?" 따라서 '이슬람의 영토dar al-Islam'에 속하지 않는 모든 땅은 정복되어야 하는 '전쟁의 영토dar al-harb'다. 예언자 무함마드는 "신은 오로지 하나뿐이며 그의 뜻을 전하는 자는 오로지 무함마드뿐임을 사람들이 증언할 때까지 싸우라는 명을 받았다"라고 말했다. 이상적으로는 모든 이슬람 왕자는 최소한 1년에 한 번은 이교도를 상대로 전쟁을 벌여야 한다. 하지만 불가능할 경우에는 성전에 대비해 잘 훈련된 군대를 유지하는 것만으로 충분하다.

쿠란에서 '책의 백성People of the Book'으로 부르는 유대인들은 이런 생각 속에서 특수한 위치를 차지했다. 처음에 신의 말씀을 받은 것은 그들이었는데도 그것을 거듭해서 저버리고 거부하고 심지어 후대의 예언자들을 죽였기 때문이다(무함마드가 보는 바로는). 쿠란에서 그들은 여러 차례 위협을 받는다.

그중 예로 들어보자(쿠란에서 '우리'는 모두 신을 가리키고 '너희'는 유대인이며 '책'은 성경이다).

우리는 책에서 이스라엘의 자손들에게 뚜렷이 경고했으니 지상에서 그들은 두 차례 잘못을 범하고 오만함으로 우쭐대어 두 차례 벌을 받으리라. 첫 번째 때가 왔을 때 너희에게 우리의 종, 사나운 전사(기원전 685년, 바빌로니아군)를 보냈다. 그들이 너희의 집 가장 깊은 곳까지 침입해 경고가 완전히 실현되었다. 그 뒤로 우리는 너희에게 그들을 물리칠 것을 허락하고 재물과 자손을 늘려주어 가장 큰 군대를 갖게 해주었다. 너희가 선을 행하면 그것은 너희에게 돌아왔고 너희가 악을 행하면 그것은 너희에게 돌아왔다. 그리하여 두 번째 때가 왔을 때 우리는 너희 적이 너희 얼굴을 망가뜨리고 전에 그러하였던 것처럼 너희 신전에 들어가(서기 70년, 로마군) 그들의 수중에 들어온 모든 것을 파괴하게 하였다. 주님이 너희에게 다시 자비를 베풀 수도 있으리라. 그러나 너희가 또다시 죄를 짓거든 우리는 다시 벌을 내릴 것이며 신앙을 거부하는 자들을 지옥에 가둘 것이다.[18]

이 두 전쟁 신화가 오늘날에도 충돌이 끊이지 않는 근동에서 대립하고 있어 세계를 또다시 불바다로 만들지도 모른다.

그러나 현재는 과거의 연장선상에 있다. 마을이나 도시를 정벌하면 그곳 주민을 몰살해 여호와에게 바친다는 성경의 이상은 모아브인, 아모리인, 아시리아인 등 초기 셈족의 관습을 히브리식으로 변형시킨 것이다.

그런데 기원전 8세기 중반에 아시리아의 왕 티글라트 필라세르 3세(재위 기원전 745~727)는 점령지 주민을 모두 죽이면 노예로 삼을 사람이 남지 않는다는 사실을 깨달았던 것 같다. 하지만 살려두면 세력을 규합해 반란을 일으킬 것이다. 그래서 티글라트 필라세르는 주민을 다른 지역으로 이주시키는 방법을 생각해냈다. 어떤 도시를 점령하면 인구를 통째로 다른 곳으로 옮겨 강제 노역을 시키고, 대신 그곳 주민을 데려오는 것이다. 이 아이디어는 효과가 있어 다른 곳에서도 쓰이기 시작했다. 그로부터 200년 이상 동안 근동 전체에 토착 민족이 거의 없을 정도로 어수선했다. 이스라엘이 멸망했을 때 50년 전이었다면 몰살당했을 이스라엘인들은 다른 지역으로 옮겨졌고, 대신 다른 민족(뒷날의 사마리아인)이 그들의 왕국에서 살게 됐다. 또 기원전 586년에 예루살렘이 함락됐을 때, 예루살렘 사람들은 학살당하지 않고 바빌론으로 옮겨졌다. 유명한 시편 137장에서는 다음과 같이 노래한다.

우리가 바벨론의 여러 강변 거기에 앉아서 시온을 기억하며 울었도다 그중의 버드나무에 우리가 우리의 수금을 걸었나니 이는 우리를 사로잡은 자가 거기서 우리에게 노래를 청하며 우리를 황폐하게 한 자가 기쁨을 청하고 자기들을 위하여 시온의 노래 중 하나를 노래하라 함이로다 우리가 이방 땅에서 어찌 여호와의 노래를 부를까 예루살렘아 내가 너를 잊을진대 내 오른손이 그의 재주를 잊을지로다 내가 예루살렘을 기억하지 아니하거나 내가 가장 즐거워하는 것보다 더 즐거워하지 아니할진대 내 혀가 내 입천장에 붙을지로다 여호와여 예루살렘이 멸망하던 날을 기억하시고 에돔 자손을 치소서 그들의 말이 헐어버리라 헐어버리라 그 기초까지 헐어버리라 하였나이다 멸망할 딸 바벨론아 네가 우리에게 행한 대로 네게 갚는 자가 복이 있으리로다 네 어린 것들을 바위에 메어치는 자는 복이 있으리로다.

그러다가 아리아계 페르시아인들이 느닷없이 등장해 보스포루스해협과 상上나일 지방에서 인더스강 유역에 이르기까지 그리스를 제외한 모든 고대국가를 정복하면서 근동의 전쟁 신화는 급격하게 달라졌다. 기원전 539년 바빌로니아는 키루스 2세에게 함락됐다. 키루스 2세가 제국을 통치하는 방법은 주민을 몰살하거나 다른 지역으로 이주시키는 대신 고향과 신을 되찾아주고 전통을 공유하는 그 민족의 왕을 두어 대리로 다스리게 하는 것이었다. 그렇게 해서 그는 왕중왕이 되었다. 강대한 세력을 가진 페르시아 군주들의 호칭이 이윽고 이스라엘의 하느님을 가리키는 호칭이 되었다. 키루스는 여호와의 백성에게 예루살렘을 돌려주고 성전을 재건하도록 해주었다. 이사야서 45장에서 키루스는 심지어 실질적인 구세주, 기름 부음을 받은 여호와의 종으로 칭송되며, 여호와의 백성에게 성지를 되찾아준 그의 업적은 사실상 여호와의 뜻에 따른 것으로 그려진다. 내가 이 부분을 옳게 이해했다면, 신은 선지자 이사야를 통해 신의 이름으로 세계를 지배할 자는 최종적으로 페르시아가 아니라 여호와의 백성이리라고 약속하고 있다.[19]

반면 페르시아의 전쟁 신화는 이사야가 아니라 자라투스트라(그리스어로는 조로아스터)의 신화였다. 그것이 유대교뿐 아니라 기독교의 발달 전반에 상당한 영향을 끼쳤다는 점에서, 평화의 신화로 넘어가기 전에 잠깐 살펴보면 도움이 될 것이다.

이 개념에 따르면 창조신은 진리와 빛의 신 아후라 마즈다로, 그가 만든 세상은 원래 완벽했다. 그런데 그와 대립하는 악의 힘, 어둠과 기만의 앙그라 마이뉴가 세상에 온갖 악을 불어넣으면서 세상은 무지의 상태로 타락해 빛과 어둠, 진리와 기만의 세력 사이에 충돌이 끊이지 않고 있다. 이는 어느 특정 인종이나 부족이 아니라 우주적·보편적 세력이며, 모든 개인은 인종과 부족을 불문하고 어느 편에 서서 싸울지 스스로 선택해야 한다. 선의 세력을 선택한다면 그는 자신의 생각과 말, 행동을 통해 완전한 우주를 회복시키는 데 기여할 것이다. 그러나 악의 세력을 선택한다면 자신이

산 인생에 걸맞은 지옥에 가게 될 것이다.

승리의 날이 다가오고 어둠의 세력이 최후의 저항을 시작하면 얼마 동안 대규모 전쟁과 재앙이 이어지다가 구세주 사오시안트가 도래할 것이다. 앙그라 마이뉴와 그의 마귀들은 철저하게 패배당하고 죽은 자들은 순수한 빛의 육체로 부활할 것이다. 지옥은 사라지고 그곳에서 정화된 영혼들이 해방될 것이다. 그리고 더없는 평화와 순수함, 기쁨, 완벽함의 영생이 찾아올 것이다.

고대 페르시아 왕들은 자신들이 빛의 신의 대의와 의지를 지상에서 대변한다고 여겼다. 따라서 다양한 인종과 문화로 구성된 페르시아 제국(그 같은 제국은 페르시아가 세계 최초였다)에서 제국주의가 종교적으로 승인되어, 페르시아의 '왕중왕'은 진리와 선, 빛의 이름으로 인류의 지도자가 되어 진리를 회복하는 것이 의무였다. 왕들이 특히 이 개념을 마음에 들어해 다른 지역 정복자들도 차용했다. 예를 들어 인도의 전륜성왕轉輪聖王은 그의 존재가 발하는 광명이 인류에게 평화와 안녕을 가져올 것으로 여겨진다. 최초의 불교도 왕인 아소카(재위 기원전 268~232)의 문장紋章에도 같은 개념이 나타난다. 또 중국에서는 전국시대 직후 통일 제국의 첫 황제가 된 진시황이 하늘의 권한을 위임받아 하늘의 법률 아래 통치한다고 주장했다.

그러니 키루스 2세와 같은 시대를 살면서 페르시아가 유대민족에게 예루살렘을 되찾아준 것을 목격한 이사야서의 저자가 40~55

장에서 조로아스터교의 영향을 드러내는 것도 이상한 일이 아니다. 45장의 유명한 구절을 예로 들어보자. "여호와께서 그의 기름 부음을 받은 고레스(키루스)에게 이같이 말씀하시되 (…) 나는 빛도 짓고 어둠도 창조하며 나는 평안도 짓고 환난도 창조하나니 나는 여호와라 이 모든 일을 행하는 자이니라 하였노라." 바로 이 이른바 '제2 이사야서'에서부터 여호와는 여러 신 중 가장 위대하고 강대한 신이 아니라 우주에 단 하나뿐인 신으로 그려지기 시작한다. 그러니 유대민족뿐 아니라 이민족들도 그에게서 구원을 얻어야 한다. "땅의 모든 끝이여 내게로 돌이켜 구원을 받으라 나는 하나님이라 다른 이가 없느니라."[20] 나아가 바빌론 유수 이전의 선지자들에게 메시아는 단순히 다윗의 왕좌에 앉아 "지금 이후로 영원히 정의와 공의로 그것을 보존하실"[21] 이상적인 왕인 반면, 바빌론 유수 이후, 특히 다니엘서 같은 알렉산드로스 시대의 묵시적 예언서에서는 "모든 백성과 나라들과 다른 언어를 말하는 모든 자들"에 대해 "소멸되지 않는 영원한 권세"[22]를 갖게 될 것으로 그려진다. 그때 "땅의 티끌 가운데에서 자는 자 중에서 많은 사람이 깨어나 영생을 받는 자도 있겠고 수치를 당하여서 영원히 부끄러움을 당할 자도 있을 것"이다.[23]

세계 종말과 죽은 자의 부활 같은 개념이 조로아스터교의 종말론에서 영향을 받았다는 것은 분명하다. 뿐만 아니라 기원전 1세기의 에세네파 사해문서死海文書 곳곳에서는 페르시아 사상의 영향이 뚜렷이 드러난다. 당시는 엄청난 격동의 시대라 조로아스터교를 아는 이라면 누구나 세상의 종말과 구세주 사오시안트의 도래를 기대했을 법하다. 예루살렘에서조차 율법에 충실한 정통파 하시딤, 곧 '경건한 자들'이 지지하는 당파와 그리스 사상을 선호하는 당파가 대립하고 있었다. 마카베오서에 따르면, 후자를 지지하는 사람들이 그리스 황제 안티오코스의 허가를 받아 예루살렘에 학교를 짓고 '이교도의 풍습을 따르며 할례를 받지 않고 성스러운 약속을 파기해 이교도에 합류'하면서 예루살렘 내에 또다시 분규가 벌어졌다. 그러다가 그리스인들이 친그리스 성향의 기회주의자를 고위 성직자 자리에 밀어주면서 예루살렘 성전을 파괴하고 곳곳에 이방의 제단을 설치하자 대립은 극으로 치달았다. 기원전 168년 모디인이라는 마을에서 마타티아스와 그의 다섯 아들(마카베오 형제들)은 '왕의 명령에 따라' 이교도 제단에 제물을 바치러 온 최초의 유대인과 제단을 설치하러 온 그리스 관리를 살해했다. 그러나 그 뒤로 마카베오 형제들은 세습적 권한이 없음에도 불구하고 왕위와 고위 성직자의 지위를 차지해, 세습을 둘러싸고 가문 내에 추악한 배신과 살육의 씨를 뿌렸다. 이러한 불경한 행동에 분노한 바리새인과 하시딤 등이 반란을 일으키자, 당시 왕위에 있던 알렉산데스 야나이우스(재위 기원전 104~78)는 단 하룻밤 새에 800명의 적을 십자가형에 처하고 그들이 보는 앞에서 그들의 아내와 자식을 학살했다. 그리고 술을 마시고 후궁들과 놀며 그 광경을 지켜봤다. 유대 역사가 요세푸스Flavius Josephus는 이 잔혹 행위에 대해 "이에 사람들은 공포에 빠져 바로 그다음 날 밤으로 그의 반대 세력 8천 명이 유대 땅 밖으로 도망쳤다"라고 썼다.[24]

사해 연안의 황야에 묵시록적인 쿰란 공동체가 발생하고 사해 문서가 발견된 것은 이 사건의 영향일 수 있다. 어쨌거나 쿰란교단을 창시한 이들은 세계의 종말을 예견하고 종말을 넘어 하느님의 백성에게 주어진 운명을 영원히 이어갈 준비를 하고 있었다. 그들은 신의 도움을 받아 세계를 정복하고 정화할 군대가 될 생각이었던 것 같다. 40년간 '빛의 아들들'은 '어둠의 아들들'에 맞서 전쟁을 벌일 것이다(조로아스터교가 생각나지 않나!). 먼저 6년간 모아브인과 이집트인 등 인접하는 민족과 싸운 뒤 1년간 안식년을 보내고, 이어서 먼 나라들을 정벌할 것이다. 그들의 나팔과 깃발에는 '신의 선택받은 민족' '신의 제후들' '유대민족의 지도자들' '신의 백인百人, 모든 죄인을 멸하는 전쟁의 손' '신의 진리' '신의 정의' '신의 영광' 따위의 고무적이고 기분 좋은 문구를 적을 것이다. 그러나 예루살렘에서는 알렉산데스 야나이우스의 두 아들이 왕위를 두고 다투고 있었다. 그중 한 명이 기원전 63년 로마인들에게 지원을 청하면서 모든 계획이 물거품으로 돌아갔다.

당시 여러 유대 분파 사이에서 세계 종말이 얼마 남지 않았다는 분위기가 팽배했던 것은 흥미로운 사실이다. 세계의 종말에 나타날 이가 조로아스터교에서는 구세주 사오시안트라면, 바빌론 유수 이후의 유대인들에게는 기름 부음을 받은 메시아다. 그가 와서 모든 나라를 멸하고 이스라엘조차 일부만이 살아남을 것이다. 이런 위기감 속에서 기독교가 태어났다. 선지자 세례 요한은 사해 공동체에서 요르단강을 겨우 몇 킬로미터 올라간 곳에서 사람들에게 세례를 주면서 준비하고 있었다. 예수는 그런 그에게 왔다가 광야에서 40일간 금식한 다음 자신의 종말론적 메시지를 전하러 돌아왔다.

그렇다면 예수 그리스도와 쿰란교단의 메시지는 어떻게 다른가? 쿰란교단은 스스로를 빛의 아들들로서 어둠의 아들들과 싸울 군대로 여겨 전쟁을 준비하는 자세였던 반면, 예수의 복음은 전쟁이 이미 끝났음을 말한다. "또 네 이웃을 사랑하고 네 원수를 미워하라 하였다는 것을 너희가 들었으나 나는 너희에게 이르노니 너희 원수를 사랑하며 너희를 박해하는 자를 위하여 기도하라 이같이 한즉 하늘에 계신 너희 아버지의 아들이 되리니 이는 하나님이 그 해를 악인과 선인에게 비추시며 비를 의로운 자와 불의한 자에게 내려주심이라."[25] 이것이 바로 전쟁의 복음과 평화의 복음의 차이가 아닌가 싶다.

그러나 마태복음 10장에는 이런 놀라운 말이 이어진다.

내가 세상에 화평을 주러 온 줄로 생각하지 마라 화평이 아니요 검을 주러 왔노라 내가 온 것은 사람이 그 아버지와, 딸이 어머니와, 며

느리가 시어머니와 불화하게 하려 함이니 사람의 원수가 자기 집안 식구리라 아버지나 어머니를 나보다 더 사랑하는 자는 내게 합당하지 아니하고 아들이나 딸을 나보다 더 사랑하는 자도 내게 합당하지 아니하며……[26]

또 누가복음에도 비슷한 구절이 있다. "무릇 내게 오는 자가 자기 부모와 처자와 형제와 자매와 더욱이 자기 목숨까지 미워하지 아니하면 능히 내 제자가 되지 못하고……."[27]

이것의 의미는 인용된 구절 중 마지막 말과 그 뒤로 바로 이어지는 구절에 있다고 생각한다. 마태복음에서는 "또 자기 십자가를 지고 나를 따르지 않는 자도 내게 합당하지 아니하니라 자기 목숨을 얻는 자는 잃을 것이요 나를 위하여 자기 목숨을 잃는 자는 얻으리라"라고 하고, 누가복음에서는 "누구든지 자기 십자가를 지고 나를 따르지 않는 자도 능히 내 제자가 되지 못하리라"라고 한다. 마태복음에서는 또 "네 소유를 팔아 가난한 자들에게 주라 (…) 그리고 와서 나를 따르라"[28] "죽은 자들이 그들의 죽은 자들을 장사하게 하고 너는 나를 따르라"[29]라고 한다.

이 가르침은 평범하고 세속적인 삶의 모든 관심사를 버리고 가족의 유대나 소속 집단과 완전히 연을 끊어 "죽은 자들"(우리가 말하는 산 자들)이 "그들의 죽은 자들을 장사하게" 하는 것을 이상으로 간주한다. 숲으로 들어가 은거하라는 초기 불교와 자이나교의 가르침과 통하는 것이다. 이는 종말론의 초점을 역사적 미래에서 심리적 현재로 옮겨놓았다. 세계의 종말은 시간 영역에서 기다려야 하는 것이 아니라 지금 당장 마음의 방에서 혼자 성취해야 하는 것이다. 그노시스파의 도마복음 끝머리에서 하느님의 왕국이 언제 오느냐는 제자들의 물음에 예수 그리스도는 이렇게 대답한다. "하느님의 왕국은 기다려서 오는 것이 아니며 여기에 있다 저기에 있다 할 수 있는 것이 아니다. 아버지의 왕국은 온 세상에 퍼져 있으나 사람들 눈에는 보이지 않는다."[30]

더욱이 예수가 말하는 '칼'이 전쟁 무기가 아니라는 것은 겟세마네 동산에서 그가 체포당하는 장면에서 명백히 알 수 있다.

> 말씀하실 때에 열둘 중의 하나인 유다가 왔는데 대제사장들과 백성의 장로들에게서 파송된 큰 무리가 칼과 몽치를 가지고 그와 함께 하였더라 예수를 파는 자가 그들에게 군호를 짜 이르되 내가 입맞추는 자가 그이니 그를 잡으라 한지라 곧 예수께 나아와 랍비여 안녕하시옵니까 하고 입을 맞추니 예수께서 이르시되 친구여 네가 무엇을 하려고 왔는지 행하라 하신대 이에 그들이 나아와 예수께 손을 대어 잡는지라 예수와 함께 있던 자 중의 하나가 손을 펴 칼을 빼어 대제사장의 종을 쳐 그 귀를 떨어뜨리니 이에 예수께서 이르시되 네 칼을 도로 칼집에 꽂으라 칼을 가지는 자는 다 칼로 망하느니라[31]

더없이 명백하건만, 이 가르침은 지켜지지 않았다. 요한복음32에 따르면 겟세마네에서 칼을 휘두른 자는 베드로인데, 유다 못지않게 스승과 스승의 가르침을 배신한 자는 베드로만이 아니었다. 콘스탄티누스가 승리를 거둔 서기 4세기부터 베드로의 반석 위에 세워진 교회는 주로 무력으로 세력을 키웠다. 그리고 중세의 전성기에 강대한 권세를 가진 교황 인노켄티우스 3세(재위 1198~1216) 밑에서 교회의 무력 행사는 알비십자군(1209~1229년에 있었던 십자군 원정 – 옮긴이)으로 정점에 달했다. 알비십자군은 평화롭고 금욕적인 삶을 위해 무력을 거부한 카타리파(순수파)를 이단으로 규정하고 탄압했다.

유다의 **입맞춤** 베드로(왼쪽 아래)가 칼을 휘두르고 있다.

따라서 속세의 삶, 심지어 살겠다는 의지마저도 버리는 것이 지금까지 인간에게 제시된 가장 잘 알려진 평화의 길이라 할 수 있다. 처음 등장한 역사적 맥락으로 보건대, 그것은 세상이 그릇된 방향으로 가고 있다는 위기감에서 비롯된(적어도 그로부터 영향을 받은) 것이었다. 이전의 신화는 대규모 성전聖戰이 혼란을 끝내고 역사적 시간의 끝에 보편적·궁극적 평화가 세상을 지배할 것이라고 했다. 그러나 이는 엄밀히 말하면 평화의 신화가 아니라 끝없는 전쟁을 소환할 뿐이다. 아이러니하게도 예수 그리스도의 입에서 금욕적인 기독교적 메시지가 나오자마자 그것은 그의 가장 가까운 추종자의 귀를 통해 성전, 지하드, 십자군 전쟁의 가르침으로 바뀌었다(그리고 오늘날까지도 그렇게 해석된다). 이제 여기에서 다른 잘 알려진 금욕적 평화 신화의 이상과 그것이 걸어온 운명을 살펴보자.

그중에서도 가장 엄격하고 일관된 것은 인도의 자이나교일 것이다. 자이나교의 창시자 마하비라는 붓다와 같은 시대 사람이었지만, 그의 가르침은 당시 이미 매우 오래된 것이었다. 그는 선사시대부터 면면히 이어져온 티르탄카라Tirthankara(조사祖師) 또는 '여울목 건설자'로 알려진 자이나교 스승들 중 마지막 사람이었기 때문이다. 이들의 비폭력적 가르침에 따르면, 윤회에서 해방되려는 이는 살생을 하지 말아야 하며 고기를 먹지 말아야 한다. 심지어 벌레가 떠 있을지 모르니 밤에 물조차 마실 수 없다. 걸음걸이도 하루에 정해진 걸음 수만 걷겠다고 서약해야 한다. 한 걸음 내디딜 때마다 벌레 등의 목숨이 위협받기 때문이다. 숲에서 은거하는 자이나교 수행자는 작은 빗자루를 들고 다니며 한 발짝 걸을 때마다 땅을 쓴다. 오늘날에도 뭄바이에 가면 (수술하는 의사들처럼) 올이 성긴 무명으로 코와 입을 가리고 다니는 자이나교의 남녀 승려들을 볼 수 있다. 살아 있는 것을 들이마시지 않기 위해서다. 과일은 따 먹으면 안 되고 저절로 떨어질 때까지 기다려야 한다. 살아 있는 식물을 베는 것도 안 된다. 당연히 자이나교 승려의 목표는 일찍 죽는 것이되, 단 살겠다는 의지가 완전히 꺾인 다음이어야 한다. 살려는 의지가, 자신의 삶을 즐기고 지키려는 의지가 조금이라도 남아 있을 때 죽는다면 이 끔찍한 세상에 다시 태어나 또다시 살생하며 살아야 하기 때문이다.

불교의 초기 형태는 자이나교와 매우 유사하지만 삶이 아니라 자아를 억누르는 것을 강조한다는 점이 다르다. '나' '내 것'을 마음속에서 없애고 자기 자신은 물론 자신의 재산과 생명을 지키려는 충동을 없애는 것이다. 물리적인 것보다 정신적인 것에 역점을 두는 셈이나, 여기에서도 우리는 선의 절대적 강조가 지나치면 삶의 절대적 부정이 될 수 있음을 알 수 있다.

베산타라 왕의 설화를 예로 들어볼 수 있다. 이웃 나라 왕이 그에게 왕실의 흰 코끼리를 빌려달라고 부탁했다. 흰 코끼리는 비를 내리는 구름을 불러오기 때문이다. 욕심이 없는 베산타라 왕은 선

베산타라 왕과 코끼리 태국 왓 수완나람 사원 벽화.

뜻 코끼리를 내주었다. 그러자 백성들은 왕과 그의 가족을 자신들의 행복에 관심이 없다며 왕국에서 추방했다. 그들은 마차를 타고 떠났으나, 숲에 들어서기 직전에 브라만들이 다가와 마차와 말을 달라고 했다. 욕심을 모르고 '나'나 '내 것'이라는 개념이 전혀 없는 베산타라는 기꺼이 귀중한 재산을 내주고 가족과 함께 걸어서 위험한 숲에 들어섰다. 그러자 이번에는 늙은 브라만이 와서 아이들을 달라고 했다. 어머니는 이기적이게도 거절하지만, '나'나 '내 것'이라는 개념이 전혀 없는 왕은 기꺼이 아이들을 주어 아이들은 노예가 되고 만다. 이어서 아내를 달라는 부탁에 아내까지 준다.

　이 이야기에서 우리는 예수가 자신을 따르려면 부모도 자식도,

심지어 목숨마저 버리라고 한 말의 의미를 알 수 있다. 속옷을 달라고 하면 겉옷도 주고 오른쪽 뺨을 때리면 왼쪽 뺨도 대야 하는 것이다. 베산타라 왕의 이야기는 당연히 좋게 끝난다. 브라만들은 사실 신들의 심부름으로 왕을 시험하는 것이어서 자식들과 아내, 그가 준 모든 것은 부모의 왕궁에 안전하게 있었다. 이는 성경에서 신이 아브라함을 시험하던 것과 유사하다. 그 이야기에서도 아들 이삭을 제물로 바치려던 아브라함을 신이 막았다. 그러나 두 이야기 모두 경건하기 짝이 없는 여정 어디쯤에서 선이 악으로 변하는지에 대해 의문을 남긴다. 가령 평화주의를 절대적으로 신봉하는 사람은 자신의 영적 순수성 외에는 아무것도 지키지 말아야 하나? 이 문제는 우리 시대와 관련이 없지 않다.

동쪽으로 더 나아가면 중국과 일본에서 또 다른 평화의 신화를 만나게 된다. 많은 이들은 노자와 공자 사상이 낭만적이라고 할 것이다. 만물은 영적으로 조화를 이룬다는 생각을 바탕으로 하기 때문이다. 그 어떤 삶과 생명, 역사와 역사적 사건에서도 두 가지 힘의 원리가 질서정연하게 상호작용을 이룬다. 능동과 수동, 빛과 어둠, 뜨거움과 차가움, 하늘과 땅이 곧 음과 양이다. 젊어서는 양의 원리가 지배적으로 작용하다가 나이가 들수록 음의 원리가 강해진다. 여름·남쪽·정오에는 양이, 겨울·북쪽·밤에는 음이 우세하다. 이것이 음양의 교대가 만물의 이치인 도(道)다. 도와 합을 이룸으로써, 곧 시대와 세계 및 자기 자신과 합을 이룸으로써 삶의 목적을 성취하고 만물과 조화하며 평화를 누린다.

　이 같은 도교사상을 표현하는 가장 유명한 말이 《도덕경》에 등장한다. 81장으로 구성된 《도덕경》은 긴 수염을 기른 현자인 노자가 쓴 것으로 알려졌다.

　　도를 가지고 임금을 도우려는 사람은 군사로 천하를 강하게 하려하지 않는다. 그 일은 되돌아오게 마련이기 때문이다. 군사가 머문 자리에는 가시덤불만이 무성하고, 큰 군사를 일으킨 뒤에는 반드시 흉년이 든다. 군사에 능한 자는 이루면 곧 그치며, 감히 힘에 기대지 않는다. 이루되 뽐내지 않고, 이루되 자랑하지 않고, 이루되 교만하지 않고, 이루되 어쩔 수 없었다고 하고, 이루되 힘으로 누르지 않는다. 장성하면 곧 늙는 법이므로, 이는 도에 맞지 않는다. 도에 맞지 않으면 일찍 죽는다.

　이어서 이렇게도 쓴다.

　　무릇 훌륭한 군대는 조짐이 안 좋은 도구이니, 만물이 종종 이것을 싫어하여 길이 있는 이는 머무르지 않는다. (…) 군대는 조짐이 안 좋은 도구이며 군자의 도구가 아니니, 어쩔 수 없이 써야 할 때는 담담하게 하는 것이 먼저다. 이겨도 좋아해서는 안 된다. 이를 좋아하는 것은 사람 죽이는 것을 즐기는 것이다. 무릇 사람 죽이는 것을 즐

기면 하늘 아래에서 뜻을 이룰 수 없다.[33]

하지만 모두가 알다시피 중국의 기나긴 역사는 무자비한 폭정과 오랜 전쟁의 혼란으로 점철되어 있다. 그리고 전국시대(기원전 453~221) 이후로 중국의 정치에 더 큰 영향을 끼친 것은 노자의 '도덕'이 아니라 대규모 직업군대의 운용이었다. 실제로 세력을 얻어 유지하는 법에 관한 매우 냉철하고 마키아벨리적인 두 저술이 그 격동의 시대에 태어나 지금까지 널리 읽힌다.《상군서》와《손자병법》이 그것인데, 먼저《손자병법》에서 인용해보자.

전쟁은 국가의 중대사이며, 생사가 걸린 문제요, 존망으로 이어지는 길이니 철저하게 연구해야 한다. 따라서 다섯 가지 기본 요인을 살펴보고 이후에 언급할 일곱 요소를 비교해야 할 것이다. 그래야 요점을 파악할 수 있을 것이다.

다섯 요인 중 첫째는 도덕적 영향(도)이요, 둘째는 날씨요, 셋째는 지형이요, 넷째는 지휘요, 다섯째는 정책이다. 도덕적 영향(도)이란, 사람들이 지도자와 조화를 이루어 죽음을 두려워하지 않고 함께 살고 함께 죽게 해주는 것이다. 날씨는 자연의 힘 사이의 상호작용으로, 겨울의 추위와 여름의 더위가 끼치는 영향과 계절에 따른 군사작전을 말한다. 지형은 거리가 어떤가, 이동은 용이한가, 넓이는 어떤가, 생명의 위협이 따르나 등을 의미한다. 지휘는 장수의 지혜와 성실성, 인간성, 용기, 엄격함을 말한다. 정책은 편성과 통제, 지휘관에게 적절한 계급 부여하기, 보급로 관리, 군수물자 조달을 말한다. 이 다섯 가지 문제를 모르는 장수는 없으며, 이를 숙지하는 자가 전쟁에 승리하고 그러지 못하는 자가 패배한다.[34]

또 《상군서》에는 다음과 같은 구절이 등장한다.

나라의 평화와 통치자의 명예는 농업과 전쟁에 의지한다. 시와 역사, 의례와 음악, 덕과 그의 함양, 자비와 진실성, 궤변과 지성 이렇게 열 가지가 있는 나라의 통치자에게는 국방과 전쟁에 쓸 장수가 없을 것이다. (…) 그러나 이 열 가지를 금하면 적들이 감히 넘보지 못할 것이며, 혹여 넘보더라도 막을 수 있을 것이다. (…) 힘을 사랑하는 나라는 어려운 것으로 공격해 성공할 것이다. 궤변을 사랑하는 나라는 쉬운 것으로 공격해 위험에 빠질 것이다. (…) 나라가 위험에 처하고 통치자가 근심할 때, 말로 먹고사는 자들로 부대를 조직해 봤자 위험을 해결하는 데 아무런 도움이 되지 못한다. 나라가 위험에 처하고 통치자가 근심하는 것은 강한 적이나 다른 큰 나라 때문이다.

농업·상업·관직은 국가의 3대 기능이며, 이에 기생하는 여섯 기능이 존재한다. 노인을 돌보는 것, 타인에 기대어 사는 것, 미, 사랑, 야심, 선한 행동이 그것이다. 이 여섯 기생충이 들러붙을 대상을 찾으면 분해가 일어날 것이다.

선한 자가 악한 자를 다스리는 나라는 질서가 무너져 분해될 것이다. 그러나 악한 자가 선한 자를 다스리는 나라는 질서가 있어 강해질 것이다.

형벌이 무겁고 보상이 가벼울 때 통치자는 백성을 사랑하는 것이요, 백성은 그를 위해 죽을 것이다. 보상이 무겁고 형벌이 가벼울 때 통치자는 백성을 사랑하지 않는 것이요, 백성은 그를 위해 죽지 않을 것이다.

마지막은 이것이다.

적이 수치스러워서 하지 못할 일을 하면 유리할 것이다.[35]

인도에서도 이런 사상이 오랫동안 통치 및 전쟁 기술을 형성하고 영향을 끼쳐왔다. 오늘날 《바가바드기타》를 경전으로 읽는 이들은 그것이 사실 위대한 전쟁 서사시 《마하바라타Mahabharata》의 일부라는 사실을 잊어버리는 경향이 있다. 다음은 《마하바라타》 7장에서 인용한 것이다(《바가바드기타》는 6장이다).

자신의 능력을 알고 대군을 지휘하는 왕은 행선지를 밝히지 말고 밝고 용기 있게 동맹을 잃은 나라, 이미 다른 나라와 전쟁을 벌이고 있어 주의가 다른 데에 가 있는 나라 또는 자국보다 약한 나라를 향해 진격하라는 명령을 내려야 한다. 단 그전에 먼저 자국의 방어력을 갖추어놓아야 한다.

왕은 더 강한 왕 밑에서 언제까지고 지내서는 안 된다. 비록 힘이 없어도 더 힘센 자를 몰아내려 노력해야 하며, 그런 결심을 가지고 자국을 다스려야 한다. 무기와 불, 독극물을 사용해 강국을 괴롭혀야 하며, 또 상대국의 관리들과 종들 사이에 분란을 일으켜야 한다. (…)

왕은 국고와 군대에 의존하며, 군대는 왕의 국고에 의존한다. 군대는 왕의 모든 공덕의 바탕이며, 왕의 공덕은 백성을 뒷받침한다. 타인을 탄압하지 않고는 국고를 늘릴 수 없다. 그런데 탄압 없이 어떻게 군대를 유지할 수 있겠는가. 그렇기에 왕이 어려울 때 국고를 채우기 위해 백성을 탄압하는 것은 죄가 아니다. (…) 부富가 있으면 이 세상과 저 세상, 둘 다를 얻을 수 있거니와 진리와 공덕으로는 얻을 수 없다. 부를 갖지 못한 자는 살아 있어도 죽은 것이나 다름없다. (…)

형세가 불리할 동안에는 적을 참고 견뎌야 한다. 그러나 기회가 찾아오면 질항아리를 바위에 내리치듯 적을 쳐야 한다. (…)

왕은 번영을 추구하는 데 걸림돌이 된다면 자식이 됐든 형제가 됐든 아비가 됐든 친구가 됐든 죽이기를 주저하지 말아야 한다. (…)

타인의 급소를 베고 여러 잔학 행위를 하고 어부가 물고기를 죽이듯 살생을 하지 않으면 번영을 손에 넣을 수 없다. (…)

적과 아군이 따로 정해져 있는 것이 아니다. 상황에 따라 적이 됐다가 아군이 됐다가 하는 것이다. (…)

어떤 일도 할 때는 철저하게 해야 한다. (…) 왕은 양민을 죽이고
도로를 파손하고 집에 불을 질러 적의 영토를 파괴해야 한다.

마지막으로 이런 것도 있다.

힘은 정의에 우선한다. 정의는 힘에서 비롯된다. 정의는 생명이 흙
에 의지하듯 힘에 의지한다. 연기가 바람을 따르듯 정의는 힘을 따라
야 한다. 정의 자체에는 아무 권위가 없다. 정의는 덩굴식물이 나무
에 의지하듯 힘에 의지한다.[36]

이는 전쟁 서사시의 한 장으로서《바가바드기타》자체가 전투
개시 명령을 앞두고 양심의 가책에 시달리는 젊은 왕자를 격려하
고 그의 마음에서 살상에 대한 슬픔과 죄의식을 없애주기 위한 글
이다. "생명을 얻은 자는 반드시 죽으며 죽은 자는 반드시 생명을
얻는다. 불가피한 일에 대해 슬퍼해서는 안 된다. (…) 모든 육체
에 거하는 지고의 자아는 죽일 수 없다." "무기는 그것을 벨 수 없
으며 불은 그것을 태우지 못한다. 물은 그것을 적시지 못하며 바람
은 그것을 시들게 하지 못한다. 자아는 항구적이고 보편적이며 변
하지 않고 움직이지도 않고 영원히 한결같다. (…) 모든 육체에 거
하는 자아는 죽일 수 없다. 그러니 누구에 대해서도 슬퍼하지 마

진정한 형태를 드러낸 크리슈나

라."[37]

　이것이 동양 사상에서 모든 평화의 궁극적인 바탕이다. 행위의 영역(가령 인생)에는 평화가 존재하지 않으며 존재할 수도 없다. 따라서 평화를 얻으려면 집착하지 않고 해야 할 행동을 하는 것이다.《바가바드기타》에서 젊은 왕자 아르주나는 다음과 같이 배운다. "요가에 바탕을 두고 집착을 버리고 성공을 거둘 때나 실패할 때나 평정을 지키며 행동하라. 이 평정이 바로 요가라는 것이다. 단순한 행동은 평정을 지키며 한 행동보다 훨씬 못하다. 평정 안에서 피난처를 찾아라. 결과를 위해 행하는 이들은 불쌍하다. 마음의 평정을 지니는 이는 선한 행동도 악한 행동도 모두 벗어버린다. 따라서 요가를 얻으려 노력해라. 요가가 행동의 기술이다."

　행동의 결과에 대한 모든 두려움과 바람을 버리고, 집착하지 않고 해야 할 일을 해야 하는 것이다. 해야 할 일이란 자신에게 주어진 의무로, 왕자의 의무는 싸우고 죽이는 것이다. "왕자에게 정당한 전쟁만한 것이 없다. 운이 좋은 왕자는 그런 전쟁이 알아서 찾아와 천국의 문을 활짝 열어준다."[38]

　역설적으로 이 문맥에서 평화 신화와 전쟁 신화는 같은 것이다. 나아가 힌두교뿐 아니라 불교(대승불교)에서도 이 역설은 근본적이다. 피안의 지혜는 모든 이분법을 초월하기에 필연적으로 전쟁과 평화의 이분법을 초월하고 포함해야 한다. 대승불교에서는 "불완전한 이 세상은 완벽한 황금 연꽃의 세계다"라고 말한다. 그런 식으로 보지 못하거나 차마 볼 수 없는 사람이 있다면 그것은 세상의 잘못이 아니다.

또 세계를 악하다고 볼 수도 없다. 자연은 악한 것이 아니라 부처 의식의 '행위체action body'다. 따라서 분쟁은 악한 것이 아니며, 전쟁에서 어느 한편이 상대방보다 더 악하거나 선하지 않다.

그렇기에 보살이 자비심에서 세상사에 관여하는 것에는 죄가 전혀 없으며, 여기에는 또한 개인적인 감정이 전혀 개입되지 않는다. 다시 말해 '부처 의식의 행위체'에 즐거이 참여한다는 대승불교의 이상은 개인적 감정이 전혀 개입되지 않고 사심이 없으며 죄가 아니다.

정리해보자면 이런 이야기다. 인류 역사에는 처음부터 전쟁(종류를 불문하고)은 불가피하고 선할뿐더러 문명화된 인간에게 정상적이고 매우 흥겨운 사회적 행위라는 개념이 존재했다. 그리고 전쟁은 왕에게 의무일 뿐 아니라 즐거움이다. 전쟁을 벌이거나 준비하지 않는 왕은 어리석은 '종이호랑이'다.

반면 세계 역사에서는 이와 정반대의 생각도 찾아볼 수 있다. 전쟁과 분쟁을 완전히 그만두고 항구적인 평화를 얻기 위해 노력해야 한다는 생각이다. 그러나 갈등과 고통은 세속적 삶에 내재하는 것이기에 이 같은 노력은 삶 자체를 부정하는 것으로 이어진다. 인도의 자이나교와 초기 불교(소승불교)에서 그런 사례가 가장 뚜렷하게 나타나지만, 일부 초기 기독교 운동이나 12세기 프랑스의 알비주아파(프랑스 남부에서 일어난 반로마교회파 운동 – 옮긴이) 등 서구에서도 찾아볼 수 있다.

전쟁 신화를 살펴보면서 우리는 토라와 쿠란 모두에서 세상을 창조하고 지배하는 유일신이 항상 그리고 절대적으로 특정 집단의 편을 든다는 믿음을 찾아볼 수 있었다. 따라서 그 집단이 벌이는 전쟁은 신의 뜻 아래 행해지는 성전이라고 여겨졌다. 태양이 멈추지 않도록 바칠 제물을 손에 넣기 위한 아즈텍족의 '꽃의 전쟁' 뒤에도 비슷한 사상이 존재했다. 반면 《일리아드》에서 올림푸스 신들은 어느 한편만을 지지한 게 아니었으며, 트로이전쟁은 우주의 문제가 아니라 도둑맞은 아내를 되찾기 위한 인간의 문제로 간주되었다. 그리고 고귀한 영웅 전사의 이상은 그리스인이 아니라 트로이인인 헥토르의 성격과 말을 통해 표현되었다. 이는 셈족의 두 전쟁 신화의 정신과 명백히 대조되는 한편, 인도의 《마하바라타》와는 상통한다. 가족과 국가에 대한 의무를 다하기 위해 전쟁터에 나가는 헥토르의 결의, 그리고 《바가바드기타》에서 자신이 속한 계급에 대한 의무를 다하기 위해 아르주나에게 요구되는 '자기절제'(요가)는 본질적으로 유사하다. 뿐만 아니라 《일리아드》에서도 《바가바드기타》에서도 전쟁을 벌이는 양 진영에게 동등한 명예와 경의를 표한다.

그리고 마지막으로 전쟁과 평화의 이상과 목표에 관한 제3의 관점이 있었다. 삶으로서의 전쟁과 전쟁으로서의 삶을 긍정도 부정도 하지 않으면서 전쟁이 종식될 때를 기다리는 것이다. 처음으로 그런 구상을 진지하게 한 것으로 보이는 페르시아의 조로아스터교 종말론 신화에 따르면, 위대한 변화의 날은 자연법칙이 작동을 멈추고 우리가 알고 있는 시간도 변화도 생명체도 존재하지 않게 되는 영겁의 시작과 함께 우주적 위기로 나타날 것이다. 역설적이게도 이 전반적인 변화에 앞서 전쟁이 수백 년간 이어질 것이다. 하지만 페르시아 제국 내에서는 상대적으로 평화가 지배할 것인데, 이 평화를 유지하는 것은 첩자·정보 제공자·경찰이다. 따라서 평화로운 제국의 확대와 더불어 세속적 평화의 경계 또한 확대될 것이다.

그런데 비슷한 이야기를 최근에도 들어봤다. 위와 같은 개념은 성서 속 이스라엘의 이미지로 흡수되었고, 사해문서의 시기에 종말론적 기독교로 전해졌다(마가복음 13장 3~37절 참조). 아랍민족의 '이슬람의 영토'와 '전쟁의 영토'는 본질적으로 이런 개념이다. 그런가 하면 첩자와 정보 제공자, 경찰의 탄압 등은 모스크바식 평화이기도 하다(당시 소비에트연방의 공산독재 체제를 가리킨다 - 옮긴이).

이들 외에 위대한 전통 속에서 찾아볼 수 있는 전쟁과 평화에 대한 사상은, 내가 아는 한, 17세기 네덜란드의 저명한 법철학자 그로티우스Hugo Grotius가 1625년 그의 획기적인 저서 《전쟁과 평화의 법》에서 처음 발표한 것뿐이다. 이 책에서 그로티우스는 인류 역사상 처음으로 정글의 법칙이 아니라 윤리적 원칙에 의거한 국제법을 주창했다. 인도에서 국제관계를 다루는 법은 수세기 전부터 '물고기의 법칙matsya naya'이라고 불려왔다. 큰 물고기는 작은 물고기를 잡아먹으므로 작은 물고기는 머리를 잘 써야 한다는 뜻이다. 왕자에게 전쟁은 타고난 의무이며 평화는 권투 시합 중의 휴식 시간 같은 막간에 불과하다. 반면 그로티우스에게는 평화가 문명 세계의 올바른 표준이고 전쟁은 이를 위배하는 것이다. 따라서 국제법의 목적은 무력으로 강제된 평화가 아니라 합리적인 상호이익에 따라 평화를 수립하는 것이어야 한다. 이는 1차 세계대전이 끝날 무렵 우드로 윌슨Woodrow Wilson이 제안한 '승리 없는 전쟁'의 이상이기도 하다. 왼발에 화살, 오른발에 올리브 가지를 쥐고 머리는 올리브 가지가 있는 오른쪽을 향하는(그로티우스의 정신에 따라) 미국의 독수리 국장國章 또한 이를 상징한다. 금욕주의나 무력이 아니라 상호이익이라는 이해가 모든 인류에게 마침내 평화의 시대를 가져올 그날까지 모쪼록 독수리가 화살촉을 날카롭게 유지하기를 바란다.

10

내면으로 떠난 여행: 조현병의 연구

1970년[1]

신화의 영웅, 샤먼, 신비주의자, 조현병 환자의 내적 여행은 원칙적으로 동일하다.
그들의 귀환 또는 증세의 완화는 '재생'으로 체험된다. 다시 말해 현실의 지평에
더는 구속되지 않는 '거듭난' 자아가 탄생하는 것이다.

1968년 봄 캘리포니아주 빅서에 있는 에살렌연구소에서 조현
병에 관해 강연을 해달라고 나를 초청했다. 그 전해에 그곳에서 신
화에 관해 강연을 했었는데, 이 대단히 흥미로운 단체를 이끄는 젊
고 상상력이 풍부한 마이클 머피Michael Murphy 씨가 신화와 조현병
사이에 어떤 연관성이 있는 게 틀림없다고 생각한 모양이었다. 하
지만 나는 조현병에 관해 아는 게 없는 터라 편지를 받고 바로 전
화해서 말했다. "마이클, 난 조현병에 관해 아무것도 모르는데요.
……조이스 강연은 어때요?"

그는 "그거 좋은데요!" 하더니 이어 말했다. "그래도 조현병에
대해서도 강연해주시면 좋겠습니다. 샌프란시스코에서 선생님과
존 페리John Perry 두 분이 신화와 조현병에 관해 강연하시는 건 어
떨까요?"

당시 나는 페리 박사와 안면이 없었지만, 젊어서 블라니 돌
Blarney Stone(아일랜드 블라니 성에 있는 돌로, 여기에 입을 맞추면 달변가가
된다는 전설이 있다 - 옮긴이)에 입을 맞추는 근사한 경험도 해봤겠다
(박사 학위 열몇 개만 한 가치가 있다) '뭐, 못할 것도 없지!'라는

생각이 들었다. 게다가 마이크 머피를 워낙 신뢰해서 분명히 그에게 뭔가 흥미로운 아이디어가 있다고 생각했다.

아니나 다를까, 몇 주 뒤 샌프란시스코에서 존 페리 의학박사가 보낸 봉투가 도착했다. 안에는 그가 1962년《뉴욕 과학아카데미 연감》에 발표한 조현병 관련 논문의 사본이 들어 있었다.[2] 그것을 읽고 나는 적잖이 놀랐다. 조현병으로 인한 망상 속 이미지는 내가 1949년《천의 얼굴을 가진 영웅》에서 다루었던 신화 속 영웅의 여정과 똑같았다.

내가 쓴 글은 인류 신화의 비교연구로, 꿈과 히스테리, 신비적 환상 등의 현상학에 관한 언급은 간혹가다 했을 뿐 주로 모든 신화에 공통되는 주제와 모티프를 정리한 것이었다. 그때는 그것들이 광기의 망상과 얼마만큼 상통하는지 알지 못했다. 내 생각에 그것들은 모든 전통적 신화의 보편적이고 전형적인, 그리고 심리를 바탕으로 하는 상징적인 주제와 모티프였다. 그런데 페리 박사의 논문을 보니, 동일한 상징들이 조현병을 앓는 현대인의 심리 상태에서도 나타나는 것이었다. 자신이 속한 공동체의 생활과 사고로부터 단절되어 순전히 자기만의 망상을 하고 있는데도 말이다.

그들이 겪는 통상적인 패턴을 간략하게 설명하자면, 먼저 사회 질서와 맥락으로부터 탈피하거나 벗어난다. 이어서 시간상 뒤로, 그리고 정신적으로는 내면으로 깊숙이 물러난다. 그곳에서 잇따라 뒤죽박죽이고 공포스러운 경험을 하고 나면 이윽고 (운이 좋을 경우) 중심을 잡아주고 충족감과 조화, 새로운 용기를 부여해주는 만남들이 있을 것이다. 그런 다음 돌아와 새로운 삶으로 다시 태어난다. 그런데 이는 신화 속 영웅의 여정이 보편적으로 지니는 공식이기도 하다. 내 글에서는 그것을 1) 출발seperation 2) 입문initiation 3) 귀환return이라고 불렀다.

> 영웅은 평범한 일상의 세계에서 벗어나 초현실적 경이의 영역으로 모험을 떠난다. 그리고 그곳에서 우화적 힘들과 조우하고 결정적인 승리를 거둔다. 영웅은 다른 사람들을 이롭게 해줄 힘을 얻어 그의 신비적인 모험에서 돌아온다.[3]

이것이 신화의 패턴이자 정신적 공상의 패턴이기도 하다.

페리 박사는 논문에서 특정 사례의 경우 충격요법 등으로 조현병을 막는 대신 일단 내버려두어 분열과 복원 과정을 도와주는 게 최선일 수 있다고 주장했다. 그런데 이런 치료방법을 실제로 사용하려면 의사가 신화의 이미지 언어를 이해하고 있어야 한다. 합리적 사고나 의사 전달이 불가능한 환자가 어떻게든 소통하려고 제시하는 단편적인 신호를 이해할 수 있어야 하는 것이다. 이런 관점에서 해석한다면, 조현병은 잃어버린 무엇인가를 되찾아 균형을 회복하기 위한 내적·퇴행적 여정이다. 그렇기에 그가 항해를 떠나도록 두어야 한다. 배가 기울어 침몰하는 중이고 어쩌면 이미 물에 빠졌을지도 모르지만, 불로초를 얻으러 우주의 바다 밑바닥까지 잠수한 길가메시 전설에서처럼 저 밑에 그의 유일한 삶의 가치가 있다. 그러니 그가 거기에 다다르는 것을 막지 말고 거들어주어야 한다.

결국 나는 캘리포니아에서 아주 멋진 시간을 보냈다. 페리 박사와 대화를 나누고 공동 강연을 한 경험은 내게 새로운 가능성을 열어주었다. 오랜 세월 나는 개인적 열정으로 신화를 학술적으로 연구해왔지만, 그것을 다른 이들을 위해 활용하는 기술에 대해서는 구체적인 지식이 전혀 없었다. 그런데 그날 이후로 내 연구가 오늘날 고통을 겪고 있는 이들에게 어떤 의미를 가질 수 있는지 점점 더 생각하게 되었다.[4]

페리 박사와 머피 씨는 내게 미국 국립정신건강학회의 줄리언 실버맨Julian Silverman 박사가 1967년 《아메리칸 앤스로폴로지스트》에 발표한 〈샤먼과 급성 조현병〉이라는 논문을 소개해주었다.[5] 거기에서도 내 연구 및 생각과 직접적으로 연관되는 매우 흥미로운 내용을 발견할 수 있었다. 나는 이미 내 저술에서 원시 수렵부족들의 경우 의례의 신비적 이미지와 의식이 주로 샤먼의 심리적 경험에서 비롯된다고 지적한 바 있다.[6] 샤먼(남자든 여자든)은 청소년기 초기에 오늘날 정신증이라고 할 만한 심한 정신적 위기를 겪은 사람이다. 보통 아이의 가족이 걱정하며 나이 많은 샤먼을 불러 아이가 그 상태에서 빠져나오게 해달라고 부탁한다. 그러면 경험 많은 샤먼은 노래 등 적절한 수단을 써서 그렇게 해낸다. 실버맨 박사가 논문에서 언급하듯 "인생의 위기에 대한 독특한 해결책이 용인되는 원시 문화에서 상궤를 벗어나는 경험(샤머니즘)은 인지적으로 또 정서적으로 개인에게 이득을 준다. 확장된 의식을 갖게 된 것으로 여겨지기 때문이다". 반면 우리 같은 합리적 문화에서는, 또는 다시 한번 실버맨 박사의 말을 빌리자면 "이런 종류의 위기를 이해하는 데에 참고할 것을 주지 못하는 문화에서는 개인(조현병 환자)은 원래 겪었던 불안으로 말미암아 고통이 더욱 심화되는 경험을 한다".

여기서 1920년대 초반 덴마크의 위대한 학자이자 탐험가 크누드 라스무센Knud Rasmussen이 인터뷰한 에스키모 샤먼의 사례를 소개하겠다. 인간에 대한 공감과 이해가 누구보다도 컸던 라스무센

크누드 라스무센

은, 1921년부터 1924년까지 덴마크 툴레 탐험대와 함께 그린란드에서 알래스카에 이르는 대장정을 하면서 북미 대륙의 극지에서 만난 이들과 사람 대 사람으로 이야기를 나눌 수 있었다.

이그주가르주크Igjugarjuk는 캐나다 북부의 툰드라에 거주하는 카리부 에스키모 부족의 샤먼이

었는데, 어렸을 때 이해할 수 없는 꿈을 자주 꾸었다. 기이하고 낯선 존재들이 찾아와 그에게 말을 거는 꿈이었다. 잠에서 깨고 나서도 기억이 똑똑히 남아 있어서 자신이 꾼 꿈을 친구와 가족에게 정확하게 묘사할 수 있었다. 걱정은 됐지만 무슨 일이 벌어지고 있는지 알 수 있었던 가족은 페콰나오크Peqanaoq라는 나이 많은 샤먼을 불렀다. 샤먼은 이야기를 듣고 소년을 한겨울, 그것도 매섭게 춥고 캄캄한 북극 지방의 겨울밤에 1인용 썰매에 태워 멀리 외진 곳으로 데려갔다. 그러고는 그곳에 책상다리도 할 수 없을 만큼 작은 이글루를 만들어주었다. 샤먼은 소년이 땅에 발도 딛지 못하게 곧바로 썰매에서 들어올려 이글루로 들여갔다. 안에는 소년이 겨우 앉을 만한 크기의 짐승 가죽이 깔려 있을 뿐, 먹을 것도 마실 것도 없었다. 샤먼은 소년에게 이제 곧 대정령이 나타날 테니 그 생각만 하라고 이르고 30일간 소년을 그곳에 홀로 남겨두었다. 5일이 지났을 때 미지근한 물을 가져다주었고 그로부터 15일이 지났을 때 물과 약간의 고기를 다시 가져다주었지만, 그게 다였다. 추위와 굶주림이 어찌나 극심했던지 이그주가르주크는 라스무센에게 "때때로 난 조금 죽었다"라고 이야기했을 정도였다. 그동안 계속해서 대정령 생각을 하고 또 했더니, 시련이 끝날 무렵 정말로 수호 정령이 나타났다. 여인의 형상으로 그의 머리 위를 떠다니는 듯했다. 모습을 본 것은 그때뿐이었지만 그것이 그의 수호 정령이 되었다. 그 뒤에 샤먼은 그를 집으로 데려와 다섯 달 더 금식을 시켰다. 이그주가르주크에 따르면 그런 금식을 자주 반복하는 것이 숨은 진실을 아는 최상의 방법이다. "하나뿐인 참된 지혜는 인간으로부터 멀리 떨어진 외로움 속에 존재하며 고통을 통해서만 얻을 수 있다. 궁핍과 고통만이 다른 이들에게는 감추어진 모든 것에 사람의 마음을 열어줄 수 있다."

라스무센이 알래스카의 놈이라는 곳에서 만난 또 다른 강력한 샤먼도 이와 유사하게 정적 속으로 떠나는 이야기를 들려주었다. 그런데 이름이 나자그네크Najagneq인 이 늙은 샤먼은 마을 사람들과 관계가 악화되어 있었다. 샤먼이라는 위치는 매우 아슬아슬하다. 뭔가 좋지 않은 일이 생기면 사람들은 자기 마을 샤먼 탓으로 돌리는 경향이 있다. 그가 주술을 쓴다고 생각하는 것이다. 나자그네크는 안전을 위해 이웃들에게 겁을 주어 그들이 섣불리 가까이 다가오지 못하도록 여러 속임수와 정령을 만들어냈다.

나자그네크

나자그네크의 정령들이 대부분 이런 가짜라는 것을 알고 있는 라스무센이 하루는 나자그네크에게 그가 믿는 정령이 있느냐고 물었다. 그러자 그는 이렇게 대답했다. "있어. 우리가 실라

Sila라고 부르는 정령인데, 아무리 말을 많이 늘어놔도 설명이 불가능한 존재야. 아주 강한 힘을 가졌고 우주와 날씨, 지상의 모든 생명체를 지키지. 어찌나 힘이 센지 평범한 언어가 아니라 폭풍과 눈보라, 소나기, 바다에 휘몰아치는 폭풍우, 인간이 두려워하는 온갖 힘을 통해서, 아니면 햇빛과 잔잔한 바다, 아무것도 모르는 어리고 순수한 아이들을 통해서 인간한테 말을 해. 문제가 없을 때는 인간한테 아무 말도 하지 않아. 사람들이 생명을 함부로 대하지 않고 일용할 음식을 존중하는 한 무한한 무無 속으로 사라져서 나타나지 않지. 실라를 본 사람은 아무도 없어. 실라가 머무는 곳은 신비에 싸여서 우리와 함께 있는 동시에 무한히 먼 곳에 있어."

그렇다면 실라는 무슨 말을 하는가?

나자그네크는 말했다. "우주에 사는 이 또는 우주의 영혼은 눈으로 볼 수 없고 오직 목소리만 들을 수 있어. 우리가 아는 건 그저 여자처럼 부드러운 목소리라는 것, 곱고 다정해서 심지어 아이들도 겁내지 않는다는 것뿐이야. 그 목소리는 이렇게 말해. '우주를 두려워하지 마라.'"[7]

이들은 적어도 우리의 문화와 지식, 문명에 비추어보면 매우 단순한 사람들이다. 하지만 그들의 가장 깊은 내면에서 비롯된 지혜는 가장 존경받는 신비주의자들에게서 우리가 듣고 배운 내용과 본질적으로 일치한다. 우리가 평소 하는 능동적이고 합리적인 사고로는 쉽게 이해에 다다르지 못하는 심오하고 보편적인 지혜가 여기에 있다.

샤머니즘을 다룬 논문에서 실버맨 박사는 조현병을 두 가지 매우 다른 유형으로 분류했다. 하나는 '본질적 조현병'이고 또 하나는 '망상형 조현병'인데, 내가 말하는 '샤먼적 위기'와 유사성을 찾아볼 수 있는 것은 본질적 조현병뿐이다. 본질적 조현병은 외부세계의 경험에서 영향을 받지 않게 되는 것이 전형적인 패턴이다. 관심사와 초점이 좁아지고 객체 세계가 후퇴하며 무의식의 침입에 압도된다. 반면 망상형 조현병을 앓는 사람은 세계와 그곳에서 일어나는 사건을 매우 민감하게 인식하되, 모든 것을 자신의 환상과 공포에 비추어 해석하고 공격당할 것이라고 느낀다. 실제로는 내부에서 가해지는 공격을 외부에 투영해 세상이 자신을 사방에서 감시하고 있다고 상상한다. 실버맨 박사에 따르면 이런 유형의 조현병은 샤머니즘과 유사한 내적 경험으로 이어지지 않는다. "망상형 조현병은 자기 내면세계의 강렬한 공포를 이해하지도 견디지도 못해 너무 일찍 외부세계로 주의를 돌리는 셈이다. 이런 유형은 위기 해결 시도에 실패해 내적 혼돈은 끝까지 겪어내는 것으로 해소되지 않으며, 어쩌면 헤쳐나올 수 없을지도 모른다." 말하자면 정신이상자는 자신이 투영한 무의식 영역을 자유롭게 돌아다니고 있는 것이다.

반면에 이와 반대되는 유형의, 보기에도 딱한 정신이상자는 내면 깊은 곳에 자리하는 뱀굴에 빠졌다. 그 속에서 그는 자신의 모든 관심과 존재를 바쳐 통제되지 않는 정신적 에너지의 공포스러운 형상들과 생사를 건 싸움을 벌이고 있다. 이는 샤먼 후보가 신비적 여정을 하면서 하는 일과 정확히 일치한다. 따라서 우리는 다음으로 '본질적 조현병' 환자가 처한 곤경과 트랜스 상태(일종의 '변형된 의식 상태'로 몽환 상태라고도 한다 - 옮긴이)에 쉽게 빠지는 샤먼의 상황이 어떻게 다른지 물어야 한다. 이 질문에 대한 답은 '원시부족의 샤먼은 사회질서와 관례를 거부하지 않는다'는 점이다. 또한 사실상 이 관례들 덕분에 그는 이성적 의식을 되찾을 수 있다. 나아가 그가 이성적 의식을 되찾고 나면, 그의 내적·개인적 경험이 대물림된 관례를 재확인하고 생기를 불어넣어주고 강화해준다. 그의 개인적 꿈 상징이 그가 속한 문화의 상징체계와 동일하기 때문이다. 반면 현대 정신이상자의 경우, 문화의 상징체계와 연결되기는커녕 완전히 단절되어 있다. 조현병 환자에게 자신의 상상은 그저 생소하고 두려울 뿐이고 기존의 상징체계는 그에게 아무런 도움을 주지 못한다. 그러나 원시부족 샤먼은 외적 삶과 내적 삶이 근본적으로 부합한다.

앞에서도 말했다시피 캘리포니아에서 매우 흥미로운 시간을 보내고 뉴욕으로 돌아오자(마치 수호 정령이 전부 정해준 것처럼) 저명한 정신과 의사 모티머 오스토Mortimer Ostow가 청소년 정신의학학회에서 논문을 발표하는 자리에 나를 토론자로 초청했다. 오스토 박사의 논문은 조현병과 신비주의, LSD로 인한 환각, 그리고 현대 젊은 세대의 '반도덕주의'(오늘날 상당수 대학생과 그들 지도교수의 행동에서 두드러지는 반사회성)의 메커니즘에 공통으로 나타나는 특징을 연구한 것이었다. 이때의 경험으로 나는 또다시 내 신화 연구와 연관될 수 있는 다른 분야를 접했다. 게다가 대학 교수로서 직접 겪고 있는 분야이기도 했다.

논문을 읽고 나는 LSD를 복용하여 내면으로 뛰어드는 것은 본질적 조현병에, 그리고 현대 젊은 세대의 반도덕주의는 망상형 조현병에 비견할 수 있다는 것을 알게 되었다. 현대 젊은이들 중 다수가 이른바 기성세대(바꿔 말하면 현대문명)에게 전방위적으로 위협받는다고 느끼는 것은 거짓이나 과장이 아니라 실제 심리 상태다. 단절은 사실이고 그들이 외부로부터 당하는 폭격은 내적 공포의 상징인 것이다. 더욱이 모든 생각이 감정으로 격앙되다 보니 이성적 언어로는 그것에 붙일 이름이 없어 의사소통조차 여의치 않은 이들이 많다. 그토록 많은 젊은이가 간단한 평서문조차 말하지 못하는 것을 보면 놀랍다. 그들은 무슨 말을 하려고 할 때마다 '그러니까' 같은 무의미한 말을 자꾸 끼워넣다가는 결국 말없는 신호와 감정을 담은 침묵으로 자신을 이해해달라고 한다. 그들을 대하다 보면 가끔 벽이 없는 정신병원에 있는 것 같다. 그들이 부르짖는 문제점들에 대한 해결책은 (언론과 정치가들의 주장처럼) 사회학적인 것이 아니라 정신의학적인 것이다.

적어도 내게는 LSD 현상이 좀 더 흥미롭다. 자연스럽게 소멸될 것을 기대하며(꼭 그렇게 되지는 않는데) 의도적으로 조현병 상태를 만들어내는 셈이기 때문이다. 요가 또한 의도적인 조현병이다. 세계로부터 벗어나 내면으로 뛰어들고, 그 과정에서 경험하는 환상은 사실 정신이상자의 환상과 똑같다. 그렇다면 정신이상 또는 LSD 체험과 요가 또는 신비적 체험은 어떤 차이가 있나? 양쪽 다 내면의 깊은 바다로 뛰어든다는 것은 의심할 여지가 없다. 그곳에서 마주치는 상징들은 많은 경우 동일하다(여기에 대해 조금 이따 더 이야기하겠다). 그러나 중대한 차이가 하나 있는데, 단적으로 말해서 헤엄칠 수 있는 다이버냐, 아니면 헤엄칠 수 없는 다이버냐의 차이다. 이런 것에 대해 타고난 재능이 있는 데다 스승의 지시에 따라 단계별로 차근차근 물에 들어가는 신비주의자는 자신이 헤엄칠 수 있다는 것을 알게 된다. 그러나 준비되지 않았고 지도도 받지 못했으며 재능을 타고나지도 않은 조현병 환자는 어쩌다 물에 빠졌거나 의도적으로 뛰어들었지만 헤어나지 못하고 있다. 그를 구해낼 수 있을까? 밧줄을 던져주면 잡을까?

먼저 그가 들어간 물에 대해 생각해보자. 앞서 말했듯 그 물은 신비적 경험에 등장하는 물과 같다. 그렇다면 그 특성은 어떠한가? 어떤 성질을 가지고 있나? 헤엄을 치는 데 필요한 것은 무엇인가?

이 물은 신화에 등장하는 우주적 원형의 물이다. 신화 연구자로서 평생 그런 전형들을 다룬 내가 장담하는데, 그런 물은 실제로

물에 빠지다 갈릴리 바다에서 물에 빠진 베드로. 헤르베르트 뵈클의 프레스코화.

존재하며 세계 어디에서나 동일하다. 이 원형적 물은 불교 사원이나 중세의 대성당, 수메르문명의 지구라트, 마야문명의 피라미드 등 다양한 전통에서 다양하게 표현된다. 신의 이미지는 그 지역의 동식물과 지형, 인종적 특징에 따라 다르게 그려질 것이다. 신화와 의례는 각지에서 다르게 해석되고 다르게 합리적으로 적용되고 그로써 강화하는 사회적 관습도 다를 것이다. 그러나 전형적·본질적인 형태와 거기에 담긴 개념은 종종 놀라울 정도로 똑같다. 그렇다면 그건 무엇인가? 무엇을 나타내는가?

이를 가장 잘 묘사하고 해석한 심리학자는 카를 융이다. 그는 그것을 '집단 무의식의 전형'이라고 부르며 개인적 경험의 산물이 아니라 온 인류에게 공통되는 정신구조와 연관된다고 한다. 융이 보기에 정신의 저 깊은 곳, 기저가 되는 단계에는 인간의 몸과 신경계, 그리고 경이로운 뇌를 바탕으로 하는 본능체계의 표현이 있다. 모든 동물은 본능적으로 행동한다. 물론 학습한 방식으로도 행동하고 상황에 맞춰 행동하기도 하지만, 그조차 모든 종은 '본성'에 따라 다르게 행동한다. 고양이가 거실로 들어올 때와 개가 들어올 때를 비교해보라. 고양이와 개는 각각 자기 종 특유의 충동에 따라 움직인다. 충동이 최종적으로 각각이 살아가는 모습을 만든다. 마찬가지로 인간을 지배하고 결정하는 것 역시 충동이다. 모든 인간에게는 유전된 생명활동과 개인사가 있는데, '무의식의 원형'은 전자가 표현된 것이다. 한편 프로이트 학파가 관심을 보이는 유아기에 겪은 충격, 좌절, 공포 등 억압된 개인적 기억을 융은 전자와 구별해 '개인 무의식'이라고 부른다. '집단 무의식'이 생물학적이며 종에게 공통된 것이라면, '개인 무의식'은 개인사적이며 사회적으로 결정되고 각 개인의 삶 특유의 것이다. 우리가 꾸는 꿈과 일상적으로 겪는 어려움 가운데 대다수는 물론 후자에서 비롯된다. 그러나 조현병 환자가 뛰어내려서 다다르는 곳은 '집단 무의식'이고, 그곳에서 경험하는 심상은 대체로 신화적 원형에 해당한다.

본능이 얼마나 강력한지 이야기해보자. 전에 본 디즈니의 아름다운 자연 다큐멘터리 영화에서 바다거북이 물에서 10미터쯤 떨어진 모래사장에 알을 낳았다. 며칠 뒤 5센트짜리 동전만 한 크기의 갓 태어난 새끼 바다거북이 무수히 나타나더니 조금도 주저하지 않고 바다를 향해 기어가기 시작했다. 여기저기 찾아다니지도 않았고, 시행착오도 없었다. "내가 어디부터 먼저 가는 게 합리적이려나?" 하고 묻지도 않았다. 작은 바다거북들은 단 한 마리도 엉뚱한 방향으로 가지 않았다. 더듬더듬 덤불로 기어들어갔다가 "이런!" 하면서 뒤로 돌아서는 "내가 이런 곳에 있으려고 태어났을 리 없지!"라고 하지 않았다. 그들은 어미 바다거북 또는 어머니 대자연이 확신한 대로 곧장 나아갔다. 그리고 갈매기 떼는 요란하게 우짖어 소식을 전하며 바다를 향해 기어가는 작은 5센트짜리 동전들을 향해 폭격기처럼 급강하했다. 자신들이 가야 할 곳이 바다라는 것을 잘 아는 새끼 바다거북들은 작은 다리로 가능한 한 빨리 움직였다. 훈련도 실험도 필요 없었다. 다리는 어떻게 움직여야 할지 스스로 알고 눈은 앞에 보이는 곳으로 가야 한다는 것을 알고 있었다. 시스템 전체가 완벽하게 움직였다. 소형 탱크부대는 서툴게나마 최대한 빨리 바다를 향해 나아갔다. 그런 조그만 바다거북들은 거대한 파도가 두려울 만도 하건만, 곧장 바다로 들어가 당장 헤엄치기 시작했다. 당연히 물고기들이 달려들었다. 사는 게 참 쉽지 않다!

자연으로 돌아가자는 사람들은 자신들이 무슨 이야기를 하는지 알고 있을까?

본능이 얼마나 절대적인지 보여주는 또 하나의 놀라운 사례를 들어보자. 이번에도 갓 태어난 작은 생명으로, 꼬리에 아직 달걀 껍데기가 붙어 있을 만큼 알에서 갓 깨어난 병아리들이다. 매가 닭장 위를 날아가면 병아리들은 허둥지둥 피하지만, 비둘기가 날아가면 그냥 있다. 어디서 그 차이를 배웠을까? 그런 결정을 누가 어떻게 내리는 걸까? 연구자들이 나무로 만든 가짜 매를 줄에 매달아 닭장 위로 지나가게 하자, 병아리들은 모두 도망갔다. 그런데 거꾸로 움직이면 도망가지 않았다.

이 모든 사례에서 특정 자극에 대한 반응과 적절한 행동 패턴은 종의 생리와 함께 유전된다. '생득적해발기구(IRM)'로 알려진 이것은 중추신경계에 내재되어 있으며, 호모 사피엔스의 신체 구성에도 존재한다.

우리가 본능이라고 하는 게 바로 이것이다. 증거가 필요하다면, 당신이 미주리주 출신이라 본능의 지배력과 지혜에 대해 여전히 회의적이라면, 뭐라도 좋으니 기생생물의 생활주기에 관한 책을 읽어보라. 가령 광견병 바이러스에 대해 읽어보면 인간에게 과연 그런 대단한 존재의 숙주가 될 자격이 있는지 생각하게 될 것이다. 광견병 바이러스는 자기가 할 일을 정확히 알고 있다. 어디로 가서 인간의 신경계 어디를 공격할 것인지, 언제 어떻게 갈 것인지를 알고, 신이 창조한 가장 고등한 존재라고 우리가 배워온 인간을 비참한 노예로 만들어서 다음 희생자를 물어 그의 혈류로 옮겨가는 법을 알고 있다. 그렇게 해서 전파된 바이러스는 침샘으로 가서 같은 일을 되풀이한다.

모든 인간에게는 본능체계가 갖추어져 있다. 그게 없이는 심지어 태어날 수도 없을 것이다. 그러나 사람은 또한 각각 특정한 문화체계에서 교육을 받는다. 인간이 다른 동물과 다른 점은 이미 앞에서 언급한 것처럼 우리가 12년쯤 너무 일찍 태어난다는 사실이다. 그래서 불만인 어머니는 없겠지만 어쨌거나 그게 우리의 문제다. 갓 태어난 아기는 5센트짜리 동전 크기의 갓 부화된 바다거북이나 꼬리에 달걀 껍데기도 안 떨어진 병아리만큼 똑똑하지 않다. 스스로를 지킬 능력이 전혀 없는 어린 호모 사피엔스는 12년간 부모 또는 부모를 대체하는 존재에게 의존해야 한다. 이 기간을 보내면서 우리는 인간이 된다. 다른 사람들처럼 걷는 법과 말하는 법, 생각하는 법, 현지 언어로 사고하는 법을 배운다. 어떤 신호에는 긍정적으로 반응하고 또 어떤 신호에는 부정적으로 또는 공포심으로 반응하도록 배운다. 신호는 대다수가 자연질서가 아니라 사회질서와 관련된 것이다. 신호는 사회적인데 그것이 유발하고 제어하는 충동은 자연과 생명활동, 본능과 연관된다. 따라서 모든 신화는 문화적으로 조건화되어 발산되는 신호의 구성체이며, 자연적 요소와 문화적 요소가 매우 밀접하게 엮여 있어 대다수의 경우 분간하기가 불가능하다. 자연의 신호 자극이 동물의 반사작용을 유발하듯, 문화적으로 결정된 신호가 인간의 신경계에 문화적으로 각인된 IRM을 유발한다.

나는 신화적 상징의 기능을 '에너지를 유발하고 통제하는 신호'라고 정의한 바 있는데, 페리 박사는 그런 신호를 '감응 이미지'라고 불렀다. 그것은 뇌에 메시지를 보내 그곳에서 해석되어 다른 곳으로 전달되게 하는 게 아니라 신경과 분비샘, 피, 교감신경에 바로 보낸다. 그렇기는 해도 뇌를 통과하기 때문에 학습된 뇌가 중간에서 간섭해 잘못 해석하면 합선을 일으킬 수 있다. 그 경우 신호는 올바르게 기능하지 못한다. 세습된 신화는 왜곡되고 그것의 중심 가치는 상실되거나 잘못 해석될 수 있다. 더 심한 경우에는 일반적 환경에 존재하지 않는 신호에 반응하도록 길러졌을 수도 있다. 특수한 종파 내에서 성장해 일반 사회의 문화 형태에 참여하지 않는(심지어 그것을 경멸하거나 원망하는) 아이들이 한 예다. 그런 사람은 더 큰 사회 영역에서 늘 어색해하고 불편해하고, 심지어 가벼운 피해망상까지 느낄 수 있다. 아무것도 그에게 올바른 감응을 주지 못하고, 올바른 의미를 지니지 못한다. 따라서 그는 자신에게 익숙한 종파나 가족, 공동체 또는 보호구역이라는 한정된 맥락, 다시 말해 그를 제한하는 맥락 안에서만 만족을 얻을 수 있다. 더 큰 영역에서는 방향감각을 상실하고 위험할 수도 있다.

여기에 그들의 부모와 가족이 직시해야 하는 중대한 문제가 있다. 그들은 어린 세대에게 그 아이들이 앞으로 살아갈 세계를 낯설지 않고 익숙하게 느끼게 해줄 신호를 각인해주어야 한다. 물론 다음 세대에게 자신의 편집증을 물려주고야 말겠다고 작심하지 않았다면 말이다. 하지만 합리적인 부모라면 자신의 아이가 신체적으로만이 아니라 사회적으로도 건강하기를 원할 것이다. 아이가 속하게 될 문화의 정서체계를 학습해 이성적으로 가치를 평가할 수 있기를, 발전적이고 온당하며 삶을 성장시켜주고 풍요롭게 해주는 요소를 건설적으로 수용하기를 바랄 것이다.

따라서 젊은 세대에게 전달하는 신화(상징과 감응 이미지, 에너지를 유발하고 통제하는 신호의 집합체)가 그들이 평생 속할 환경과 풍요로운 관계를 맺게 해줄 메시지를 주도록 하는 것이 중요하다. 이미 지나간 과거나 신앙으로 소망하는 미래, 그리고 이것이 최악인데, 유별나고 불만 많은 종파나 일시적인 유행에 얽매여서는 안 된다. 이것이 중요하다고 하는 이유는, 이런 교육을 잘못 받은 개인은 신화학 용어로 '황무지Waste Land'라는 상황에 처하기 때문이다. 세계는 그에게 말을 걸지 않고 그도 세계에게 말을 걸지 않는다. 그렇게 되면 단절이 일어나 개인은 홀로 고립되어 결국 폐쇄병동에 갇힌 본질적 조현병 환자가 되거나 개방병동에서 슬로건을 부르짖어대는 망상형 조현병 환자가 될 것이다.

이러한 단절 또는 '하강과 귀환의 내적 여행'이 거쳐온 역사를 살펴보기 전에 먼저 올바르게 작동하는 신화의 기능에 대해 한마디만 더 하자. 내 생각에 모두 네 가지 기능이 있다.

첫째 신비적 기능은 우주의 수수께끼에 대해 경외심과 감사하는 마음을 갖게 해준다. 우주를 두려워하는 게 아니라 자신이 그것의 일부임을 인식하는 것이 그 목적이다. 존재의 신비는 자신이라는 존재의 신비이기도 하기 때문이다. 우주의 영혼 실라가 알래스카의 샤먼에게 "두려워하지 마라"라고 한 말은 그런 뜻이다. 눈앞에 보이는 자연은 거칠고 공포스럽고 무시무시하다. 이성적이고 실존주의적인 프랑스 사람들이 '부조리하다'고 하는 게 바로 그런 것이다(프랑스 사람들은 데카르트의 영향을 너무 강하게 받아 데카르트좌표로 분석할 수 없는 것은 뭐든 다 '부조리하다'고 한다. 하지만 그런 판단을 철학이라고 한다면 부조리한 것은 누구 또는 무엇인가?)

살아 있는 신화의 둘째 기능은 당대의 지식과 과학, 그리고 신화를 접할 이들의 활동 영역에 부합하는 세계의 이미지를 제공해주는 것이다. 오늘날 모든 주요 종교가 제시하는 세계상이 적어도 2천 년 전의 것이라는 사실만으로도 심각한 단절의 원인이 된다. 지금 같은 종교적 열의와 탐구의 시대에 교회 신자가 줄고 있는 큰 이유가 이것이다. 그들이 신자들에게 이곳으로 와서 평화를 찾으라고 하는 땅은 일찍이 존재한 적도 없고 앞으로도 존재하지 않을 것이며, 어쨌거나 현대세계 어디에도 없는 곳이다. 그런 신화를 제공하는 것은 경미한 조현병을 일으키는 확실한 방법이다.

살아 있는 신화의 셋째 기능은 주어진 특정 도덕질서, 다시 말해 개인이 속하게 될 사회의 규범을 승인하고 뒷받침하며 각인하는 것이다. 또 넷째는 젊은 세대가 건강하고 튼튼하게, 정신적 균형을 잃지 않고 보람 있는 인생을 살 수 있도록 예측이 가능한 단계별로 그들을 인도하는 것이다.

어떤 단계들인지 잠시 순서대로 살펴보자.

첫째는 물론 12년가량 육체적으로나 심리적으로나 가족의 지도와 보호에 의존하게 되는 아이 단계다. 3장에서 언급한 것처럼 이 단계와 생물학적으로 가장 유사한 것은 캥거루나 주머니쥐, 왈라비 같은 유대류다. 이들은 태반이 없어서 난자의 영양분(난황)을 모두 흡수하고 나면 자궁 안에 남아 있을 수 없다. 그래서 살아갈 준비가 되기 전에 태어나야 한다. 새끼 캥거루는 수정된 지 겨우 3주 만에 태어나는데, 그때 이미 튼튼한 앞다리를 갖고 있고 자기가 할 일을 정확히 알고 있다. 조그만 새끼 캥거루는(본능적으로!) 어미 배를 기어올라가 주머니로 들어가서 젖꼭지를 입에 문다(젖꼭지 역시 빠지는 일이 없도록 본능적으로 부푼다). 그리고 바깥세상으로 뛰쳐나갈 때가 오기까지 제2의 자궁, '전망 좋은 자궁'에 머문다.

인간에게 이와 유사한 생물학적 기능을 하는 것이 신화다. 신화는 제2의 자궁에 못지않게 없어서는 안 될 생물학적 기관이고 자연의 산물이다. 신화는 새 둥지처럼 주위 환경에서 가져온 재료들로 만들어지는데, 이 과정은 의식적인 것 같지만 실은 내면에 존재하는 설계를 무의식적으로 따른다. 위안을 주고 길러주고 인도해주는 신화의 이미지가 성인에게 적합한지 아닌지는 중요하지 않다. 성인을 위한 것이 아니기 때문이다. 신화의 첫째 기능은 미성숙한 정신을 길러 세계로 나갈 준비를 시켜주는 것이다. 따라서 따져야 할 것은, 그것이 실제 세상에서 살아가기에 적합한 인물로 길러내고 있는지, 아니면 천국이나 가상의 사회 영역에서만 살 수 있는 인물로 길러내고 있는지다. 그리고 둘째 기능은 준비가 된 젊은 세대가 제2의 자궁인 신화에서 나와 유년기를 뒤로하고 현실세계에서 이성적으로 기능하는 성인이 되도록 도와주는 것이다.

우리의 종교 제도에 대해 한 가지 더 흥을 보자면, 그들은 자신들이 제공하는 자궁을 떠나지 않기를 바란다. 마치 새끼 캥거루에게 어미의 주머니 속에 남아 있으라고 하는 것 같다. 그 결과 16세기에 어떤 일이 있었는지는 우리 모두가 안다. 어머니 교회의 주머니는 회복이 불가능할 정도로 갈가리 찢어졌다. 그 탓에 이제는 아주 어린 캥거루가 들어갈 주머니조차 없다. 일종의 인공 대체물로 '읽기, 쓰기, 셈하기'가 있을 뿐이다. 박사 학위를 받으려고 공부하는 사람이라면 이 무기물적 인큐베이터 안에서 마흔다섯 살까지 지내게 된다. 아마 본 적이 있을 것 같은데, 텔레비전에 나온 교수에게 질문을 하면 다들 어찌나 "음, 그게 그러니까 말이죠" 하고 어물거리는지 저 사람이 지금 뭔가 내적 위기를 겪고 있는 건지, 아니면 심오한 생각을 표현할 말을 못 찾고 있는 건지 생각하게 된다. 반면 프로 야구선수나 축구선수는 꽤 복잡한 질문에도 대개 힘들이지 않고 대답한다. 그는 동네 공터 최고의 선수로서 열아홉 살에 자궁을 졸업했다. 하지만 가엾은 교수는 중년이 다 되도록 위로 층층이 쌓인 교수들 천장 밑에서 지내야 했다. 그러니 학위는 많지만 그때는 이미 자신감이라는 게 발달하기에는 너무 늦어버렸다. 그의 IRM에 영원히 교수 천장의 각인이 찍혀 그는 지금도 자신의 대답에 누가 나쁜 점수를 주지 않을지 걱정한다.

성인이 되어 직업을 갖고 사회 안에서 자리를 잡기 무섭게 이번에는 나이를 느끼게 되고, 은퇴가 눈앞으로 다가와 눈 깜짝할 사이에 노인 의료보험이니 퇴직연금 따위가 더불어 찾아온다. 이제 남은 것은 어디에도 매이지 않은 정신, 융이 말하는 '가처분 리비도'다. 이것으로 뭘 어떻게 해야 하나? 중년의 신경쇠약과 이혼, 음주로 인한 실패 등을 겪게 되는 전형적인 시기가 다가와 있다. 인생의 빛이 준비되지 않은 채 무의식으로 내려왔다가는 그곳에서 헤어나오지 못할 것이다. 어린 시절에 건강한 신화를 각인받았다면, 내면으로 물러나 낙하할 때가 됐을 때 그곳에서 만나는 풍경이 조금은 덜 생소할 테니 상황은 훨씬 낫다. 적어도 거기서 마주치는 괴물 중 몇몇은 이름을 알 테고, 어쩌면 그에 맞서 싸울 무기도 갖고 있을지 모른다. 왜냐하면 어린 시절 외부의 초자연 현상을 가리키는 것으로 해석됐던 신화 이미지가 실제로는 무의식을 구성하는 힘(또는 융이 말하는 원형)의 상징이기 때문이다. 언젠가 죽음 못지않게 어김없이 찾아올 낙하의 시간에 당신에게 필요한 것은 이런 신화 이미지와 그것이 나타내는 자연의 힘, 당신 안에 존재하는 우주의 영혼, 실라의 힘과 목소리다.

그러니 우리 안의 바다에 흐르는 조류와 저류에 관해 알아보도록 하자. 최근 조현병 환자가 경험하는 내적 낙하의 경이로움에 대해 이런 이야기를 들었다.

맨 처음 드는 느낌은 분열이다. 세상이 둘로 나뉘어 한쪽은 멀어져가고 자신은 다른 한쪽에 있다. 이것이 퇴행의 시작이다. 그는 얼마 동안 자신이 두 가지 역할을 하는 것처럼 느낀다. 하나는 어릿광대·유령·마녀·별종·아웃사이더의 역할로, 그는 외적으로 이런 역할을 하면서 남들이 함부로 대하고 만만하게 보는 사람으로 자신을 깎아내린다. 하지만 내적으로 그는 구세주이며 스스로 그것을 알고 있다. 그는 어떤 운명을 위해 선택된 영웅이다. 최근 영광스럽게도 그런 영웅에게서 세 차례 방문을 받았다. 수염과 부드러운 눈빛과 태도가 예수 그리스도를 닮은 키 크고 아름다운 청년이었는데, 그의 성체聖體는 LSD와 섹스였다. 두 번째로 찾아왔을 때 그는 이렇게 말했다. "하느님 아버지를 뵈었는데…… 이제 나이가 드셨으니까요. 저더러 기다리라고 하시더군요. 때가 되면 제가 이어받아야죠."

여러 임상 연구에서 묘사된 두 번째 단계는 극심한 퇴행으로, 환자는 시간적으로 그리고 생물학적으로 후퇴한다. 과거로 돌아가 갓난아기나 자궁 속의 태아가 되는가 하면, 동물적 의식으로 돌아가 동물이나 하등동물, 심지어 식물 같은 형태를 띤다. 여기서 생

다프네와 아폴로 아폴로를 피해 달아나다 나무로 변해버린 다프네.

각나는 것은 월계수가 된 님프 다프네다. 심리학에서 볼 때 그것은 정신이상의 이미지다. 아폴로 신의 구애를 받고 겁에 질린 다프네는 자신의 아버지인 강의 신 페네이오스에게 도움을 청했다. 그러자 페네이오스는 딸을 나무로 바꾸었다.

앞에서 "네 부모가 태어나기 전에 네가 어떤 얼굴이었는지 보여달라"라는 일본 선사의 공안을 언급할 기회가 있었다. 조현병으로 인해 내면으로 후퇴하는 과정에서 환자 또한 개인의 경계를 초월해 우주와 합일하는 기쁨, 프로이트가 말하는 '대양감oceanic feeling'을 경험할 수 있다. 그것은 또한 새로운 지식을 가져온다. 전에는 수수께끼 같던 것이 이제는 완전히 이해된다. 조현병 환자들의 체험을 읽다 보면 놀라지 않을 수 없다. 내가 읽은 수십 개 사례는 신비주의자들의 통찰과 힌두교, 불교, 이집트 및 고대 그리스 로마 신화의 이미지와 놀랄 만큼 흡사했다.

예를 들면 지금까지 한 번도 윤회를 믿어본 적이 없고 심지어 들어본 적도 없는 사람이 어느 순간 영원히 살고 있다는 느낌을 갖게 된다. 여러 번의 인생을 살았지만 태어난 적은 한 번도 없고 죽지도 않을 것이다. 마치 자신이 《바가바드기타》에 나오는 아트만임을 알게 된 것 같다. "태어나지 않으며 죽지 않는다. (…) 탄생하지 않고 영원하며 항상적이고 원시적인 그것은 육체가 죽어도 죽지 않는다."[8] 환자는 남아 있는 자신의 의식을 만물의 의식, 곧 바위와 나무를 비롯해 우리 모두가 비롯된 자연계의 의식과 합쳤다. 실제로 영원히 있어온 것과 하나가 된 것이다. 사실 본질적으로는 우리 모두가 그렇다. 《바가바드기타》를 다시 인용해보자. "거북이가 팔다리를 집어넣듯 감각을 대상으로부터 완전히 분리할 때 지혜가 확고해진다. 그러한 평온 속에서 모든 슬픔이 끝난다."[9]

다시 말해 조현병 환자는 본의 아니게 요가 수행자와 성자가 누리려 하는 지복의 바다를 체험하고 있다는 말이다. 다만 수행자와 성자들은 그 바다에서 헤엄치고 있는 데 반해 조현병 환자는 그저 바다에 빠진 셈이다.

여러 임상 연구에 따르면 다음 순서로 중대한 과업과 극복해야 할 위험이 기다리고 있다는 느낌이 올 수 있다. 동시에 눈에 보이지 않는 어떤 존재가 자신을 인도하고 도와줄 것이라는 예감도 든다. 그 존재는 신이나 수호 정령이나 천사로, 다시 말해 고통을 주거나 집어삼키거나 파괴하는 부정적 힘에 맞서 싸워 이길 수 있는 정신 본연의 힘이다. 거기에서 용기를 내어 계속 나아가면 어마어마한 황홀경 속에 감당할 수 없을 만큼 압도적인 위기 또는 일련의 위기들을 체험하는 클라이맥스에 도달하게 된다.

위기는 처음에 퇴행을 유발한 문제의 종류에 따라 주로 네 가지 유형으로 나뉜다. 가령 어렸을 때 권위적으로 이래라저래라 명령만 하는 엄격한 가정이라든지 아버지가 술에 취해 날뛰어 평화를 누릴 수 없는 가정에서 사랑과 보살핌을 받지 못하며 자란 사람이라면, 후퇴의 여정을 통해 사랑을 중심으로 자기 삶을 재수립하려 했을 것이다. 따라서 그의 클라이맥스는(인생의 첫 시작으로 돌아와 그 너머의, 생명에 대한 최초의 에로틱한 충동에까지 다다른 뒤) 자기 가슴속에서 사랑과 다정함을 발견해 그 안에서 쉬는 것이다. 그것이 그의 여정의 목적이고 의미다. 그리고 이는 아내 같으면서 어머니 같은(또는 그냥 어머니 같은) 존재와의 '신성한 결합'이라는 일종의 신비적 경험을 통해 실현된다.

또는 아버지의 비중이 전혀 없는 가정, 가부장적 권위나 존경하고 따를 수 있는 남자 구성원이 없이 자잘한 가정사와 여성적 관심사만 어수선하게 존재하는 가정에서 자랐다면, 그 사람은 이상적인 아버지 같은 인물을 찾기 위해 모험을 떠났을 테고 또 찾았을 것이다. 초자연적인 부녀 또는 부자 관계를 상징적으로 실현하는 것이다.

세 번째는 가족으로부터 소외되고 가족이 자신을 원치 않는다거나 아예 가족이 없는 것처럼 느끼는 심각한 정서적 박탈을 야기하는 가정환경에서 자란 사람이다. 예를 들어 부모가 재혼해서 아이가 태어나면, 먼저 결혼에서 낳은 아이는 소외되고 버림받은 느낌을 받을 수 있고 또 실제로 소외되고 버림받기도 한다. 사악한 계모와 의붓자매라는 옛날 동화의 테마가 여기에 해당된다. 그런 사람은 외로운 퇴행의 여정에서 중심을 찾거나 형성하고자 하는데, 이 경우 중심은 가족이 아니라 스스로가 축이 되는 세계다. 페리 박사가 이야기해준 어느 조현병 환자는 너무 완벽하게 단절되어 있어 누구와도 의사소통이 불가능했다. 어느 날 이 불쌍하고 말 못하는 사람은 페리 박사 앞에서 동그라미를 그리더니 연필 끄트머리로 가운데를 찍었다. 페리 박사가 몸을 굽히고 말했다. "당신이 중심에 있다는 말이군요, 그렇죠? 그렇군요!" 이 메시지는 환자에게 전달되었고, 거기서부터 그는 돌아오는 여정을 시작할 수 있었다.

R. D. 랭R. D. Laing 박사의 책《경험의 정치학》에는 조현병 환자의 매우 흥미로운 체험담이 실려 있다.[10] 영국 해군 준장 출신으로 지금은 조각가가 된 그는 여정의 끝에서 네 번째 유형의 실현을 경험했다. 매우 강렬한 빛, 위험하고 압도적인 빛을 만나 그것을 견뎌내야 하는 것이다. 그의 체험담은《티베트 사자의 서》에서 묘사되는 부처의 빛을 매우 강하게 시사한다. 사후에 곧바로 경험하게 된다는 이 빛을 견뎌내면 윤회로부터 해방될 수 있지만 대다수 사람들은 견뎌내지 못한다. 서른여덟 살 된 영국 해군 출신의 제스 왓킨스는 그때까지 동양철학이나 신화에 대해 아무 지식이 없었다. 그런데도 열흘간 이어진 항해의 끝이 다가오면서 그가 체험한 이미지는 힌두교 및 불교 신앙의 것과 거의 흡사했다.

시작은 시간 자체가 거꾸로 간다는 느낌이었다. 이 기묘한 체험을 하던 당시, 그는 자기 집 거실에서 라디오에서 흘러나오는 대중가요를 듣는 둥 마는 둥 하고 있다가 일어나 거울을 봤다. 거울 속에 비친 얼굴은 눈에 익었지만 자기 자신이 아니라 낯선 사람처럼 느껴졌다. 관찰병동에 입원한 그는 그날 밤 자신이 죽었고 병동에 있는 다른 사람들도 죽었다는 느낌을 받았다. 그 뒤로 시간을 계속 거꾸로 올라가 동물이 되었다. 코뿔소가 되어 코뿔소처럼 울면서 겁에 질려 있으면서도 공격적으로 경계하며 헤매고 다녔다. 그런가 하면 아기가 된 것처럼 느껴졌고 자신이 어린애처럼 우는 소리를 들을 수 있었다. 그는 관찰하는 주체인 동시에 관찰당하는 대상이었다.

신문을 주면 모든 것이 연상작용을 따라 확장되어 읽을 수 없었다. 아내가 보낸 편지를 보면 그 자신은 두 번 다시 살 수 없을 세상에 아내가 있다는 느낌을 받았다. 그는 또 자신이 있는 곳에서 우리 모두에게 내재하는 힘을 손에 넣었다고 느꼈다. 예를 들면 처치를 거부했던 손가락의 상처가 '정신을 집중'하자 하루 만에 나았다. 소란을 피우는 다른 환자들을 침대에 앉아 물끄러미 바라보면 그들이 자리에 누워 조용해졌다. 자신이 지금까지 상상했던 것을 초월하는 존재 같았고, 온갖 생명의 형태로 항상 존재해왔으며 그 경험을 다시 되풀이하고 있는 것처럼 느껴졌다. 동시에 위대하고도 힘겨운 여정이 눈앞에 다가와 있다는 느낌이 들어 매우 공포스러웠다.

그가 자기 자신과 타인에 대해 경험하고 있던 크나큰 힘은 인도에서 싯디siddhi, 곧 실지悉地(성취, 완성을 뜻하며 초월명상의 실천 기술이기도 하다-옮긴이)라고 하는 것이다. 인도에서 그것은 (이 서양 사람이 경험했듯이) 우리 모두에게 잠재하고 모든 생명에 내재하는 힘으로, 요가 수행자는 이 힘을 발한다. 크리스천사이언스나 기도로 병을 고치는 '신앙요법'에서도 비슷한 이야기를 하거니와, 샤먼이나 성자, 구세주가 행하는 기적도 유명한 예라 할 것이다. 모든 존재, 모든 생명과 동일성을 느낀다거나 동물 형태로 변신하는 감각에 관해서는, 고이델 켈트족의 전설적인 음유시인이자 판관인 아메르긴Amergin이 그들의 배가 최초로 아일랜드 바닷가에 다다랐을 때 부른 노래에 잘 드러나 있다.

> 나는 바다 위로 부는 바람이요,
>
> 나는 심연의 파도요,
>
> 나는 일곱 전투의 황소요,
>
> 나는 바위 위의 독수리요,
>
> 나는 태양의 눈물이요,
>
> 나는 가장 아름다운 식물이요,
>
> 나는 물속의 연어요,
>
> 나는 초원의 호수요,
>
> 나는 지식의 말이요,
>
> 나는 전투를 결정하는 창끝이요,
>
> 나는 머릿속에서 불(=생각)을 만드는 신이다.[11]

제스 왓킨스의 열흘간의 내적 여행을 따라가다 보면 이렇게 잘 알려진 신화적 토대를 발견하게 된다. 그리고 그 여행의 끝은 기이하면서도 묘하게(은밀하게) 친숙하다.

왓킨스는 자신이 지금 체험하고 있는 세계가 세 층으로 이루어져 있다는 '아주 강렬한 느낌'을 받았다. 그 자신은 중간층에 있고, 그 위에는 더 고차원적인 실현의 영역이 있고, 밑으로는 일종의 대기실 같은 층이 있다. 하느님의 나라가 위에 있고, 그 밑에 대지가 있고, 대지 밑에 물이 있다는 성경의 우주상과 비교해보라. 또 단테의《신곡》이라든지, 인도와 마야문명의 사원 탑, 고대 수메르문명의 지구라트를 생각해보라. 밑에는 고통스러운 지옥이 있고, 위에는 빛의 천국이 있다. 그리고 그 사이에는 영적 진행 단계를 거쳐 천상으로 올라가는 영혼들의 산이 있다. 왓킨스에 따르면, 대다수 사람은 일반적인 대기실에서 기다리듯 맨 아래층에서 기다리는 중이다(말하자면 〈고도를 기다리며〉라고 할까). 그들은 왓킨스가 다다른 힘겨운 고투와 탐색이 진행되는 중간층에 아직 이르지 못했다. 중간층에서는 만물을 관리하는 눈에 보이지 않는 신들의 존재가 위에서, 또 사방에서 느껴졌다. 그리고 가장 높은 곳에 가장 중대한 일을 맡은 최고신이 자리했다.

그것이 너무나 두렵게 느껴졌던 이유는 최종적으로는 누구나 꼭대기에서 그 일을 맡아야 한다는 것을 알아서였다. 왓킨스 자신처럼 죽어 중간의 연옥 단계에 있는 동료 환자들은 그의 표현을 빌리면 '깨어나고' 있었다('붓다'의 의미가 '깨어난 자' '깨달음을 얻은 자'라는 사실을 기억하자). 정신병원의 동료 환자들은 각자 자기 때가 되면 꼭대기 자리에 앉기 위해 나아가는(깨어나는) 중이었고, 현재 꼭대기에 있는 이는 하느님이었다. 하느님은 미치광이였던 것이다. 하느님은 '온갖 것을 인식하고 다스리고 관리한다는 막대한 부담'을 짊어진 이였다. 왓킨스는 다음과 같이 썼다. "우리 모두 여행을 떠나지 않을 수 없으며 누구도 그것을 피할 수 없다. 모든 것의 목적은 당신이 걸음을 뗄 수 있는 능력을 갖추게 하는 것이다. 한 발짝, 그리고 또 한 발짝, 그리고 또 한 발짝……."

전쟁 중 잠시 정신이상을 일으킨 영국 해군 장교의 야간 항해 일지에 그런 동양적 테마들이 등장한다는 게 놀랍지 않나? 유명한 힌두교 우화집 《판차탄트라Panchatantra》에 나오는 〈네 명의 보물 찾는 자들〉 이야기는 그런 여행의 끝을 이야기한다. 빈털터리가 된 브라만 친구들 네 명이 보물을 찾기 위해 함께 길을 떠난다. 그들은 아반티 왕국(붓다가 이곳에서 살며 가르친 적이 있다)에서 '공포-기쁨'이라는 이름의 마술사를 만난다. 그들이 자신들이 처한 곤경을 설명하고 도움을 청하자, 마술사는 그들에게 마법의 깃펜을 하나씩 주며 북으로 올라가 히말라야 북쪽 비탈면으로 가라고 한다. 깃펜이 떨어지는 곳에서 깃펜의 임자는 보물을 발견할 것이라고 했다.

맨 처음 대장의 깃펜이 떨어진 곳은 온통 구리밭이다. 대장은 "이것 봐! 다들 얼마든지 원하는 만큼 가져가!"라고 말하지만 다른 이들은 더 가보기로 한다. 그래서 대장 혼자 구리를 챙겨 돌아간다. 두 번째 사람의 깃펜이 떨어진 곳에서는 은이 발견되고 그도 돌아간다. 다음은 금이다. "모르겠어?" 네 번째 사람은 말한다. "처음엔 구리, 다음은 은, 그다음은 금이었지. 다음번엔 분명히 보석일 거야." 그러나 세 번째 사람은 금을 택하고 네 번째 사람은 계속

간다.

그 뒷이야기는 이렇게 이어진다.

그래서 이 사람은 혼자 계속 갔다. 팔다리는 여름 뙤약볕에 그을고 머리는 목마름에 몽롱해지는 가운데, 그는 요정의 나라를 오락가락 헤맸다. 그러다가 몸에서 피를 뚝뚝 흘리는 남자가 회전하는 단상 위에 서 있는 것을 발견했다. 머리 위에서 바퀴가 돌아가고 있었다. 그는 서둘러 다가가 말했다. "왜 그렇게 머리 위에 돌아가는 바퀴를 얹고 있는 겁니까? 어쨌거나 근처에 물이 있을까요? 목이 말라 죽겠습니다."

브라만이 그런 말을 하자마자 바퀴가 그의 머리 위로 옮겨왔다. 그는 "이게 무슨 의미인지요?" 하고 물었다. 상대방은 "내 머리 위에 왔을 때도 똑같았습니다"라고 대답했다. 브라만은 다시 "그러면 언제 없어집니까? 몹시 아픕니다만" 하고 물었다. 남자가 대답했다. "당신이 그랬던 것처럼 마법의 깃펜을 든 누군가가 와서 당신이 그랬던 것처럼 말하면, 바퀴가 그 사람 머리 위로 갈 겁니다." 브라만이 "저런, 여기 얼마나 있었죠?" 하고 묻자, 남자는 "지금 왕이 누굽니까?"라고 되물었다. 그는 "비나바트사 왕"이라는 대답을 듣고는 이렇게 말했다. "라마 왕 시절에 나는 가난에 시달리다가 마법의 깃펜을 얻어 이곳에 왔습니다. 당신이 그랬던 것처럼 말이죠. 그리고 머리 위에 바퀴가 있는 남자를 보고 그에게 질문을 했습니다. 그러자마자 바퀴가 그 사람 머리 위를 떠나 내 머리 위에 올라앉았습니다. 몇백 년이 지난 건지 계산이 안 되는군요."

바퀴를 머리 위에 얹은 남자가 물었다. "그렇게 서서 먹을 것은 어떻게 구했습니까?" 상대방이 대답했다. "재보財寶의 신이 보물을 도둑맞을까 봐 이 무시무시한 일을 벌이는 것이기에 어떤 마술사도 여기까지 올 수 없습니다. 혹여 누가 먹을 것을 구했다 해도 그는 배고픔과 목마름에서 해방되어 노쇠와 죽음으로부터 보호받으며 그저 고문을 견딜 뿐입니다. 그럼 이제 작별인사를 할까요? 당신 덕분에 크나큰 고통에서 풀려났으니 나는 이제 집에 가겠습니다." 그러고는 가버렸다.[12]

《판차탄트라》에서 이 우화는 지나친 탐욕의 위험성에 대한 경고다. 그러나 원래는 보살이 되기 위한 길에 대한 대승불교의 설화로, 브라만이 즉각 질문한 것은 영적인 여행자의 완전한 자비를 상징했다. 여기에서 생각나는 것은 앞서 얘기한 중세 기독교의 성배 전설에 등장하는 불구가 된 왕과 순수한 성배 기사가 해야 하는 질문이다. 성배 기사가 해야 할 질문을 했다면 그 즉시 왕은 병이 낫고 기사는 왕위를 얻었을 것이다. 또 십자가에 못 박힌 예수 그리스도의 가시 면류관을 비롯해 캅카스의 바위에 포박되어 독수리에게 간을 쪼이던 프로메테우스, 역시 바위에 묶여 영원히 머리에 뱀의 독즙이 떨어지는 고통을 당했던 로키가 생각난다. 그런가

프로메테우스 독수리에게 간을 쪼이는 프로메테우스.

하면 지구 중심에서 회전축 노릇을 하는 단테의 사탄도 있다. 이는 사탄의 원형인 명계의 왕이자 재보의 소유자, 그리스 신화의 하데스(로마 신화에서는 플루톤)와 일치하며, 나아가 하데스는 (신화를 비교할 때 종종 그런 것처럼) 대지의 신이요 이 우화에 등장하는 재보와 회전하는 바퀴의 주인인 인도의 신 쿠베라와 정확히 일치한다.

그러나 제스 왓킨스에게는 우주의 정점에서 극심한 고통을 겪는 미치광이 신의 역할이 벅차게 느껴졌다. 삶의 참된 본질(세계의 참된 본질)을 경험하는 공포스러운 기쁨을 고스란히 직면하고 받아들일 수 있는 사람이 누가 있겠는가? 어쩌면 그게 자비의 완성을 확인하는 궁극적인 시험일지도 모른다. 세상을 있는 그대로, 일말의 의구심도 없이 긍정하는 한편 황홀경 속에 그 공포스러운 기쁨을 견뎌내는 것이다. 어쨌거나 제스 왓킨스는 자기에게 그 이상은 무리라는 것을 알 수 있었다.

그는 자신의 모험에 관해 이렇게 썼다. "어찌나 강렬했던지 또 시작될까 봐 두려웠다. (…) 나는 느닷없이 나 자신보다 훨씬 거대한 것, 감당할 수 없을 만큼 많은 경험과 큰 깨달음에 직면한 것이었다. (…) 그것을 경험한 것은 잠시였지만 마치 갑자기 벼락이나 폭풍을 맞은 것 같았다. 그것을 견뎌내기에는 내가 너무나 외톨이에 벌거숭이처럼 느껴졌다."

어느 날 아침 왓킨스는 진정제 투여를 중단하고 정신을 차리기로 결심하고는, 일어나 침대 가장자리에 앉아 두 쥐먹을 불끈 쥐고 자기 이름을 되풀이해서 말하기 시작했다. 이름을 거듭거듭 말하는 사이에 어느 순간 모두 끝났다는 것을 깨달았다. 그의 경험은 끝났고 그는 온전한 정신을 되찾았다.

모험이 끝났을 때 집으로 돌아오려면 어떻게 해야 하는지, 그 방법에 대한 실마리가 여기에 있다고 생각한다. 어떤 방법인가 하면, 그곳에서 마주치는 어떤 인물 또는 힘과도 자신을 동일시하지 않는 것이다. 윤회로부터 해방되고자 하는 인도의 요가 수행자는 스스로를 빛과 동일시해 두 번 다시 돌아오지 않는다. 하지만 타인과 삶에게 도움이 되고자 하는 이라면 그런 도피를 자신에게 용납하지 않을 것이다. 모험에서 돌아오려면 모험의 최종 목적이 자기 자신을 위한 해방이나 황홀경이 아니라, 타인에게 도움이 되는 지혜와 힘이어야 한다. 그런 방식으로 빛의 나라에 다녀온 여정을 그린 위대한 이야기가 호메로스의 《오디세이아》다. 오디세우스는 왓킨스 준장처럼 오랜 전쟁을 마치고 집으로 돌아오는 전사였고, 따라서 심리적 자세와 중심을 급격히 전환할 필요가 있었다.

이 위대한 이야기를 모르는 사람은 없을 것이다. 배 열두 척을 거느리고 트로이에서 출발한 오디세우스는 트라키아의 항구 이스마로스에 기항해 도시를 파괴하고 사람들을 학살했다. 그리고 나중에 보고한 바에 따르면 '그들의 아내와 재산을 빼앗아' 부하들에게 나눠주었다. 그런 야수가 다시 가정생활을 영위하기 위해서는 성격이 완전히 달라져야 했다. 그런 일에 늘 민감한 신들은 오디세우스를 유능한 손에 맡기기로 했다.

제우스는 먼저 폭풍우를 보내 돛을 갈가리 찢어서 배가 아흐레 동안 표류한 끝에 '연꽃 먹는 사람들'의 나라에 다다르게 했다. 약물에 의한 환각과 망각의 나라에서 오디세우스와 그의 부하들은 정신병원에서 왓킨스가 그랬던 것처럼 꿈의 바다를 떠돌기 시작했다. 거기에서부터 그들이 그때까지 경험해보지 못한 일련의 신화적 모험이 시작된다.

키클롭스의 동굴에서 비싼 대가를 치르며 탈출한 그들은 아이올로스가 보내준 바람을 타고 항해한다. 그러나 희망에 들뜬 것도 잠깐뿐, 그 뒤로 바람이 완전히 잠드는 통에 열두 척의 배를 노를 저어 모는 수밖에 없게 된다. 간신히 다다른 식인 거인 라이스트리곤의 섬에서 배 열한 척이 가라앉고, 오디세우스는 그가 감당할 수 없는 거대한 힘 앞에서 겁에 질린 부하들과 함께 남은 배 한 척으로 도망친다. 바다는 여전히 바람 한 점 없어 힘겹게 노를 저어서 도착한 키르케의 섬에서 그들은 모험의 정점을 맞이한다. 머리를 땋은 키르케는 남자들을 돼지로 바꾸어버리는 님프였다.

키르케는 그새 상당히 겸손해진 오디세우스가 단순한 전리품으로 마구 다룰 수 있는 여자가 아니었다. 키르케의 힘이 오디세우스보다 더 강대했다. 다행히 죽어 다시 태어나기를 기다리는 영혼들의 보호자이자 안내자인 헤르메스가 나타나 조언과 약을 준 덕분에 오디세우스는 동물이 되지 않을 수 있었고, 오히려 키르케와 잠자리를 가진 뒤 그녀의 말에 따라 조상들이 있는 명계로 내려간다. 그곳에서 그는 남성의 지식과 여성의 지식을 함께 갖춘 눈먼 예언자 테이레시아스를 만난다. 그곳에서 배울 수 있는 것을 모두 배운 오디세우스는 이제는 그의 스승이자 안내자가 된 키르케에게 돌아온다.

키르케는 그다음으로 자신의 아버지인 태양신의 섬으로 오디세

키르케 오디세우스 일행을 돼지로 바꿔버린 키르케.

우스를 보내는데, 모든 빛의 근원인 그곳에서 유일하게 남아 있던 그의 배가 부서진다. 홀로 바다에 빠진 오디세우스는 파도에 실려 속세와 현실의 아내(삶)인 페넬로페에게로 돌아온다. 단 도중에 중년의 님프 칼립소와 8년을 지내고, 또 아름다운 공주 나우시카의 섬에 잠시 들른 다음에 나우시카의 아버지가 준 배를 타고 깊은 잠에 빠져 마침내 고향으로 돌아온다. 이제 오디세우스는 사려 깊은 배우자이자 아버지로서 살아갈 준비가 되었다.

내면의 항해를 그리는 이 위대한 서사시의 중요한 특징 중 하나는 여행자가 중간에 들르는 곳 어디에도 머물기를 원치 않는다는 점이다. 연꽃 먹는 사람들의 나라에서 음식을 먹은 부하들은 고향으로 돌아가겠다는 생각이 없어지지만, 오디세우스는 눈물을 흘리는 그들을 억지로 끌고 배로 돌아와 묶어놓고 배를 출발시킨다. 칼립소의 섬에서 8년간 목가적인 생활을 하는 동안에도 그는 종종 홀로 바닷가로 나가 고향이 있는 쪽을 바라보곤 한다.

제스 왓킨스 또한 결국에는 현실에서 자신이 맡은 역할과 정신병원에 있는 정신이상자로서의 자신을 분간할 수 있었다. 그리고 그의 고전적 원형이라 할 오디세우스가 태양신의 섬에서 단 한 척 남아 있던 배를 잃으면서 전환점을 맞이한 것처럼, 왓킨스도 눈부신 빛을 경험하기 직전에 전환점을 맞이한다. 갈림길에서 왓킨스는 자신이 소멸을 앞두고 겁에 질린 미치광이인 동시에, 한때는 온전한 정신을 가졌던 사람이라는 사실을 인지한다. 그는 침대에 앉아 두 주먹을 부르쥐고 현실 속 자기 이름을 읊음으로써 마치 다이버가 수면으로 돌아오듯 돌아온다.

이런 삶으로의 귀환에 대한 일반적이고 가장 적절한 신화적 상징은 '재생', 곧 새로운 세계로 다시 태어나는 것이다. 스스로를 구해냈을 때 제스 왓킨스의 마음에 떠오른 것 또한 그것이었다. "밖으로 나오자 갑자기 모든 것이 전보다 훨씬 생생하게 느껴졌다. 잔디는 훨씬 푸르고 태양은 훨씬 찬란하게 빛났다. 사람들은 훨씬 생기가 있었고 그들이 훨씬 선명하게 보였다. 나쁜 것도 좋은 것도 모두 보였다. 전보다 훨씬 많은 것을 인식할 수 있었다."

랭 박사는 왓킨스의 경험을 해설하면서 이렇게 썼다. "알겠는 가? 이 여행은 고쳐야 할 병이 아니라 '정상'이라는 이름의 심각한 소외 상태에 대한 자연치유법이라는 뜻이다."

페리 박사와 실버맨 박사 또한 앞서 언급한 논문에서 비슷한 의견을 피력한다. 또 최근에 안 사실에 따르면, 융은 1902년에 누구보다도 먼저 발표한 논문 〈이른바 오컬트 현상의 심리학과 병리학에 대하여〉에서 같은 의견을 내놓았다.[13]

바꿔 말하면 이런 이야기다. 신화의 영웅, 샤먼, 신비주의자, 조현병 환자의 내적 여행은 원칙적으로 동일하다. 그들의 귀환 또는 증세의 완화는 '재생'으로 체험된다. 다시 말해 현실의 지평에 더는 구속되지 않는 '거듭난' 자아가 탄생하는 것이다. 그것은 더 큰 자아가 반사된 것으로, 원형적 본능체계의 에너지가 현대 시공간의 일상적 상황에서 유익하게 작용하도록 기능한다. 이제 그는 자연을 두려워하지 않고 자연이 낳은 아이인 사회 또한 두려워하지 않는다(사회도 자연처럼 무시무시한 곳일뿐더러 그렇지 않고서는 존속하지 못할 것이다). 새 자아는 이 모든 것과 합을 이루며 조화를 이룬다. 그리고 여행을 마치고 돌아온 이들이 증언하듯 삶은 전보다 풍요롭고 튼튼하고 즐거워진다.

따라서 중요한 것은 난파당하는 일 없이 항해를, 그것도 몇 번이고 하는 것이다. 그러기 위해서는 정신이상을 용납하지 않는 게 아니라 그곳에서 어떤 풍경을 보게 될지, 어떤 상대를 마주칠지 가르쳐야 한다. 또 정신이상을 인식하고 제압해 그 에너지를 흡수하는 일종의 공식을 알려줘야 한다. 파프니르를 죽이는 과정에서 용의 피를 마신 지크프리트는 자신이 자연(내적·외적 자연 모두)의 말을 이해하게 됐다는 것을 깨닫고 놀란다. 지크프리트는 용의 힘만 얻었을 뿐 실제로 용이 되지는 않았지만, 보통 인간의 세계로 돌아왔을 때는 그 힘을 제어하지 못하게 된다.

모험자에게는 언제나 심리학에서 '인플레이션'이라고 부르는 위험이 따른다. 정신이상자는 자신을 환각의 대상 또는 환각을 보는 주체와 동일시하는데, 여기서 비결은 그 속에 함몰되지 않고 의식하는 것이다. 우리 모두 친구 또는 적과의 관계에서 구원자가 될 수 있지만 구세주가 될 수는 없다는 사실을 이해하는 것이다. 우리 모두 어머니가 되고 아버지가 될 수 있지만, 궁극적인 어머니와 아버지는 될 수 없다. 성장기의 여자아이가 자신의 꽃피는 여성성이 주위 사람들에게 끼치는 기분 좋은 영향을 깨닫고 그것을 자기 자아 덕분이라고 생각한다면 그 아이는 이미 약간 미친 것이다. 동일시를 잘못했다. 사람들을 들뜨게 하는 것은 그녀의 작은 자아가 아니라 그것을 둘러싸고 자라나는 멋진 새 육체다.

전에 인간의 성장을 다섯 단계로 나누는 일본 속담을 들은 적이 있다. '열 살에는 동물이요, 스무 살에는 미치광이, 서른 살에는 실패자, 마흔 살에는 사기꾼, 쉰 살에는 범죄자.' 거기에 이렇게 덧붙이고 싶다. 예순 살에는(그때까지 앞 단계를 모두 거쳤을 테니) 친

새 예루살렘 윌리엄 블레이크가 그린 〈심판의 마지막 날〉의 세부 묘사.

구들에게 조언을 해주기 시작하고, 일흔 살에는(조언이 모조리 잘못 이해됐다는 것을 깨닫고) 입을 다물어 현자라는 말을 듣는다. 나아가 공자는 "여든 살에 나는 내가 서 있는 곳을 알고 단호하게 버티었다"라고 했다.

이렇듯 속죄하는 사고가 주는 교훈을 강조하기 위해, 이제 사도 요한이 파트모스섬에서 유배 중에 본 환각의 끝머리를 인용해보자.

> 또 내가 새 하늘과 새 땅을 보니 처음 하늘과 처음 땅이 없어졌고 바다도 다시 있지 않더라 또 내가 보매 거룩한 성 새 예루살렘이 하나님께로부터 하늘에서 내려오니 그 준비한 것이 신부가 남편을 위하여 단장한 것 같더라 내가 들으니 보좌에서 큰 음성이 나서 이르되 보라 하나님의 장막이 사람들과 함께 있으매 하나님이 그들과 함께 계시리니 그들은 하나님의 백성이 되고 하나님은 친히 그들과 함께 계셔서 모든 눈물을 그 눈에서 닦아주시니 다시는 사망이 없고 애통하는 것이나 곡하는 것이나 아픈 것이 다시 있지 아니하리니 처음 것들이 다 지나갔음이러라 (…) 또 그가 수정같이 맑은 생명수의 강을 내게 보이니 하나님과 및 어린 양의 보좌로부터 나와서 길 가운데로 흐르더라 강 좌우에 생명나무가 있어 열두 가지 열매를 맺되 달마다 그 열매를 맺고 그 나무 잎사귀들은 만국을 치료하기 위하여 있더라.[14]

11

세상 바깥으로 떠난 여행: 달 위를 걷다

1970년[1]

인간을 왜소하게 만들고 신성과 떨어뜨려놓은 것은 과학이 아니다.
오히려 우리는 우주에서 우리의 가장 내적인 본질을 확대한 상像을 재정립하게 될 것이다.
그렇기에 우리는 우주의, 신학적으로 말하자면 신의 눈이요 귀요 생각이고 말이다.

오늘날 신화는 사실fact이 되어가는가?

단테의 《신곡》에서 한 구절을 인용하는 것으로 이 장의 경이로운 주제를 소개할까 한다. 지상낙원을 떠나 하느님의 옥좌로 향하는 영적 여행 중에 시인은 천상에서의 첫 경유지인 달로 올라간다. 그는 독자에게 이렇게 말한다.

> 오, 내 노래를 들으러 작은 배를 타고 내 배를 따라온 그대여, 그대가 떠나온 해안을 다시 돌아보고 심연으로 향하지 마라. 나를 놓친다면 그대는 길을 잃을 것이니, 내가 가는 바다는 일찍이 아무도 건넌 적이 없다. 미네르바가 숨을 불어주고, 아폴로가 나를 인도하며, 아홉 무사(뮤즈)가 내게 북극성과 북두칠성을 가리켜준다.

영웅들을 수호하는 여신 미네르바의 숨결은 우리의 돛에 바람을 줄 것이다. 아폴로의 이름이 등장하는 것은 뜻밖이기는 해도 반가운 일이다. 그리고 모든 예술의 스승인 무사가 별을 가리키며 우리의 뱃길을 인도할 것이다. 왜냐하면 우리가 할 항해는 바깥을 향하지만 동시에 안을 향하기도 하기 때문이다. 모든 위대한 행위의 근원은 외부가 아니라 내부, 뮤즈가 거하는 우리 안에 자리한다.[2]

아주 어린 시절 어느 날 저녁 삼촌을 따라 리버사이드 드라이브에 간 적이 있다. "올버니에서 뉴욕으로 비행기를 몰고 날아올" 사람을 보러 가는 것이라고 했다. 그 사람이 1910년에 모터를 단 일종의 상자형 연을 타고 비행한 글렌 커티스Glenn Curtis였다. 시 서쪽 외곽의 낮은 장벽을 따라 사람들이 늘어서서 석양 쪽을 바라보며 기다리고 또 기다렸다. 근처 옥상이란 옥상도 죄다 사람들로 붐볐다. 그러다가 모두가 하늘을 가리키며 "저기 온다!" 하고 소리쳤다. 어스름 속에 거뭇한 새의 그림자가 강 위 수백 미터 상공에 날아오르는 것처럼 보였다. 그로부터 17년 뒤 내가 컬럼비아대학교를 졸업한 해에 찰스 린드버그Charles Lindbergh가 대서양을 횡단 비행했다. 그리고 올해 우리는 텔레비전으로 달 착륙 장면을 두 차례 볼 수 있었다.

나는 이 장에서 우리가 사는 이 놀라운 시대와 우리가 사는 이 나라, 그리고 지상의 구속에서 벗어나 역사상 가장 위대한 모험을 위해 날아오른 경이로운 우리 인류를 기리고자 한다.

이 획기적인 모험에 별 관심이 없다고 말하는 동료 연구자들의 얘기를 들으면 어느 노부인의 이야기가 생각난다. 이 노부인은 망원경으로 달을 보고 나서 "하느님이 만드신 달이 더 낫지!"라고 말했다. 최초의 달 표면 보행에 대한 세계 각국의 보도 중에서 유일하게 제대로 된 반응은, 화보 잡지《에포카》에 수록된 주세페 운가레티Giuseppe Ungaretti라는 이탈리아 시인의 것이었다. 1969년 7월 27일자에 실린 사진에서 백발의 시인은 환희에 찬 표정으로 텔레비전 화면을 가리키고 있고, 그 밑에는 "세상의 어떤 밤과도 다른 밤"이라는 주석이 붙어 있었다.

실제로 그날 밤은 세상의 어떤 밤과도 달랐다! 1969년 7월 20일, 기묘하게 생긴 우주선과 닐 암스트롱이 부츠를 신은 발을 달 표면에 조심스레 디디는 모습이 텔레비전 화면에 비친 그 마술적

달 표면 보행 달 위에 인간의 첫 발자국을 남기다.

인 순간을 누가 잊을 수 있겠나. 그렇게 달 표면에 최초로 생명체의 자취를 남긴 뒤, 우주복을 입은 두 우주비행사는 자신감을 얻은 것처럼 곧바로 주어진 임무를 수행하기 시작했다. 묘하게 기울어지기는 했어도 어렵지 않게 이동하며 미국 국기를 꽂고 장비를 조립하는 그들의 영상을 38만 킬로미터가 넘게 떨어진 우리가 볼 수 있었던 것은 또 다른 현대의 기적(이제는 당연시되지만)이라 할 텔레비전 덕택이었다. 버크민스터 풀러Buckminster Fuller는 이런 혁신적인 힘이 우리의 감각에 끼칠 영향을 예견하며 다음과 같이 말했다. "온 인류가 우주와 전혀 다른 관계를 맺게 될 것이다."

신화 연구자의 관점에서 보자면, 1543년 코페르니쿠스가 우주에 관해 쓴 글이 파장을 일으킨 이유는 어느 누구나 볼 수 있는 명백한 '사실'을 반박하고 부인했기 때문이었다. 그때까지 모든 인류의 신학적·우주적 사고는 지상에서 시각적으로 확인할 수 있는 우주의 개념에 기반했다. 또한 인간이 생각하는 인간과 자연의 개념, 인간이 쓰는 시와 느끼는 감정은 모두 지상에서 인간이 보는 것에서 비롯됐다. 태양은 동쪽에서 떠 머리 위를 지나 남쪽으로 기울어 서쪽으로 졌다. 폴리네시아 신화의 영웅 마우이는 어머니에게 요리할 시간을 벌어주려고 태양에 올가미를 걸어 천천히 가게 했다. 여호수아는 학살을 마칠 시간을 벌려고 태양과 달을 모두 멈춰 세웠고, 신은 하늘에서 돌을 무수히 던져 이를 도왔다. "여호와께서 사람의 목소리를 들으신 이 같은 날은 전에도 없었고 후에도 없었나니⋯⋯."

고대에 달은 조상들의 집으로 여겨졌으며 지금도 일부 지역에서는 그렇게 생각한다. 달은 세상을 떠난 이들의 영혼이 거하면서 다시 태어나기를 기다리는 곳이다. 우리가 보기에 달 자체가 죽었다가 부활하기 때문이다. 한 세대가 죽으면 다음 세대를 통해 생명이 재생되듯, 달은 그림자를 벗어버리고 재생된다. 온갖 경전과 문학과 감정과 시각이 그것을 거듭 확인해왔다. 반면에 코페르니쿠스가 주장한 우주는 눈으로는 볼 수 없고 오로지 마음으로만 상상할 수 있는 것으로, 천문학자나 관심을 가지지 그 밖의 다른 사람들은 보지도 감지하지도 못하는 수학적 구조물이었다. 그들의 시각과 감정은 여전히 지상에 묶여 있었기 때문이다.

그러나 그로부터 약 420년이 지난 지금, 달의 시점에서 찍힌 영상들을 통해 우리는 우리의 가시적 세계와 코페르니쿠스의 추상적 구조물이 일치하는 것을 목격했고 또 감지했다. 고요한 달 표면 풍경 위로 우리 지구가 떠오르는 근사한 컬러 사진은 누구도 잊을 수 없을 것이다. 주세페 운가레티는 달에서 태어난 이 새로운 계시를 기리는 신세계의 시 첫 연을 그의 사진이 실린 잡지에 함께 발표했다.

지구여, 너는 천상에서 무엇을 하는가?
말해달라. 고요한 지구여, 너는 무엇을 하는가?

이전에 우리를 지상에 묶어놓았던 것은 모두 깨졌다. 우주의 중심은 이제 어디든 될 수 있다. 지구는 하나의 천체이되 그 어느 것보다도 아름답다. 이러한 생각에 담긴 경이와 조화를 이루지 못하는 문학은 이제 낡은 것이다.

반면 2년 전 크리스마스이브에 유인 우주선(아폴로 8호)이 최초로 달 주위를 한 바퀴 도는 데 성공했을 때는 무척 당혹스러웠다. 세 훌륭한 젊은이는 우주에서 전 세계에 메시지를 보내며 창세기 1장을 읽었다. "태초에 하나님이 천지를 창조하시니라 땅이 혼돈하고 공허하며……." 그때 그들이 실제로 보고 탐험하던 세계와 아무 관계가 없었는데 말이다. 나중에 꽤 여러 친구에게 달에서 성경을 낭독하는 것을 들고 어땠느냐고 물었더니 한 명도 빠짐없이 무척 감동적이었다고 대답했다. 하여간 별일이 다 있다! 또한 우리 문학 중에 그 굉장한 사건에 어울리는 것이 없다니 참 슬픈 일이다. 그때 우리가 처음으로 접한 우주의 경이와 위대함에 어울리는 것은 고사하고 심지어 그것을 시사해주는 것조차 없다니! 이 세 젊은이는 자신들이 이미 부인한, 기원전 4세기에 바빌로니아에서 태어난 어떤 히브리인이 어렸을 때 꿈에서 본 세계의 여명을 읽은 것이었다. 하여간 정말 실망스러운 일이다! 그보다는 단테의 〈천국편〉에 나오는 아름다운 도입부가 훨씬 어울렸을 것이다.

만물을 움직이시고 우주를 꿰뚫으시며

어디에서는 더욱 눈부시게 빛나고

또 어디에서는 덜 빛나는 하느님께 영광 있으라.

하느님의 빛을 가장 많이 받는 천상에

내 가서 그곳에서 여러 가지를 보았으나,

지상으로 내려오니 어떻게 전해야 할지 모르겠구나.

　미래의 문학이 갖게 될 이미지를 예측하는 것은 물론 불가능하다. 하지만 지구로 돌아온 세 우주비행사가 몇 가지는 가르쳐주었다. 생각할 수 있는 범위를 넘어 무한한 우주로 날아올라 아무것도 없는 달 주위를 여러 차례 선회한 다음 기나긴 귀환의 여정에 오른 그들은 목적지인 지구가 시야에 들어왔을 때 그렇게 반가울 수 없더라고 말했다. 지구는 "무한한 우주라는 사막의 오아시스" 같았다! 그건 꽤 효과적인 이미지다. 지구는 온 우주에 단 하나뿐인 오아시스요, 삶의 의식들로부터 멀리 떨어져 있는 성스러운 숲이다. 이제 어느 한 부분이 아니라 지구 전체가 성역이고 축복받은 곳이다. 뿐만 아니라 이제 우리 모두 지구가 얼마나 작은지, 이 아름답게 빛나는 회전체의 표면에 우리가 얼마나 위태롭게 자리하고 있는지를 우리 눈으로 직접 봤다.

　한편 지구로 귀환하는 우주비행사들에게 지상 관제탑에서 "지금 누가 조종하느냐"라고 묻자 그들은 즉각 "뉴턴이죠!"라고 대답했다. 그들은 아이작 뉴턴의 두뇌에서 나온 계산의 기적 덕분에 안전하게 돌아오고 있었다.

이 놀라운 대답을 듣고 내가 떠올린 것은 임마누엘 칸트가 생각한 지식의 본질적 문제였다. 이곳에 있으면서 어떻게 저곳에서 유효할 계산을 할 수 있는가? 아무도 달 표면을 덮고 있는 먼지의 두께를 몰랐지만, 그런데도 수학자들은 우주선이 비행할 우주의 법칙을 정확히 계산해냈다. 그것도 우리가 사는 지구 주위뿐 아니라 달 주위와 둘 사이에 존재하는 광대한 미지의 공간에 대해서 말이다. 경험해보지 못한 우주에 대해, 그리고 우주에서의 관계에 대해 어떻게 수학적 판단을 할 수 있는가?

표면이 고르지 못한 거울 앞을 지날 때 우리는 그곳에 비칠 우리 모습의 차원을 예측할 수 없다. 하지만 우주에서는 다르다. 우주에서는 차원의 수학이 동일하다. 2차 달 비행을 마친 우주선이 낙하선에 매달려 예정된 지점에 정확하게 착륙하는 장면을 텔레비전으로 봤을 때, 우리는 35만 킬로미터 이상 떨어진 달과 우주의 법칙을 우리가 (적어도 뉴턴은) 이미 알고 있었다는 사실을 확인하는 증인이 된 셈

임마누엘 칸트

이었다. 그것도 우리가 그곳에 이르기 수백 년 전에 말이다. 또한 우주에서의 속도를 지구 기준으로 측정할 수 있다는 사실이 사전에 알려져 있었다. 우주에서 1분 걸리는 거리는 지구에서 1분 걸리는 거리와 같다는 뜻이다. 다시 말해 우리는 이에 대해 선험적 지식을 갖고 있었다. 나아가 우리의 우주선이 화성으로, 목성으로, 토성으로, 심지어 그 너머로 날아갈 때도 동일한 법칙이 적용될 것임을 우리는 알고 있다.

칸트가 이미 인식했듯이 시간과 공간은 '선험적 지각 형태', 곧 모든 경험과 행동의 전제조건이다. 시간과 공간은 우리가 작동하게 될 영역으로서, 우리의 몸과 감각은 태어나기도 전부터 그것들을 암묵적으로 알고 있다. 시간과 공간은 행성처럼 따로 관측하고 분석해 학습하는 외적 대상이 아니다. 시공간의 법칙은 우리 안에 존재하므로 우리는 이미 그것을 이해하고 있다. 시인 릴케는 "세상은 넓다. 그러나 우리 안에서 그것은 바다처럼 깊다"라고 썼다. 세계의 질서를 유지하는 법칙이 우리 안에 있다. 나아가 우리는 세계 못지않게 신비로운 존재다. 세계의 신비를 추구하면서 우리는 동시에 우리 자신의 신비를 배우게 된다. 외부로 떠나는 여행으로서의 달 비행은 곧 우리 자신 '안으로' 나가는 것이었다. 시적인 표현이 아니라 역사적으로, 실제로 그렇다는 말이다. 인간이 달에 가고 그 모습을 방영했다는 실제 사실 덕분에 인간의 의식은 변화하고 심화되고 확대됐다. 이는 새로운 영적 시대가 시작된 것에 맞먹는다.

　달 표면에 처음 내려선 우주비행사는 아주 조심조심 발을 디뎠
다. 그러다가 또 한 명의 우주비행사가 내리자, 두 사람은 얼마 동
안 조심스럽게 움직여 다니며 새로운 환경에서 평형감각과 장비
의 무게를 시험했다. 그러더니 글쎄, 갑자기 둘 다 캥거루처럼 껑
충껑충 뛰기 시작했다! 그런가 하면 그다음 비행에서는 두 우주비
행사가 달 표면을 걸으며 정신 나간 어린애들처럼 신나게 웃었다.
그야말로 달의 영향으로 실성한 것처럼 말이다! 그때 이런 생각이
들었다. '저 아름다운 달은 40억 년 전부터 외로운 미녀처럼 지구
의 관심을 끌려고 주위를 맴돌다가 드디어 성공했다. 그러면서 우
리까지 사로잡았다. 그리고 그런 유혹에 응했을 때 늘 그러하듯 이
제 새로운 시대가 열렸다. 더욱 풍요롭고 신나고 뿌듯한, 일찍이
상상도 해본 적이 없는 그런 시대가 모두에게 열린 것이다. 우리
젊은이들 중에는 달에서 '살게' 될 사람도 있을 것이다. 화성에 갈
사람도 있을 것이다. 그럼 그들의 자식들은? 그 아이들은 어떤 항
해를 하게 될까?

　영화 〈2001년 스페이스 오디세이〉를 봤는지? 그리 멀지 않은
미래(그때까지 살아 있을 관객이 많을 것이다)에 어느 강대한 우
주선의 스페이스 오디세이를 그린 영화인데, 100만 년쯤 전 인간
을 닮은 원숭이 집단의 장면으로 시작된다. 오늘날 오스트랄로피
테쿠스라는 이름으로 알려진 이 원인 집단은 서로 으르렁거리고

싸우면서 전반적으로 유인원들처럼 행동하고 있다. 그런데 그중 하나는 더 나은 가능성이 있다는 것을 깨닫고 있었다. 그것은 낯선 것에 대한 경외심, 다가가 살펴보고 싶은 호기심으로 나타난다. 상징적인 장면에서 그는 풍경 속에 우뚝 솟은 정체를 알 수 없는 석판 앞에 홀린 듯이 주저앉아 있다. 나머지가 경제 문제(먹이 구하기), 사회적 오락(이 잡아주기), 정치 행위(각양각색으로 싸우기) 같은 원인들이 늘 하던 활동에 몰두해 있는 동안, 오로지 그만은 석판을 쳐다보다가 이윽고 손을 내밀어 조심스레 만져본다. 최초의 우주비행사가 그랬던 것처럼. 그 뒤로 일부가 그를 따라 하지만 모두는 아니다. 우리 중에 괴테가 말하는 '인간의 최고 특징'에 무감동한 사람이 많은 것처럼 말이다. 심지어 지금도 경제와 사회, 정치에만 관심 있는 원숭이들은 서로 헐뜯고 싸우며 자기 상처를 핥고만 있다.

이들은 달을 향해 떠나지 않으며, 인류의 발전을 이룩해온 것은 상처 핥기가 아니라 경외심이 불러온 행위라는 것을 알지도 못한다. 나아가 인류 진화의 원동력은 언제나 경외심이었음을 말하기 위해 영화 〈2001년 스페이스 오디세이〉는 똑같은 석판이 달의 외진 곳에 서 있고 우주 여행자들이 다가가 만져보는 장면을 넣었다. 석판은 이어서 아득히 먼 우주 공간에 떠 있는 모습으로 등장한다. 그 모습은 여전히 신비스럽고 앞으로도 영원히 그럴 것이다.

인간이 동물과 달라지게 됐음을 보여주는 최초의 징후 중 하나는 불의 사용일 것이다. 인간이 언제부터 불을 다루게 됐는지는 알려져 있지 않지만, 기원전 40만 년에 베이징 원인의 동굴에서 불을 피웠다는 것은 분명하다. 하지만 왜 불을 피웠는지는 알 수 없다. 요리가 목적은 아니었다. 어쩌면 난방을 위해 또는 위험한 동물의 접근을 막기 위해서였을지도 모르지만, 그보다는 타오르는 불길에 매료되어서였을 가능성이 높다. 불을 포획하는 신화는 세계 곳곳에 무수히 많은데, 모험을 떠나는 것은 대개 불이 얼마나 쓸모 있는지를 알아서가 아니라 불에 매료되어서다. 사람들은 불 주위에서 춤을 추고 불을 지켜보곤 했다. 또한 이들 신화에서는 대개 불을 손에 넣기 위해 모험을 떠난 것을 계기로 인간을 동물과

불 길들이기 일본 토속신앙 수도자인 '야마부시'는 불을 다스리는 역할을 한다.

구분한다.

오늘날까지도 불을 신으로 숭앙하는 곳이 많다. 가정에서 불을 피우는 행위는 여러 문화권에서 의식으로 간주된다. 불의 여신 베스타는 로마에서 가장 숭앙하는 여신이었다고 한다. 어떤 것에 심취되기를 거부하지 않으며 그것을 위해 모험을 떠나는 인간 특유의 특징은 〈2001년 스페이스 오디세이〉의 석판이 그랬던 것처럼 불에 심취하면서 인류 역사에 처음 등장했을지도 모른다.

나는 앞의 장들에서 인간이 어떤 것에 심취한 결과 자기 자신을 넘어서게 되었던 사례들을 이야기했다. 수렵부족은 주변 동물들에, 농경부족은 식물이 보여주는 기적에, 고대 수메르문명의 신관들은 행성의 이동과 항성의 회전에 매료되었다. 이 얼마나 신비스럽고 경이로운가! 니체는 인간을 '병든 동물'이라고 불렀다. 삶의 패턴이 정해져 있지 않고 열려 있기 때문이다. 우리는 생활방식이 고정된 다른 종들과는 다르다. 사자는 평생 사자여야 하고 개는 평생 개여야 한다. 하지만 인간은 우주비행사도, 혈거인穴居人도, 철학자도, 뱃사람도, 농부도, 조각가도 될 수 있다. 그는 자신의 삶에서 온갖 운명을 실현시킬 수 있으며, 그의 선택은 이성이나 상식이 아니라 열정에 따라 정해질 것이다. 시인 로빈슨 제퍼스는 이를 가리켜 '그를 속여 한계를 넘게 하는 비전들'이라고 했다. "인간은 깨고 나와야 할 틀이요, 뚫고 나와야 할 껍질이요, 불붙어야 할 석탄이요, 분해되어야 할 원자다." 그렇다면 무엇이 우리를 속여 이렇게

한계를 넘게 해주는가?

> 자연의 벽을 뛰어넘는 열렬한 사랑,
>
> 담장을 뛰어넘는 과학,
>
> 머나먼 별에 대한 쓸모없는 정보,
>
> 원자를 구성하는 회전하는 악마들에 대한 어렴풋한 지식.[3]

맨 처음 인간을 속여 처음 경험하는 생활방식으로 나아가게 한 것은 불에 대한 심취였던 것 같다. 각 가정의 화로는 매우 인간적인 관심사의 중심이자 그것을 신성하게 해주는 숭배물 역할을 했다. 그렇게 인간이 동물과 다른 존재가 되기 무섭게 동식물의 생활방식이 인간의 상상력을 자극했고, 그래서 인간은 외적으로는 사회질서에, 내적으로는 개인적 정체성의 경험에 신화적 패턴을 부여하게 됐다. 늑대로 살아가는 샤먼, 들소와의 계약, 가면을 쓰고 춤추는 이들, 토템 조상들 등이 그것이다. 또는 공동체가 식물의 법칙과 의식에 따라 통치하며 전체의 이득을 위해 가장 뛰어나고 중요한 구성원을 제물로 바쳐 해체하고 매장한다. "내가 진실로 진실로 너희에게 이르노니 한 알의 밀이 땅에 떨어져 죽지 아니하면 한 알 그대로 있고 죽으면 많은 열매를 맺느니라 자기의 생명을 사랑하는 자는 잃어버릴 것이요 이 세상에서 자기의 생명을 미워하는 자는 영생하도록 보전하리라."[4] 한편 예수 그리스도는 최후의 만찬에서 스스로를 '참포도나무'로 부른다. "가지가 포도나무에 붙어 있지 아니하면 스스로 열매를 맺을 수 없음 같이 너희도 내 안에 있지 아니하면 그러하리라 나는 포도나무요 너희는 가지라."5

여기서 볼 수 있듯이 식물의 신화적 상징은 개인의 삶이 집단의 더 큰 삶에 유기적으로 참여하는 것을 나타낸다. '그를 속여 한계를 넘게 하는 것'이다. 한편 동물세계와 맺은 계약 신화를 기반으로 하는 수렵부족에서는 효혜성이 인간 정신의 경계를 확장시켜 인간의 가장 직접적인 관심사를 넘어 훨씬 더 많은 것을 담을 수 있도록 해준다. 하지만 인간의 생각과 삶에 가장 큰 영감을 준 것은 기원전 3500년경 메소포타미아의 밤하늘을 관측하던 신관들을 사로잡은 일로, 수학적으로 정의할 수 있는 우주질서에 맞춰 사회구조를 수립하는 것이다. 그때부터 계급구조를 갖춘 도시국가가 등장해 그 뒤로 수천 년간 모든 고등 문명의 모델이 됐다. 다시 말해 그때 인간에게 문명화된 삶을 준 종교와 예술, 문학, 과학, 도덕, 사회질서는 경제가 아니라 천체과학에서 시작됐다는 뜻이다. 우리를 속여 한계를 넘게 해서 경제나 정치로는 절대로 불가능했을 것을 달성하게 해주었다.

알다시피 이제 그런 사고와 형태는 케케묵은 과거가 됐고 그에 의지했던 문명은 엉망이 되어 소멸해가고 있다. 이제 사회는 행성의 운항과 무관할뿐더러 사회학과 물리학, 정치학과 천문학은 단일한 과학에 속하지 않는다. 또 개인은(적어도 서구 민주주의 사회에서는) 국가라는 유기체에 종속되는 구성원으로 해석되지 않는다. 모든 개인은 독특하며 그의 삶을 지배하는 법칙은 세상 그 어떤 사람의 법칙과도 다르다. 또 신이 정말 존재한다면 '저기 어딘가'나 별들 너머에 있지는 않으리라는 것도 이제 우리는 안다. 갈릴레오는 지상에서 물체의 움직임을 지배하는 물리법칙이 천상

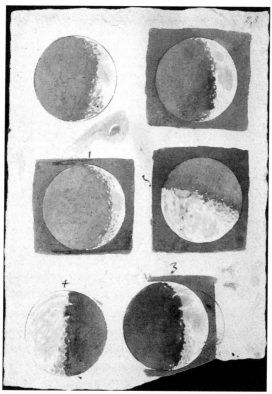

달의 위상 갈릴레오 갈릴레이가 그린 변화하는 달의 위상.

에서도 적용된다는 것을 입증했다. 우리는 지상의 물리법칙이 우주비행사들을 달로 보내주는 것을 목격했다. 그들은 머잖아 화성으로 또 그 너머로 갈 것이다. 뿐만 아니라 우리는 가장 멀리 떨어진 우주에 관해서도 여기 지구에서 인간이 계산해낸 것을 보았다. 이곳에 없고 저기 어딘가에 있는 법칙이란 없다. 이곳에 없고 저기 어딘가에 있는 신도 없다. 신은 이곳에 있을 뿐 아니라 우리 안에, 우리 마음속에 존재한다. 그렇다면 어린 시절 우리가 배우며 자랐던 엘리야의 승천이나 성모의 승천, 예수 그리스도의 승천(모두 육체를 지니고 하늘로 올라갔는데)은 어떻게 되는가?

지구여, 너는 천상에서 무엇을 하는가?
말해달라. 고요한 지구여, 너는 무엇을 하는가?

달에 간 우리 우주비행사들은 달을 지구로 끌어당겼고 지구를 하늘 높이 쏘아올렸다. 화성의 사막에서 보는 지구는 더 높고 더 멀고 더 아름다울 것이다. 그리고 목성에서, 그 너머에서도. 우리 자식들, 손주들, 그들의 고손들은 우리가 이제 막 연 길을 나아가며 이미 우리 마음속에 있는 우주를 탐험할 것이다.

다시 말해 우리는 기원전 4000년 고대 수메르문명의 천체 관측에 필적하는 신화 영역의 변혁을 목격한 것이다. 그로 인해 해체될 것은 신과 인간의 세계뿐 아니라 그들이 그 시대에 영감을 받아 만들어낸 국가의 세계이기도 하다.

　나는 오래전 레오 프로베니우스의 저술을 읽고 대단히 감명을 받았거니와, 지금도 그가 그 세대에서 가장 정확한 신화 연구자라고 생각한다. 프로베니우스는 인류 역사 전체를 사람의 생애와 마찬가지로 성장과 성숙, 노쇠라는 단계를 거치는 하나의 유기적 과정으로 봤다. 개인의 삶처럼 인류의 생애도 유년기에 시작되어 사춘기를 거쳐 성년기, 노년기에 이른다.

　인류의 유년기는 주위 동식물과 밀접한 관계를 맺으며 살았던 원시 수렵 및 어획, 채집, 농경 부족의 시대다. 프로베니우스가 '기념비적monumental'이라고 부른 둘째 단계는 농경을 기반으로 하고 문자를 사용하는 초기 도시문명의 등장과 함께 시작됐다. 이들 문명은 각각 행성 빛의 움직임과 상태를 통해 상상한 우주질서에 맞춰 조직됐다. 당시에는 행성이 그것을 지배하는 정령이 거하는 곳이라고 생각했기 때문인데, 우리는 이제 그것이 우리 못지않게 물질로 구성되어 있다는 것을 알고 있다.

　지구의 법칙과 우리 정신의 법칙은 이제 이전에 신들의 영역으로 간주됐던 것을 포함하며, 신은 우리 자신이다. 따라서 '기념비적 질서'를 뒷받침했던 상상 속의 존재는 '저기 어딘가' 대신 우리 자신 안에 자리하게 됐다. 그리고 세계적이고 (프로베니우스에 따르면) '물질적인' 새로운 시대가 시작됐다. 이 시대는 인간의 노년기와 마찬가지로 환상을 잃었고 지혜로우며 육체에 대해 근심한다. 그리고 먼 미래보다는 현재에 이룰 수 있는 일에 집중한다. 이제 정령의 거처는 불이나 동식물계, 하늘 높이 뜬 별이나 우주가 아니라 여기 지상에 사는 인간 안에 중심을 두는 것으로 경험된다. 우주비행사의 눈앞에서 달 위로 떠올라 천상으로 올라간 지구와 그곳에 사는 인간 안에서.

앨런 와츠Alan Watts는 어느 강연에서 하늘이 세상에 내려보낸 이방인이라는 (이제는 통하지 않을) 인간의 이미지를 재미있는 새 이미지로 바꾸자고 제안한 적이 있다. 이전의 이미지에서 인간은 죽으면 영혼이 하늘로 돌아가 하느님과 함께한다고 되어 있다. 와츠 박사는 청중에게 이렇게 말했다. "사실을 말하자면 여러분은 세상에 '온' 게 절대 아니거든요. 오히려 나뭇잎이 나무에서 나오는 것처럼, 아기가 자궁에서 나오는 것처럼 세상에서 나온 것이랍니다. (…) 예수님이 엉겅퀴에서 무화과를, 가시나무에서 포도를 따

앨런 와츠

겠느냐고 말씀하신 것처럼, 사람들을 낳지 않는 세계에서 사람들을 딸 수는 없죠. 우리들 세계는 사과나무가 사과를 낳듯이, 포도나무가 포도를 낳듯이 사람을 낳고 있답니다." 다시 말해 우리는 지구의 자연산인 것이다. 그리고 와츠 박사가 강연에서 지적했듯이 우리가 지적

생명체라면 우리를 낳은 지구 또한 지적인 에너지 체계를 갖는 지적 존재여야 한다. 왜냐하면 가시나무에서 포도를 딸 수는 없으니까.[6]

그렇다면 우리는 지구의 눈과 귀와 마음이 아닐까. 우리 몸에 우리 자신의 눈과 귀와 마음이 있듯이 말이다. 우리 몸은 '무한한 우주라는 사막의 오아시스'인 지구와 하나다. 그리고 무한한 우주의 수학은 뉴턴의 마음, 우리 마음, 지구의 마음, 우주의 마음과 동일하며, 우리 자신을 통해 이 아름다운 오아시스에서 꽃을 피우고 열매를 맺는다.

다시 한번 떠올려보자. 베이징 원인이 음산한 동굴에서 불에 매료됐을 때, 그는 그 자신의 몸에 이미 존재하고 그 안에서 작용하는 힘(열, 체온, 산화)에 반응한 것이었으며, 그 힘은 또한 화산에, 목성에, 태양에 존재했다. 가면을 쓰고 춤추는 수렵부족민들이 그들이 사냥하는 동물에 깃든 신성한 힘과 동일시했을 때, 그들이 직관하고 기리는 것은 그들 자신의 일면, 모든 인간과 동물에게 공통되는 자연질서와 조화를 이루는 본능적 지성이었다. 식물계와의 관계에서도 마찬가지로, 거기서 우리는 자양과 성장을 봤다. 인간이 대지나 나무에서 식물처럼 자라난 것으로 그리는 신화는 원시부족의 신화만이 아니라 그 외에도 많다. 또한 '제2의 아담', 그러니까 십자가에 못 박힌 예수 그리스도는 생명나무의 열매이며, 붓다에게는 지혜의 나무, 게르만족에게는 세계수 위그라드실이 있다. 이들 모두 삶의 지혜를 상징하는 나무들이다. 삶의 지혜는 어머니 배 속에서 우리의 육체가 형성되는 식물적 과정에 이미 내재하기에, 우리는 태어날 때부터 이미 세계의 공기를 마시고 복잡한 화학 과정을 거쳐 세계의 음식을 소화·흡수할 준비가 되어 있다. 그리고 가장 먼 시공간에서조차 영원히 작용할 수학법칙에 따라 세계를 보고 세계를 생각한다.

　동양에서는 절을 지을 때 지평선이 바라보이는 산 위를 절터로 종종 고르는 것 같다. 그런 곳에서는 풍경이 확장되고 자기 자신은 축소되는, 그러면서 영적으로는 매우 멀리까지 확장되는 경험을 할 수 있다. 또한 비행기를 타고 날아갈 때(특히 바다 위를 날아갈 때)면 공기와 구름과 빛으로 이루어진 물리적 세계가 기분 좋게 느껴지곤 한다. 우리가 지상에서 식물에 반응한다면 하늘 위에서

시야의 확장 동양의 사찰은 시야가 탁 트인 산 위에 지을 때가 많다.

는 광대한 공간에 반응하게 된다. 예전에 사람들은 '우주에 비하면 사람은 얼마나 작은가!'라고 생각하곤 했다. 세계관의 중심이 땅에서 하늘로 옮겨가면서 사람은 중심에서 밀려난 듯 보였고, 중심은 매우 중요하게 여겨졌다. 하지만 영적으로는 보는 곳이 중심이다. 높은 산에 서서 지평선을 바라보든, 달에 서서 지구가 떠오르는 광경을 보든(자기 집 거실에서 텔레비전 화면으로 보는 것이라 해도) 상관없다. 선사시대의 동굴에서 산 위의 절, 그리고 이제 달에 이르기까지 지평의 확장은 언제나 의식의 확장을 가져왔다. (우리 자신과 하나인) 자연의 본질에 대한 더 넓고 깊은 통찰을 가지게 되기 때문이다. 그뿐 아니라 물리적 삶의 조건도 좀 더 풍요로워지고 나아진다.

따라서 우리는 지금 이 순간 지금껏 없었고 앞으로도 없을 위대한 도약에 동참하고 있다는 것이 내 논지다. 인간의 정신은 외부의 자연뿐 아니라 우리 자신의 내적 신비에 대해 많은 것을 알게 됐다. 그런데 오늘날 대학 캠퍼스에 우글거리는 천재 사회학자들은 뭐라고 하는지 아는가? 얼마 전 예일대학교의 서점에 붙어 있는 커다란 포스터를 봤는데, 우주비행사가 달의 사막에 있는 사진 밑에 '그래서 뭐!So What?'라고 쓰여 있었다.

어쨌거나 마지막으로 지금 이 순간의 신화적·신학적 측면을 생각해보자. 13세기 초 이탈리아의 예언자로 피오레의 요아킴Joachim of Fiore이라는 수도원장이 있었는데, 그는 교회가 해체되고 성령이 교회의 중개 없이 인간에게 직접 이야기하게 될 것이라고 예언했다. 그는 프로베니우스와 마찬가지로 역사가 단계를 밟아가고 있으며 우리 시대가 마지막 단계일 것이라고 생각했다. 첫 단계는 물론 인간의 타락 직후, 구원의 드라마라는 본편이 시작되기 전이다. 각 단계는 삼위일체 중 한 위격의 영향을 받아, 첫 단계는 모세의 율법과 이스라엘 민족의 성부이며, 둘째 단계는 신약성경과 교회의 성자다. 그리고 마지막 셋째 단계(여기서부터 요아킴의 가르침은 교회와 달라지는데)는 묵상하는 성인들의 성령이다. 요아킴은 역할을 잃어 필요 없게 된 교회가 해체될 이 단계가 곧 시작될 것이라고 믿었다. 요아킴의 시대에 아시시의 성 프란체스코St. Francesco of Assisi가 성령과 직접 소통하는 영성의 시대를 열었다고 믿는 사람은 많았다. 하지만 중세 이래로 유례를 찾아볼 수 없을 만큼 종교에 대한 신비주의적 관심이 열렬한 이 시대에 교회가 처한 상황을 생각해보면 요아킴이 예언한 시대는 지금이 아닐까 싶다.

이제는 신이 정한 권위를 반드시 인정하지 않아도 되기 때문이다. 기름 부음을 받고 신의 율법을 전하는 이가 이제는 없다. 오늘날 모든 민법은 관습법으로, 거기에는 신의 권위도 시나이산도 감람산도 없다. 우리의 법은 인간이 정한 대로 실행되고 변경되며, 종교로부터 자유로운 사법 안에서 각자 자기 운명을, 자기 진실을 자유롭게 추구할 수 있다. 6천 년 전에 발생해 동서양(유럽과 중근동, 극동, 초기의 아메리카 대륙까지도) 모든 주요 문명의 토대가 된 신화·종교·철학·사고방식은 사라져가고, 우리는 각자 자신의 삶을 살게 됐다. 그런 시대를 상징하는 영웅으로 달에 간 우리 우주비행사들만한 사람이 또 있을까? 그리고 그들의 업적을 기리는 이 장을 끝맺는 말로 로빈슨 제퍼스의 시 〈얼룩딜의 종마〉의 다음 구절만한 게 없을 것 같다.

경계를 깨는 원자

핵은 태양과, 전자는 행성과

기도하지 않고, 스스로를 동일시해, 전체는 전체와, 소우주

들어가지 않고 받아들이지도 않고, 더욱 평형하게, 더욱 순전하게,

더욱 엄청나게

반대편 극과 공존한다. 동질성을 열렬히 감지하며……7

과학적 탐구의 양극인 태양계와 원자를 동일하되 다른 것으로 인식하는 것이다! 우리가 전체와 동일하며 그것의 눈과 귀와 마음인 것과 비슷하다.

위대한 물리학자 에르빈 슈뢰딩거Erwin Schrödinger는 그의 놀라운 저서 《내가 생각하는 세계》에서 동일한 형이상학적 발언을 했다. "모든 살아 있는 존재는 하나이며 단일한 존재를 구성하는 측면이다. 서양에서는 이를 하느님이라고 부를 테고, 우파니샤드에서는 브라만이라고 한다."8

인간을 왜소하게 만들고 신성과 떨어뜨려놓은 것은 과학이 아니다. 슈뢰딩거에 따르면 오히려 우리는 우주에서 우리의 가장 내적인 본질을 확대한 상像을 재정립하게 될 것이다. 그렇기에 우리는 우주의, 신학적으로 말하자면 신의 눈이요 귀요 생각이고 말이다. 그리고 행성이 날고 있는 (그리고 이제 우리와 같은 지구 사람들이 날고 있는) 우리 마음속의 무한한 우주에서 창조의 행위에 동참하고 있다.

12

끝맺으며 : 지평의 소멸

1971년[1]

지구에서는 우리를 갈라놨던 모든 지평이 무너졌다. 이제 우리는 자신이 속한 곳에
사랑을 주고 다른 곳에 공격성을 투사할 수 없다. 지구라는 이 우주선에는 이제 '다른 곳'이
없기 때문이다. '다른 곳'과 '국외자'를 계속해서 가르치는 신화는 이 시대에 필요한 게 아니다.

새로운 신화는 무엇인가 또는 무엇이어야 하는가?

신화는 시의 영역에 속하니 우선 시인의 말을 들어보자. 예를 들어 월트 휘트먼Walt Whitman은 《풀잎》에서 이렇게 썼다.

나는 말했다. 영혼은 몸보다 대단할 것 없다.

나는 말했다. 몸은 영혼보다 대단할 것 없다.

자신에게 중요한 것은 자기 자신뿐, 신이 아니며

동정심 없이 걷는 이는 수의를 입고 자신의 장례식에 가는 것.

빈털터리인 나나 당신도 대지에서 자란 것을 사고

깍지에 든 콩을 흘긋 보거나 보여주기만 해도 지금껏 배운 것이 부정되고

어떤 일을 하는 젊은이도 영웅이 될 수 있고

그 어떤 무른 물체라도 바퀴 달린 우주의 중심이 될 수 있고

남자든 여자든 누구나 수백만의 우주 앞에서 쌀쌀맞고 거만할 것이다.

내가 인간에게 말하니 신에 대해 궁금해하지 마라.

나는 다른 사람은 궁금해도 신은 궁금하지 않으며

무슨 말을 어떻게 늘어놔도 내가 신과 죽음에 대해 얼마나 편안한지 표현할 수 없을 것이다.

어느 것을 봐도 신이 들리고 보이지만 나는 신을 조금도 이해하지 못하며

아무리 생각해도 나보다 멋있는 사람이 있을 것 같지 않다.

내가 왜 지금보다 더 신을 잘 볼 수 있기를 바라야 하나?

지금도 매 시간 매 순간 신을 보는데

남자 얼굴, 여자 얼굴, 거울에 비친 내 얼굴에서 신이 보인다.

거리에는 신의 편지가 떨어져 있는데, 한 통 한 통 신이 서명한 편지를

나는 그 자리에 그냥 둔다, 어차피 꼬박꼬박 올 것임을 알기에.[2]

휘트먼의 이 시는 우파니샤드 중에서도 가장 먼저 등장한 기원전 8세기경의 《브리하다라냐카 우파니샤드》의 정서를 떠오르게 한다.

사람들은 온갖 신에 대해 "이 신을 경배해라, 저 신을 경배해라"라고 한다. 이 모든 것은 그가 창조한 것이며 그 자신이 모든 신이다.

(…)

　그는 우주에, 심지어 우리 손톱 끝에까지도 깃들어 있으니 마치 면도칼이 면도칼집에, 불이 장작에 들어 있는 것과 같다. 사람들은 그를 보지 못하니 보일 때 그는 불완전하기 때문이다. 그는 숨을 쉴 때 '숨'이라는 이름이 되고, 말을 할 때 '목소리'가 되고, 볼 때 '눈'이 되고, 들을 때 '귀'가 되며, 생각할 때는 '정신'이 된다. 이들은 그가 하는 행동의 이름일 뿐이다. 이것들 중 어느 하나를 숭배하는 자는 무지한 것이다. 왜냐하면 어느 하나만으로는 불완전하기 때문이다.

　신이 곧 자기 자신이라는 생각으로 경배해야 하니 그 안에서, 자기 자신 안에서 그 모든 것이 하나가 되기 때문이다. 이 '자신'은 '모든 것'의 발자국이요, 그것으로 '모든 것'을 안다. 이는 발자국을 따라가면 잃었던 가축을 찾는 것과 마찬가지다. (…) 오로지 자아만을 소중히 여기고 공경해야 한다. 자아만을 공경하는 자가 소중하게 여기는 것은 멸하지 않을 것이다.[3]

　《브리하다라냐 우피나샤드》보다 먼저 나온 《이집트 사자의 서》에서도 이는 매우 강렬하게 표현된다.

　나는 어제요, 오늘이요, 내일이며, 다시 태어날 힘을 가지고 있다. 나는 신들을 만들어낸 신성한 신비의 영혼이요, 심연과 죽은 자들의 땅과 하늘에 거하는 이들에게 먹을 것을 준다. (…) 대지 한가운데에

선 사원의 주인이시여, 그는 나이고 나는 그다![4]

그노시스파의 도마복음에서 예수 그리스도도 같은 말을 하지 않던가?

내 입에서 직접 마시는 자는 나처럼 될 것이고, 나는 그가 될 것이요, 감추어진 것들이 그에게 밝혀지리라. (…) 나는 모든 것이요, 모든 것이 나로부터 나왔고 모든 것이 나에게 이르렀다. 나무를 쪼개면 그곳에 내가 있고 돌멩이를 들면 그곳에서 나를 찾을 수 있으리라.[5]

다시 휘트먼을 인용해보자.

나는 흙에 나를 남기련다. 내가 사랑하는 풀에서 자라도록.
나를 다시 만나고 싶으면 신발창 밑에서 찾아라.[6]

15년 전쯤 봄베이에서 매우 흥미로운 독일인 예수교 사제 H. 혜라스H. Heras 신부를 만났을 때, 그가 갓 출간한 인도 신화에 나타나는 하느님 아버지와 아들의 신비에 관한 논문을 받았다. 동양 종교의 권위자이자 편견이 없었던 그는 논문에서 고대 인도의 신 시바와 시바의 아들 가네샤가 어떤 의미에서 기독교의 하느님과 예수에 상당하다고 해석했다.[7] 삼위일체의 두 번째 위격이 '영원성'

이라는 측면에서 역사에 선행하고 역사를 지탱하며 '하느님의 형상'인 우리 안에 (어느 정도) 나타나는 것으로 본다면, 그 어떤 정통파 신자도 다른 세계의 성자와 신에서 기독교의 모습을 찾기 어렵지 않을 것이다. 이제는 인정하지 않을 사람이 없을 테지만, 신화와 신은 마음이 만들어내는 것, 마음이 투영된 것이기 때문이다. 지금까지 인간의 상상에서 태어나지 않은 신이 있었나? 우리는 신들의 역사를, 그들이 어떤 단계를 밟아 발전해왔는지를 안다. 신화에 등장하는 상징과 인물이 본질적으로 꿈의 성격을 띤다는 것은 프로이트와 융뿐 아니라 심리학과 비교종교학을 제대로 연구하는 이들도 인식하는 사실이다. 나아가 게자 로하임Geza Roheim 박사의 말처럼 잠을 자는 방법이 하나뿐이듯이 꿈을 꾸는 방법도 하나뿐이다. 모든 위대한 문명에는 동정녀의 탄생과 현현, 죽음과 부활, 재림, 최후의 심판 같은 신화와 전설이 존재한다. 그런 이미지들은 마음에서 비롯되는 것이기에 마음을 나타낸다. 신화의 이미지는 마음의 구조와 질서, 힘을 상징적으로 표현하는 것이다.

따라서 특정 지역에서 실제로 있었던 역사적 사건 또는 인물은 보편적으로, 유의미하게 나타내는 것으로 해석될 수 없다. 역사적 사건에 대한 언급은 의미가 있다 해도 부차적인 의미일 것이다. 가령 불교에서 역사상 실제로 존재했던 고타마 싯다르타는 부처의 의식이 역사적으로 구현된 여러 사례 중 하나로 간주된다. 그런가 하면 힌두교에서는 비슈누의 화신이 무수히 많다. 오늘날 기독교

사상가들이 겪는 어려움은 예수 그리스도를 하느님의 '유일한' 역사적 현현으로 보는 교리 때문이다. 유대교에는 세계를 창조한 보편적 신이 그중에서 선택된 한 민족에만 관심을 갖는다는, 기독교 못지않게 성가신 교리가 있다. 오늘날 종교가 영직으로 빈약한 것은 그 같은 자민족 중심주의적 역사주의의 결과다. 교회가 점점 더 맛있는 식사를 제공하지 못하는 상황에서 그들은 자신들의 음식에 사람들을 끌어당기는 뭔가가 없다는 사실을 깨달아야 한다. 문명 간의 교류가 없었던 과거의 작은 세상에서는 그것으로 충분했다. 하지만 지금은 달에서 지구의 사진을 찍는 시대다!

　사회 단위가 부족이나 종파, 국가, 심지어 문명이었을 당시에는 그 단위에 쓸모 있는 현지의 신화가 경계 밖의 것을 모두 열등한 것으로 보여줄 수 있었다. 그리고 인류의 보편적 유산인 신화적 상징을 활용해놓고 그것을 오직 하나뿐인 참되고 신성한 것, 적어도 가장 고귀하고 숭고한 것으로 그려냈다. 그 시대에는 젊은 세대가 귀속집단의 상징체계에만 긍정적으로 반응하고 그 외 다른 것에는 부정적으로 반응하도록 훈련하기가 유리했다. 그들은 애정을 안으로 향하게 하고 증오는 외부에 투사하도록 했다. 그러나 오늘날 우리 모두는 지구라는 우주선(버크민스터 풀러가 붙인 이름이다)에 올라탄 승객이다. 이 우주선은 엄청난 속도로 광대한 우주의 밤을 날아가고 있는데 어디에도 다다르지 못하고 있다. 그런데 이제 우주선 납치범까지 태우려고 하는가?

니체는 거의 100년 전에 이미 우리 시대를 비교의 시대라고 불렀다. 과거에는 지평 안에서 사람들이 살고 생각하고 신화를 만들었다. 하지만 이제 그런 지평은 존재하지 않는다. 그리고 지평의 소멸과 더불어 우리는 민족 간의 충돌, 그리고 그들이 지지하는 신화 간의 충돌을 경험했으며, 지금도 계속되고 있다. 흡사 매우 더운 공기로 가득한 방과 매우 찬 공기가 들어찬 방 사이를 가로막고 있던 벽체를 빼버려서 공기가 갑자기 움직이는 것 같다. 그 때문에 우리는 지금 천둥과 번개, 허리케인이 사방에서 몰아치는 매

지평의 소멸 19세기 프랑스에서 출간된 《대기: 대중 기상학》에 실린 삽화.

우 위험한 시대에 살고 있다. 이에 대해 히스테릭하게 반응하며 누구를 탓하고 증오하는 것은 적절치 않다. 자긍심을 갖고 있는 에너지와 에너지가 처음 접할 때 충돌하는 것은 자연스럽고 불가피한 일로, 당연히 격변이 따르게 마련이다. 우리가 지금 겪고 있는 상황은 바로 그런 것이며, 그것을 통해 인류는 새로운 시대, 새로운 탄생을 맞이해 새로운 환경으로 나아갈 것이다. 그게 어떤 것일지 점칠 수 있는 사람은 아무도 없을뿐더러 그것을 규탄할 수 있는 사람도 없다("너희가 비판하는 그 비판으로 너희가 비판을 받을 것이요"). 현재의 상황과 그에 따르는 고통과 혼란, 실수는 전적으로 자연스러운 현상이다.

그렇게 한데 내던져져서 충돌과 폭발을 일으키고 있는 힘 중 중요한 것이 고대 신화의 전승이다. 인도와 동아시아의 신화가 서구 문화에 영향을 끼치고, 반대로 합리적·진보적 휴머니즘과 민주주의의 이상이 아시아에 밀려들고 있다. 모든 전승에 포함된 구시대적 믿음에 현대 과학이 끼친 영향까지 고려하면 걸러내기 작업이 필요하다는 것에는 누구나 동의할 것이다. 지금까지 인간과 함께 해온 지혜 전승 중 어떤 것을 남겨 장차 다가올 미래에 전해줄 것인지 가릴 필요가 있다.

이 문제에 대해 많은 생각을 한 결과 내가 도달한 결론은 이것이다. 지혜 전승의 상징이 특정한 역사적 실존 인물과 실제 사건이 아니라 인간의 내적 잠재 가능성을 가리키는 것으로 보고 심리학적으로, 올바른 의미에서 '영적으로' 해석할 때, 그 모든 것에서 진정한 '구원의 철학philosophia perennis'이 나타날 것이다. 구원의 철학은 전통적인 사고방식대로 문헌을 역사로 해석하는 한 얻을 수 없다.

단테는《향연》에서 성경 구절의 직역적 의미, 알레고리적 의미, 도덕적 의미, 신비적 의미를 구분했다. "예수 그리스도가 죽은 자 가운데서 다시 살아나셨다"라는 말을 예로 들어보자. 이 말을 직역한 의미는 명백하다. '이름이 예수이며 그리스도(구세주)라고 하는 실존 인물이 죽은 자 가운데서 다시 살아났다'라는 뜻이다. 알레고리적으로는 '우리 또한 죽음을 이기고 영생을 얻을 것이다'라는 게 기독교적 해석일 것이다. 그로부터 얻을 수 있는 도덕적 교훈은 '현세에 대한 생각을 버리고 영원을 생각하자'다. 하지만 신비적 의미는 과거도 현재도 아닌, 시간을 초월한 영원, 이곳도 저곳도 아닌 모든 곳에 대한 것이어야 하므로 '죽음 또는 죽음의 세계에 영생이 있다'는 것일 듯하다. 그렇다면 이 같은 초월적 견지의 교훈은, 마음은 현세에서 영원을, 곧 알레고리를 본다는 것이어야 한다. 사도 바울이 "이 사망의 몸"(로마서 7장 24절)이라고 한 이 육체에 우리의 영생이 자리하고 있다. 장차 올 것도 아니고, 천상에 있는 것도 아니고, 지금 이곳에, 여기 지상에 이미 있다.

"지각의 문을 깨끗이 닦으면 모든 것이 있는 그대로, 무한하게 보일 것이다"[8]라는 시인 윌리엄 블레이크의 말도 그런 뜻이다. 앞서 인용한 휘트먼의 시나 우파니샤드,《이집트 사자의 서》, 그노시

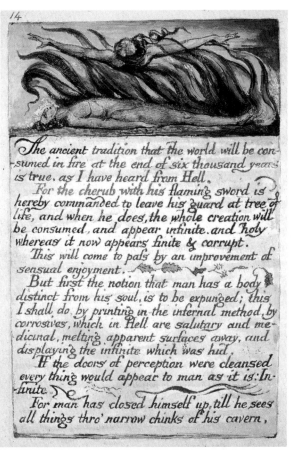

The ancient tradition that the world will be con--sumed in fire at the end of six thousand years is true, as I have heard from Hell.
   For the cherub with his flaming sword is hereby commanded to leave his guard at tree of life, and when he does, the whole creation will be consumed, and appear infinite. and holy whereas it now appears finite & corrupt.
   This will come to pass by an improvement of sensual enjoyment.
   But first the notion that man has a body distinct from his soul, is to be expunged; this I shall do by printing in the infernal method, by corrosives, which in Hell are salutary and me-dicinal, melting apparent surfaces away, and displaying the infinite which was hid.
   If the doors of perception were cleansed every thing would appear to man as it is: In--finite.
   For man has closed himself up, till he sees all things thro' narrow chinks of his cavern,

인식의 문 윌리엄 블레이크의 산문시화집 《천국과 지옥의 결혼》 중 14편 〈잊을 수 없는 공상〉 중에서.

스파의 도마복음에서도 같은 의미를 찾아볼 수 있을 것 같다.

짧지만 통찰력 있는 〈상징주의, 커뮤니케이션인가 교감인가?〉 에서 "고등 종교의 상징은 언뜻 보기에는 공통점이 거의 없는 듯

하다"9라고 말한 토머스 머튼Thomas Merton 신부는 이어서 다음과 같이 썼다.

> 하지만 그들 종교를 더 잘 이해하게 되고 종교적 믿음과 실천의 경험은 상징으로 표현될 때 가장 분명하다는 것을 알게 되면, 여러 서로 다른 종교의 상징들에는 추상적으로 표현되는 공식 교리보다 더 많은 공통점이 있음을 깨닫게 될 것이다. (…)
> 참된 상징은 단순히 어떤 다른 것을 가리키지 않는다. 우리의 의식을 깨워 삶의 내적 의미과 현실을 새로이 이해하게 해주는 구조를 그 안에 내포한다. 참된 상징은 우리를 원의 중심으로 데려가지, 둘레의 어느 다른 지점으로 데려가지 않는다. 상징에 의해 인간은 가장 깊은 곳에 자리하는 자아와, 다른 사람과, 하느님과 정서적·의식적으로 접촉한다. '신은 죽었다'라는 말은…… 사실 '상징이 죽었다'는 뜻이다.10

시인과 신비가는 계시를 존재(자신이라는 존재와 보편적 존재)에 대한 통찰이 신비적으로 전달되는 '허구의 이야기fiction'로 본다. 반면 교과 신학자들은 내러티브를 문자 그대로 해석하기를 고집하며 여러 전승을 각기 다른 것으로 본다. 예수와 크리슈나, 붓다의 생애는 똑같지 않지만 그들 자신이 아닌 삶에 대한 상징으로서 그들은 동일하다. 토머스 머튼을 다시 한번 인용해보자. "어떤 상징을 이해하려면 단순한 징조가 아니라 '성체'와 '영적 존재'로서 그것에 반응하는, 자기 존재 안의 영적인 공명을 깨울 수 있어야 한다." "상징은 주체를 가리키는 객체다. 우리는 주체와 객체의 차원을 초월하는 더 깊은 영적 의식으로 부름을 받는다."[11]

다시 말해 신화와 종교는 위대한 시이며, 그렇게 볼 때 하나하나가 완전한 전체인 '영적 존재' 또는 '영원'의 편재성을 가리킨다. 모든 신화와 모든 위대한 시, 모든 신비주의 전승은 이 같은 기능에서 서로 일치한다. 그런 고무적인 비전이 여전히 유효한 문명에서는 모든 사물과 모든 생물이 살아 있다. 따라서 신화가 현대의 삶에 생명을 불어넣기 위해 만족시켜야 할 첫째 조건은 지각의 문을 깨끗이 닦아 우리 자신의 경이, 그리고 우리를 눈과 귀와 마음으로 삼는 우주의 두렵고도 놀라운 경이를 깨닫도록 해주는 것이다. 신학자들은 말하자면 시계 반대 방향으로 계시를 읽어 과거(머튼이 말하는 '둘레의 다른 지점')를 가리키고, 유토피아주의자들은 어떤 바람직한 미래를 약속하는 계시를 제공하지만, 인간의 마음에서 생겨난 신화는 마음(원의 중심)을 가리킨다. 진지하게 내면을 들여다보는 이라면 자기 안에서 신화의 의미를 재발견할 수 있을 것이다.

몇 주 전 볼티모어 소재 메릴랜드 정신의학연구소의 스타니슬라프 그로프Stanislav Grof 박사가 매우 인상적인 원고를 우편으로 보내왔다. 지난 14년간(처음에는 체코슬로바키아, 이어서 미국에서) LSD를 투여해 신경정신질환을 치료해온 그의 임상 결과를 해석한 저서였는데, 신화적 상징에 대해 내가 갖고 있는 생각을 새로이 뒷받침해주는 내용이 매우 많았다. 그래서 마지막으로 그로프 박사가 우리 내면의 바다에 관한 탐구에서 밝혀낸 의식의 유형과 깊이를 제시해볼까 한다.[12]

그로프 박사는 LSD로 유발되는 경험들 중 첫째 종류를 '미학적 LSD 경험'이라고 불렀다. 이는 1954년에 올더스 헉슬리가 메스칼린 0.4그램을 삼킨 뒤 그때의 경험을 《지각의 문》에서 묘사한 것과 대체로 일치한다. 감각의 모든 체험이 너무나도 생생하고 강렬하게 바뀌어, 헉슬리에 따르면 햇볕 아래 놓인 평범한 정원용 의자조차 "형언할 수 없이 근사하고, 근사하다 못해 거의 무서울 정도"[13]라고 했다. 그 밖에 더욱 강력한 효과로는 신체가 변형된다든지, 가벼워진다든지, 공중 부양이나 투시, 심지어 원시부족의 샤먼처럼 동물로 변신할 수 있는 능력까지 있었다. 인도에서는 요가 수행자들이 그런 능력(싯디, 실지)을 갖는다고 하는데, 그 힘은 외부에서 축적된 것이 아니라 수련에 의해 내부에서 깨어난 것이며 우리 모두에게 잠재해 있다. 올더스 헉슬리는 이와 유사한 생각을 서구적 용어로 표현했는데, 여기에 대해서는 나중에 다시 할 이야기가 있을 것 같다.

둘째 유형의 반응은 '정신역학적 LSD 경험'으로, 그로프 박사는 이를 융이 말하는 '개인 무의식'으로의 의식 확장, 그리고 프로이트 정신분석에서 주로 다루는 정서 과다와 연관시킨다. 이 차원에서 마주치게 되는 의식적인 주시에 대한 긴장과 공포심과 저항은 도덕적·사회적 압력, 또 성인에게는 부적합한 유아적 자아 방어의 무의식적 압력에서 기인한다. 정신분석학 관련 저술에서 이 같은 갈등과 연관지어온 신화적 주제(오이디푸스 콤플렉스, 엘렉트라 콤플렉스 등)는 사실 전혀 신화적이지 않다(여기서 말하는 의미로는). 그것은 유아기적 체험의 맥락에서 아무런 신비적·초개인적 연관성을 갖지 못하며, 그저 부모에 의한 실제 또는 상상 속의 억압과 위협 탓에 좌절된 유아기의 욕망에 대한 알레고리일 뿐이다. 더욱이 프로이트적 공상에 신화적 인물이 등장할 때조차도 그는 단순히 개인적 갈등의 알레고리에 불과하다. 그로프 박사에 따르면 그런 갈등은 '성적 감정/행위가 종교적 금기는 물론 악마/지옥, 천사/천국에 관한 원시적 환상과 만났을 때 생기는 갈등'인 경우가 가장 많다. 그리고 이러한 개인적인 '정신역학적' 재료를 그와 연결되는 정서적·감각적·관념적 특징과 더불어 적극적으로 다시 체험할 때에만 개인 무의식의 심리적 응어리가 충분히 해소되고, 내면으로의 여행은 개인적 깨달음에서 진정으로 초개인적인(처음에는 생물학적으로, 이어서 형이상학적·신비적으로) 깨달음으로 나아갈 수 있다.

그로프 박사에 따르면 프로이트적 정신분석 중에, 그리고 LSD에 의한 치료의 '정신역학적' 단계에서 환자들은 그들의 무의식에 기반하는 정동과 행동 패턴의 고착을 '재체험'하지만(그리고 그럼으로써 그것들의 지배력을 깨뜨리지만), 이 개인적 기억 영역을 뒤로하는 순간 그들은 심리적·육체적으로 전혀 다른 재체험의 징후를 나타내기 시작한다. 다시 말해 그들은 탄생의 고통을 재체험한다. 갑자기 자궁 수축이 시작되어 계속되고 또 계속됐을 때 속수무책으로 느껴야 했던 공포의 순간(실제로는 긴 시간), 또 자궁목이 열려 산도를 통해 밀려나가기 시작하면서 공포와 고통이 점점 더해가는 탄생의 2단계, 그리고 실질적으로 죽음의 경험이나 다름없는 클라이맥스를 그들은 재체험한다. 그러다가 갑자기 세상으로 나와 빛을 보고, 탯줄이 잘려 아픔을 느끼고, 혈류가 폐로 가는 길을 찾기까지 숨을 쉬지 못하다가 스스로 호흡하기 시작한다! "환자들은 긴 시간 심한 고통을 겪으며 숨을 헐떡이고, 죽은 사람처럼 창백하던 얼굴빛은 짙은 보라색으로 변했다. 그들은 바닥을 뒹굴면서 몸을 경련시켜 극심한 긴장을 표출했다. 많은 경우 맥박 수는 두 배로 뛰고 맥은 실낱처럼 약했으며, 메스꺼움과 구토, 심한 발한도 나타났다."

"이들 체험의 성격은 초개인적인 것으로, 그 틀은 한 개인의 육체와 수명보다 훨씬 넓었다. 환자들은 동시에 다수의 개인 또는 개인들의 집단과 스스로를 동일시해, 동일시의 대상이 심지어 과거와 현재, 미래의 모든 고통받는 인간에 이르렀다." "여기서 관찰된 현상은 프로이트적 단계보다 훨씬 근원적이며 그것과는 차원이 다르다." 그것은 신화적·초개인적 체험으로, 프로이트적 영역에서처럼 개인의 삶에서 발생한 사건과 연결되도록 왜곡되는 대신 안으로는 물론 바깥으로도 열려 제임스 조이스가 말하는 "중대하고 끊임없는 인간의 고통"[14]으로 이어진다.

예를 들어 LSD에 의한 치료 중에 탄생의 트라우마 1단계(자궁 수축이 시작되어 안에 갇힌 아이가 갑작스러운 공포와 고통에 휩싸여 자신이 위험에 처해 있음을 깨닫는)의 악몽을 재체험할 때, 완전히 두려움에 사로잡힌 피험자는 존재의 근본이 고통인 경험에 압도된다. 종교재판에서 고문을 당하는 환각을 본다든지, 형이상학적 번민과 실존적 절망을 맛보고, 십자가에 못 박힌 예수 그리스도("나의 하나님, 나의 하나님, 어찌하여 나를 버리셨나이까"[15])나 바위에 묶인 프로메테우스, 회전하는 수레바퀴에 묶인 익시온과 자신을 동일시한다. "삶은 고해다"라는 붓다의 말처럼, 공포와 고통 속에 태어나 공포와 고통만을 겪다가 공포와 고통 속에 죽는다. "헛되고 헛되며 헛되고 헛되니 모든 것이 헛되도다."[16] 여기서 '의미'에 대한 의문이 과도해지는데, 그 상태로 LSD 치료가 끝나면 삶이 혐오스럽고 무의미해져서 삶을 공간적으로나 시간적으로 빠져나갈 구멍이 없는 지옥으로 여기게 된다. 탈출구가 있다면 자살 정도일 텐데, 그 길을 선택할 경우 물에 빠지거나 수면제 과다 복용 같은 수동적이고 조용한 방법으로 실행할 것이다.

반면에 탄생 트라우마의 2단계(산도에서의 몸부림)를 재체험하는 것으로 넘어오면 분위기도 이미지도 더욱 격렬해진다. 수동적 고통 대신 능동적 고통이 경험을 지배하며, 여기에 가학피학증적 정욕이 가미되어 참혹한 전투, 어마어마한 괴물과의 싸움, 거대한 파도나 물, 신의 진노, 끔찍한 제물 의식, 방탕한 섹스, 최후의 심판 등의 환각을 본다. 피험자는 스스로를 그런 갈등의 피해자와 가해자 양쪽 모두와 동일시하며, 고통이 점점 심해지다가 마침내 문지방을 넘으면 그로프 박사가 매우 적절하게 '화산 같은 황홀경'이라고 부른 고비를 맞이한다. 여기서 모든 고통과 쾌락, 환희와 공포, 공격성과 열정적인 사랑이 하나가 되어 초월된다. 연관되는 신화적 이미지는 하느님의 진노, 대홍수, 소돔과 고모라, 모세와 십계명, 그리스도의 십자가의 길, 디오니소스의 주지육림酒池肉林, 아즈텍문명의 끔찍한 제물 바치기, 파괴의 신 시바, 칼리의 소름 끼치는 춤, 키벨레의 남근 의식 등 고통과 죄의식, 제물을 즐기는 종교의 이미지다. 이 디오니소스적 분위기에서 자살을 한다면 머리에 총을 쏜다든지 높은 데서 뛰어내린다든지 열차 앞에 뛰어드는 등 폭력적인 방법으로 실행한다. 그런가 하면 무의미한 살인을 저지르기도 한다. 피험자는 공격적 긴장감과 파국에 대한 기대가 뒤섞인 감정에 사로잡히고, 대단히 화를 잘 내는 데다 싸움을 유발하는 성향을 보인다. 그에게 세상은 위협과 억압이 가득한 곳이다. 탄생경험의 이 단계에서 멈춘 피험자는 카니발과 스릴, 광란의 파티와 문란한 섹스, 디오니소스적 술판과 춤, 온갖 폭력, 아찔한 모험과 폭발로 점철된 생활을 한다.

펜테우스의 죽음 디오니소스 광신도들이 테베의 왕 펜테우스를 찢어죽이다.

치료 세션에서 이 단계로 퇴행하면 자아의 죽음과 완전한 소멸이라는 공포스러운 고비에 이어 해방과 재생, 구원의 느낌을 누린다. 억눌려 있던 것이 놓여나 공간이 확대되는 감각을 맛보고 눈부신 빛을 느낀다. 이 세상 것 같지 않은 청색과 금색의 비전, 기둥이 늘어서고 크리스털 샹들리에가 매달린 거대한 홀, 공작 깃털처럼 화려한 환상, 무지개 스펙트럼 등을 경험한다. 자신이 정화되었다고 느끼는 피험자는 이제 온 인류에 대한 크나큰 사랑과 삶을 향한 의욕을 갖게 되며 예술이나 자연의 아름다움을 새로이 이해한다. 그리고 신을 너그럽고 큰 존재로 느끼며 세상이 평화롭다고 생각한다.

그로프 박사는 치료 세션의 단계에 따라 환자에게 나타나 그를 지탱해주는 종교 이미지가 다르다고 하는데 매우 흥미로운 사실이다. 탄생 트라우마의 고통을 재체험할 때 대개 떠오르는 이미지는 구약 및 신약 성경의 것이며 가끔 그리스나 이집트 같은 비기독교 종교일 때도 있다. 그러나 고통을 겪어내고 탄생(정확히 말하면 최초의 탄생에서 겪은 무의식적 공포에서 해방되어 '두 번째로' 또는 '영적으로' 태어나는 것)을 경험하면 상징이 완전히 달라진다. 성경과 그리스 신화, 기독교적 테마를 주로 띠던 것이 이제 동양, 그중에서도 인도의 색을 띠기 시작한다. "이 같은 경험이 어디에서 기인하는지는 명확하지 않으며 깜짝 놀랄 만큼 인도의 이미지와 유사하다." 그는 피험자들의 어조를 탄생이 시작되기 전 자궁 속에 있는 상태에 비유한다. 피험자는 평온하고 행복한 무無의 상태에서 기쁨과 사랑, 조화 같은 긍정적 감정과 우주 그리고/또는 신과의 합일을 느낀다. 역설적이게도 이 형언할 수 없는 상태는 아무것도 없는 동시에 모든 게 있으며, 비존재지만 존재 이상이고, 자아가 없지만 온 우주를 끌어안는 자아의 연장이다. 여기서 생각나는 것은 《지각의 문》에서 올더스 헉슬리가 처음 메스칼린을 썼을 때 자신의 마음이 전에는 상상조차 하지 못했던 경이에 열리는 것을 묘사한 부분이다.

내가 한 경험을 돌이켜볼 때, 나는 케임브리지의 저명한 철학자 C. D. 브로드 박사의 말에 동의하게 된다. "기억과 감각지각에 관련해

베르그송이 내놓은 이론을 좀 더 진지하게 고려할 필요가 있다. 뇌와 신경계, 감각기관은 대체로 생산이 아니라 소거하는 기능을 한다는 이론으로, 모든 사람은 어느 순간에나 지금껏 그에게 있었던 일을 모두 기억하고 우주 곳곳에서 벌어지는 일을 모두 지각할 수 있다. 뇌와 신경계의 기능은 우리가 어떤 순간에 기억하고 지각하는 것의 대부분을 차단함으로써 대체로 쓸모 없고 관계도 없는 이런 지식에 우리가 압도되어 혼란에 빠지지 않도록 보호해주는 것이다. 그 결과 실제로 도움이 될 만한 아주 작고 특별한 정보만이 남는다."

그 이론에 따르면 우리 한 사람 한 사람은 잠재적으로 '해방된 마음'이다. 그러나 우리는 동물이기에 무슨 일이 있어도 살아남는 것이 우리가 할 일이다. 생물학적 생존을 가능하게 하기 위해서 해방된 마음은 뇌와 신경계의 축소 밸브를 통과해야 한다. 밸브에서 걸러져 나오는 것은 우리가 지구상에 계속 살아 있는 데에 도움이 될 종류의 쥐꼬리만 한 정보다. (…) 대다수 사람들은 대개 축소 밸브를 거쳤고 자신의 지역 언어로 현실이라는 축성을 받은 것만을 안다. 하지만 개중에는 축소 밸브를 피하는 일종의 우회로를 타고나는 사람들이 있는 것 같다. 그런가 하면 일시적인 우회로를 자연적으로 또는 '영적 수련'이나 최면, 약물을 사용해 의도적으로 획득하는 이들도 있다. 이 영구 또는 임시 우회로를 통해 '우주 곳곳에서 벌어지는 일을 모두'는 아니라 해도(우회로가 축소 밸브를 제거해주지는 않으므로 여전히 해방된 마음의 내용이 전부를 지각하는 것을 축소 밸브가 막는다) 주의 깊게 가려낸 실용적 재료 이상의 것을, 무엇보다도 그런 재료와는 다른 것을 지각할 수 있다. 우리의 축소된 마음이 현실의 완전한 모습, 적어도 충분한 모습이라고 간주하는 것과는 다른 어떤 것을 지각하게 되는 것이다.[17]

이 모든 것으로 볼 때, 마음에서 비롯되어 마음으로 돌아가는 신화의 이미지가 올더스 헉슬리가 말하는 '해방된 마음Mind at Large'을 향해 자아 의식이 열리는 다양한 단계 또는 정도를 나타낸다는 것은 명백하지 않을까 싶다. 플라톤은 《티마이오스》에서 이렇게 얘기했다. "사람이 다른 사람에게 도움이 될 수 있는 방법은 오직 하나뿐이며 이는 그에게 적절한 영양분과 운동을 부여하는 것이다. 우리 안의 신성한 원리와 유사한 것은 우주의 생각과 회전이다."[18] 신화는 이것을 나타내는 게 아닐까 생각한다. 그러나 세계의 다양한 신화가 입증하듯 보편은 어디에서나 그 지역의 사회정치적 맥락에 맞춰 특수가 되었다. 내가 뮌헨대학교에서 사사했던 나이 든 교수는 "주관적 의미에서 전 인류의 종교는 동일하다. 그러나 객관적인 의미에서는 형태의 차이가 있다"라고 말하곤 했다.

과거에는 개인을 귀속집단의 지평과 이상에 붙들어맴으로써 형태의 차이가 다양한 사회의 서로 다르며 종종 상충하는 이해에 도움이 되었다고 말할 수 있을 것이다. 하지만 이제 우리 서구 사람들은 사회와 생존, 경제·정치적 목적의 영역 및 기능과 순전히 심리적(예전 같으면 영적) 가치의 영역 및 기능을 구분하게 되었다. 단테로 다시 돌아가자면,《향연》제4권에서 그는 하느님이 정한 정교분리가 로마와 예루살렘, 곧 제국과 교회의 연결됐으면서도 분리된 역사로 상징된다고 논했다. 이들은 하느님의 두 팔이며 혼동되어서는 안 된다. 단테는 교황이 정치에 간섭하는 것을 비난하면서 교회의 권위는 '현세'가 아니라 영혼에 대한 것이라고 주장한다. 교회와 세속적 목적과의 관계는 헉슬리의 해방된 마음과 생물학적 생존이라는 실용적 목표의 관계와 정확히 일치한다.

다행히도 우리는 오늘날 인간(비록 불가피하게 단점은 있지만)이 예루살렘이 아닌 로마에서 비롯되어 지금도 발전 중인 원칙과 법에 의거해 다스리는 세속 국가에서 살고 있다. 뿐만 아니라 국가의 개념은 세계라는 개념 앞에서 빠른 속도로 작아지고 있다. 다른 것이 실패하더라도 생태 위기가 우리를 하나로 만들어줄 것이다. 따라서 이제는 과거에 사람들이 하나가 되는 것을 막았던, 지역에 한정되고 사회정치학적으로 구속되는 여러 다른 종교 형태가 필요 없다. 그런 것은 카이사르의 것을 하느님에게, 하느님의 것을 카이사르에게 바치는 일이다.

"신은 중심이 어디에나 있고 둘레는 어디에도 없는 가지적可知的 구球다." 20세기에 출판된《철학자 24인의 책》에 나오는 말이다.[19] 어떤 사람이든 어디에 있든 우리 한 사람 한 사람이 중심이고, 그가 알든 모르든 그 사람 안에 해방된 마음이 있다. 그리고 그것의 법칙은 모든 마음의 법칙일 뿐 아니라 모든 우주의 법칙이기도 하다. 앞서 지적했듯이 우리는 최근에 달에서 사진이 찍힌 이 아름다운 별의 아이들이기 때문이다. 어떤 신이 우리를 그곳에 갖다놓은 게 아니라 그로부터 나왔다. 우리는 이 지구의 눈과 마음으로써 보고 생각한다. 지구, 그리고 지구가 나방처럼 주위를 날고 있는 태양은 성운에서 나왔으며 성운은 우주에서 나왔다고 한다. 따라서 우리는 우주의 마음이다. 그러니 당연히 우주의 법칙과 우리의 법칙이 같지 않겠나! 마찬가지로 우리의 내면은 우주의 내면이고, 과거에 인간의 마음이 동물과 식물, 언덕과 개울, 별들의 운행과 고유한 사회규범에 투사했던 그 모든 신이 그곳에서 나왔다.

따라서 우리 신화는 이제 무한한 우주와 우주의 빛(안에 있는 동시에 바깥에 있는)의 신화여야 한다. 우리는 나방처럼 그에 매료되어 밖으로, 달과 그 너머로 날아가지만, 그러면서 또한 안으로 날아가는 셈이다. 지구에서는 우리를 갈라놨던 모든 지평이 무너졌다. 이제 우리는 자신이 속한 곳에 사랑을 주고 다른 곳에 공격성을 투사할 수 없다. 지구라는 이 우주선에는 이제 '다른 곳'이 없기 때문이다. '다른 곳'과 '국외자'를 계속해서 가르치는 신화는 이 시대에 필요한 게 아니다.

이제 이 장을 열었던 질문으로 돌아가자. 새로운 신화는 무엇인가 또는 무엇이어야 하는가?

새로운 신화는 인류가 존재하는 한 언제까지고 오래되고 영원한 신화일 것이다. 그것을 과거도 미래도 아닌 현재에 맞춰 다시 쓴 신화다. '민족'의 비위를 맞춰주는 게 아니라 개인을 깨워 그들 자신을 알게 해주는 것이 목적인 신화다. 새로운 신화는 우리가 이 아름다운 별에서 자리다툼을 벌이는 자아가 아니라 한 사람 한 사람이 해방된 마음의 중심이라는 것을 알게 해준다. 한 사람 한 사람이 각각의 방식으로 모든 것과 하나인 이 세계에 지평은 없다.

떠오르는 지구 달에서 바라본 지구(1969년).

주석

1. 신화가 과학을 만났을 때

1. 이 장과 동명의 강연(L45)을 글로 옮겼다. 이 책의 모든 장은 미국의 명문 사립대학인 쿠퍼유니언에서 진행된 캠벨의 강연을 기록한 것이다. 장 제목 아래의 연도는 강의한 연도를 나타낸다. 아카이브 번호(L45)는 오퍼스아카이브 및연구센터에 있는 '조지프 캠벨 아카이브 및 라이브러리'의 카탈로그 항목을 가리킨다.

2. 이 대화는 다음 기록을 참고할 때, 인도의 저자 야쇼다 메타(Yashoda Mehta)와 나눈 것으로 보인다. Joseph Campbell, *Baksheesh & Brahman: Asian Journals—India*, edited by Robin and Stephen Larsen and Antony Van Couvering (Novato, California: New World Library, 2003), p. 197.

2. 인류가 출현하다

1. 동명의 강연(L163)을 옮김.

2. 이것이 캠벨이 집필할 당시(1972년)의 일치된 의견이었다. 호모 하빌리스의 출몰 연대는 현재 150만 년에서 250만 년 전으로 추정되며, 과학자들은 이전의 수많은 원인[호모니드(homonid), 인간과] 화석을 발굴했다. 캠벨이 인정한 대로 과학은 가차없이 자신을 수정하는 신화다. 그래서 새로운 정보에 맞게 스스로를 변화시키면서 세계에 대한 우리의 이해를 재정립한다. 이러한 자료의 변화가 그 예다. 다음을 참고하라. Joseph Campbell's subsequent revisiting and revisioning of science's understanding of human prehistory in *The Historical Atlas of World Mythology, Volume I — The Way of the Animal Powers*

(New York: Alfred van der Marck, 1985; Harper and Row, 1988).

3. Thomas Gospel, 1.113; translation by Guillaumont, Puech, Quispel, Till, and abd al Masih, *The Gospel According to Thomas: Coptic Text Established and Translated* (New York: Harper & Row, 1959).

4. Carl Etter, *Ainu Folklore: Traditions and Culture of the Vanishing Aborigines of Japan* (Chicago: Wilcox and Follett, 1949), pp. 56-57.

5. George Bird Grinnell, Blackfoot Lodge Tales (New York: Charles Scribner's Sons, 1916), pp. 104-112. Cf. Joseph Campbell, *The Masks of God, Vol. I: Primitive Mythology* (New York: The Viking Press, 1959), pp. 282-286.

6. William Wyatt Gill, *Myths and Songs from the South Pacific* (London: Henry S. King and Company, 1876), pp. 77-79; cited in Campbell, *Primitive Mythology*, pp. 198-199.

3. 잃어버린 의례를 찾아서

1. '의례의 필요성과 중요성(The Need and Importance of Rites)'(L90)을 옮김. 이후 주제가 비슷한 두 차례 강연(L96 & L536)의 녹음 파일과 결합되어 '조지프 캠벨 오디오 콜렉션' 4권, 《인간과 신화(Man and Myth)》의 4부로 발표되었다.

2. 〈위기일발〉의 뉴욕 시사회에 이어 캠벨과 헨리 모튼 로빈슨은 '누구의 위기일발인가?'라는 제목으로 2부작 기사를 썼다. 이 글과 뒤이은 논란에 관한 토론은 다음 저작에서 찾아볼 수 있다. Joseph Campbell, *Mythic Worlds, Modern Words: Joseph Campbell on the Art of James Joyce*, edited by Edmund Epstein (Novato, California: New World Library, 2004).

3. Robinson Jeffers, *Roan Stallion, Tamar, and Other Poems* (New York: Horace Liveright, 1925), p. 232.

4. 동양과 서양의 분리

1. 두 강연 '개인에 대한 동양적 개념'(L43)과 '상징주의와 개인'(L44)을 옮김.

2. C. G. Jung, *Psychology and Alchemy, Collected Works*, Vol. 12 (Princeton: Princeton University Press, second ed, 1968), p. 222.

3. 상카라카리야 비베카추다마니(Sankaracarya, Vivekacudamani) 293, 296, 307.

4. 마누 법전 5.147-151, 154, 166.

5. 그림니스몰(Grimnismol) 23.

6. Julius Oppert, "Die Daten der Genesis," *Königliche Gesellschaft der Wissenschaften zu Göttingen, Nachrichten*, No. 10 (May 1877), pp. 201-223.

5. 동서양 종교는 어떻게 대립하는가

1. 동명의 강연(L321)을 옮김.

2. W. B. Yeats, *A Vision* (New York: The Macmillan Company; First Collier Books Edition, 1966), p. 300.

3. *The Collected Poems of W. B. Yeats* (New York: The Macmillan Company, 1956), pp. 184-185.

4. 이사야 49:22-23, 61:5-6 등

5. 출애굽기 20:13, 21:12-17

6. 캠벨이 인도와 동아시아로 떠난 여행에 관한 자세한 내용은 다음을 참고하라. Joseph Campbell, *Baksheesh & Brahman: Asian Journals—India and Sake & Satori: Asian Journals—Japan* (New World Library, 2002).

7. 찬도갸 우파니샤드 6.9-16.

8. 브리하다라냐카 우파니샤드 1.4.6-7.

9. Daisetz T. Suzuki, "The Role of Nature in Zen Buddhism," in *Olga Fröbe Kapteyn*, ed., Eranos Jahrbuch 1953 (Zurich: Rhein-Verlag, 1954), p. 294.

10. Ibid., p. 319.

11. Ibid., pp. 298-299.

12. Ibid., p. 303.

13. Ibid., p. 308.

14. 다음을 참고하라. Israel Ministry of Foreign Affairs, "Amendment No. 2 to Israel's Law of Return," July 5, 1950.

15. 전통적인 라틴 미사의 기도문 중 일부로, '여기 모셔진 모든 성인의 공로에 의지하여 주님께 간구하오니'라는 뜻이다.

16. Skanda Purana, Vol. II, Visnu Khanda, Karttikamasamahatmya, Ch. 17; cf.

Heinrich Zimmer, *Myths and Symbols in Indian Art and Civilization*, Joseph Campbell, ed, Bollingen Series VI (New York: Pantheon Books, 1972), pp. 175ff.

17. *Bhagavad Gita*, Swami Nikhilananda, translator, (New York: Ramakrishna-Vivekananda Center, 1944, 1986), 11.32.

18. 시바 푸라나(Siva Purana) 2.4.19.41 - 48.

6. 동양 예술이 주는 영감

1. '동양의 예술'(L234)을 옮김.

2. Arthur Avalon (Sir John Woodroffe), *The Serpent Power* (Madras: Ganesh and Co, 1913, 1924, 1931, etc.), pp. 317-478.

3. *Sermons and Collations*, xcvi; translation by C. de B. Evans, from Franz Pfeiffer, *Meister Eckhart*, Vol. I (London: John M. Watkins, 1924, 1947), p. 240.

4. William Blake, *The Marriage of Heaven and Hell*, in Geoffrey Keynes, *Poetry and Prose of William Blake* (New York: Random House, 1927), p. 197.
다음을 참고하라. Joseph Campbell, *The Hero with a Thousand Faces* (Novato, CA: New World Library, 2008), pp. 109, 228; and *Myths of Light: Eastern Metaphors of the Eternal* (Novato, California: New World Library, 2003) pp. 33 - 35.

5. Joseph Needham, et al., *Science and Civilization in China*, 7 vols. Cambridge University Press, 1958 - 2004.

6. Ananda K. Coomeraswamy, *Christian and Oriental Philosophy of Art* (North Chelmford, Massachussets: Courier Dover Publications, 1956, 2011). P. 99.

7. Hajime Nakamura, "The Vitality of Religion in Asia," in *Cultural Freedom in Asia: Proceedings of a Conference Held at Rangoon, Burma, Feb. 17-20, 1955, Convened by the Congress for Cultural Freedom* (Rutland, Vt.: Charles E. Tuttle, 1956), p. 56.

8. J. Huizinga, *Homo Ludens: A Study of the Play-Element in Culture* (London: Routledge and Kegan Paul, 1949, 2008), pp. 34-35.

9. Campbell's translation of Seneca, Epistle 107, 11.

10. 바가바드기타 2:47, 5:5.
11. From the Liao Chai Stories of P'u Sung-ling, translated by Rose Quong, in *Chinese Ghost and Love Stories* (New York: Pantheon Books, 1946), pp. 305 ff.

7. '선禪'을 찾아서

1. 1969년의 강연 '선불교'(L246)를 옮김.
2. 찬도갸 우파니샤드 6.8.7.
3. 케나 우파니샤드 1.3.
4. T. S. Eliot, "Burnt Norton," from *T. S. Eliot: Collected Poems, 1909-1962, Centenary Edition* (Orlando, Florida: Harcourt Brace Jovanovich and Company, 1991), p. 177.
5. 산스크리트어로는 Dharmacakra Pravartana Sūtra. 전통적으로 붓다가 열반을 이룬 후 첫 번째 가르침으로 여겨진다.
6. 상윳따 니까야(Samyutta Nikaya) 12.65. nirvana.
7. "The Bride of Mero: A Legend of Kwannon Bosatsu," Cat's Yawn, volume 2, issue 1 (New York: First Zen Institute of America, 1947), p. 11. Cf. Joseph Campbell, *The Mythic Image* (Princeton, New Jersey: Princenton University Press, 1974), pp. 327 – 328.
8. Platform Sūtra of the Sixth Patriarch, Ch. 1. Cf. Philip B. Yampolsky, *The Platform Sutra of the Sixth Patriarch* (New York: Columbia University Press, 1967, 1978), pp. 131 – 136.
9. Daisetz Teitaro Suzuki, *Essays in Zen Buddhism (Second Series)* (London: Rider and Company, 1950), p. 87.
10. 다음을 참고하라. 화엄경 1.1.
11. 다음을 각색함. Suzuki, op. cit., p. 72.
12. 다음을 각색함. Romain Roland, *The Life of Ramakrishna* (Calcutta, India: Advaita Ashrama, 1929, 1994), p. 208.

8. 사랑의 신화

1. 동명의 강연(L186)을 옮김.

2. 다음을 참고하라. Joseph Campbell, *The Masks of God, Vol. 3: Occidental Mythology* (New York: Penguin, 1964), pp. 451-453.

3. Artur Schopenhauer, *On the Basis of Morality*, E. F. J Payne, translator (Indianapolis, Indiana: Hackett Publishing, 1995) p. 143.

4. Pfeiffer, pp. 221-222. 다음을 참고하라. Campbell, *Occidental Mythology*, pp. 510-512.

5. Pfeiffer, op. cit, Volume II, "Sermons," p. 89.

6. 다음을 참고하라. Garga Samhita, Canto I, part 3.

7. 다음을 참고하라. *The Maha-Bodhi*, Journal of the Maha-Bodhi Society, vol. 44, (Calcutta, India: Maha-Bodhi Society of India, 1936), p. 238.

8. 마가복음 10:8.

9. Mahendra Nath Gupta, *The Gospel of Sri Ramakrishna*, translated by Swami Nikhilananda, (New York: Ramakrishna-Vivekananda Center, 1942, 1985), p. 384. 캠벨이 이 책의 번역 작업에 참여했다.

10. 바가바타 푸라나, 10:29.

11. Bernard of Clairvaux, *Sermones in Canta Canticorum* XX.6. Translation by Terence L. Connolly, S. J., *Saint Bernard on the Love of God* (New York: Spiritual Book Associates, 1936), p. 113.

12. 갈라디아서 5:17.

13. Adolph von Harnack, *History of Dogma*, Vol. VI, Neu Buchanan, translator (New York: Dover Publications, 1961), pp. 59-67. 다음을 참고하라. Campbell, Creative Mythology, pp. 19-20.

14. Campbell's translation of Meister Eckhart (anonymously), *Theologia germanica*, Ch. 38.

15. 도마복음 77:2-3.

16. Plato, Timaeus, 37c-38c.

17. William Blake, "Proverbs of Hell," *The Marriage of Heaven and Hell*, l. 10.

18. Campbell's translation of Thomas Mann, *"Goethe und Tolstoy,"* Gesammelte Werke: Reden und Aufsätze, volume I (Berlin: S. Fischer, 1960), p. 178.

19. Campbell's translation of Gottfried von Strassberg, *Tristan und Iseult*, prolog, ll.

45 - 67.

20. 마태복음 5:43 - 45.

21. Guiraut de Borneilh, "Tam cum los oills el cor...", from John Rutherford, *The Troubadours: Their Loves and Their Lyrics* (London: Smith and Elder, 1873; General Books, 2010), pp. 34 - 35.

22. Gottfried, op. cit., ll. 12495 - 12502.

23. William Blake, *The Marriage of Heaven and Hell* (1790 - 93), "A Memorable Fancy," plate 14.

24. Wolfram von Eschenbach, *Parzival XV*, l. 740, (Berlin and Leipzig: Karl Lachmann, 1926), pp. 348-349.

25. Helen M. Mustard and Charles E. Passage, *Parzival: A Romance of the Middle Ages* (New York: Vintage, 1961).

26. 고린도전서 13:7.

27. 마태복음 7:1.

28. Heraclitus of Ephesus, as quoted in *Scholia Graeca in Homeri Iliadem*, ad ∧ 4.

29. Nathaniel Hawthorne, "Fancy's Show Box," from *Twice-Told Tales* (New York: Modern Library, 2001), p. 173.

9. 전쟁과 평화의 신화

1. 동명의 강연(L184)을 옮김.

2. Oswald Spengler, *The Hour of Decision* (New York: Alfred A. Knopf, 1934) p. 21.

3. Spengler, op. cit, p. 199.

4. Jeff King, Maud Oakes, and Joseph Campbell, *Where the Two Came to Their Father: A Navaho War Ceremonial*, Bollingen Series I, 2nd ed. (Princeton, New Jersey: Princeton University Press, 1969, 1991).

5. 신명기 7:1-6.

6. 신명기 20:10-17.

7. 신명기 6:10-12.

8. 여호수아 6:21, 24.

9. 여호수아 8:22, 25.

10. 여호수아 10:40.

11. 사사기 21.

12. 사사기 5.

13. 열왕기하 22-23.

14. 열왕기하 25.

15. 이사야 60:10-14.

16. 캠벨은 이 강연이 있던 1967년에 이스라엘이 일으킨 이른바 '6일전쟁'을 언급하고 있다.

17. 쿠란 2:216.

18. 쿠란 17:4 - 8.

19. 이사야 45:14-25.

20. 이사야 45:22.

21. 이사야 9:7.

22. 다니엘 7:13-27.

23. 다니엘 12:2.

24. Josephus, *De Bello Judaico*, 1.4.1-6.

25. 마태복음 5:43-45.

26. 마태복음 10.

27. 누가복음 14.

28. 마태복음 19:21.

29. 마태복음 8:22.

30. 도마복음 1:113.

31. 마태복음 26:47-52.

32. 요한복음 18:10.

33. Lao-tse, *Laozu's Tao and Wu Wei*, translated by Dwight Goddard. New York: Brentano's, 1919. Stanzas 30, 31.

34. Sun Tzu, *The Art of War*, translated by Samuel B. Griffith. (New York: Oxford University Press, 1963), I.1 - 9.

35. *The Book of the Lord Shang: A Classic of the Chinese School of Law*, translated by J.

J. L. Duyvendak. (London: A. Probsthain, 1928), I.8 , 10 - 12.

36. Goddard, op.cit.

37. 바가바드기타 2:27, 30, 23.

38. 바가바드기타 2:31-32.

10. 내면으로 떠난 여행: 조현병의 연구

1. 동명의 강연(L308)을 옮김. 이후 '조지프 캠벨 오디오 콜렉션' 시리즈 I , 제 2권《내면으로의 여행: 동양과 서양(The Inward Journey: East and West)》의 2 부로 발표되었다.

2. *Annals of the New York Academy of Sciences*, Vol. 96, Article 3, pp. 853-876, January 27, 1962.

3. Campbell, *The Hero with a Thousand Faces*, p. 23.

4. 캠벨과 페리 박사의 합동 강연(L227 - 228)은 '정신증과 영웅의 여정(Psychosis and the Hero's Journey)'이라는 제목으로 1968년 에살렌연구소에서 진행되 었다.

5. Julian Silverman, "Shamans and Acute Schizophrenia," *American Anthropologist*, Vol. 69, No.1, February 1967.

6. 다음을 참고하라. Campbell, *Primitive Mythology*, Chapters 6 and 8.

7. Knud Rasmussen, *Across Arctic America* (New York and London: G. P. Putnam's Sons, 1927; University of Alaska, 1999), pp. 82-86; and H. Osterman, *The Alaskan Eskimos, as Described in the Posthumous Notes of Dr. Knud Rasmussen. Report of the Fifth Thule Expedition 1921-24*, Vol. X, No.3 (Copenhagen: Nordisk Forlag, 1952), pp. 97-99.

8. 바가바드기타 2:20.

9. 바가바드기타 2:58.

10. R. D. Laing, "A Ten-Day Voyage," *The Politics of Experience* (New York: Pantheon Books, 1967, 1983), ch. 7.

11. Alfred Nutt, *The Voyage of Bran, Son of Febal to the Land of the Living, Vol. II*, translation by Kuno Meyer, (London: David Nott in the Strand, 1897; Cornell University Press, 2009), pp. 91 - 92.

12. Translation by Arthur W. Ryder, *The Panchatantra* (Chicago: The University of Chicago Press, 1925; Delhi, India: Jaico Publishing House, 2005), pp. 434-441.

13. Jung, *Psychiatric Studies, Collected Works, Vol. I* (Princeton, New Jersey: Princeton University Press, 1957), pp. 3-92.

14. 요한계시록 21:1 - 4, 22:1 - 2.

11. 세상 바깥으로 떠난 여행: 달 위를 걷다

1. 동명의 강연(L306)을 옮김.

2. Dante Alighieri, *The Divine Comedy: Paradiso*, Canto II, ll. 1 - 15.

3. Robinson Jeffers, "Roan Stallion," *Roan Stallion, Tamar*, and Other Poems, p. 20.

4. 요한복음 12:24-25.

5. 요한복음 15:4-5.

6. Alan Watts, "Western Mythology: Its Dissolution and Transformation," in Joseph Campbell, ed., *Myths, Dreams, and Religion* (New York: E. P. Dutton and Co, 1970; New York: MJF Books, 2000), p. 20.

7. Jeffers, loc. cit.

8. Erwin Schrödinger, *My View of the World* (Cambridge: Cambridge University Press, 1964), p. 95.

12. 끝맺으며: 지평의 소멸

1. 동명의 강연(L332)을 옮김. 비슷한 주제를 담은 두 강연(L46, L535)은 이후 '조지프 캠벨 오디오 콜렉션' 제1권《신화와 개인(The Mythology and the Individual)》의 4부로 발표되었다.

2. Walt Whitman, *Leaves of Grass*, Version of the First (1855) Edition, section 48, ll. 1262 - 1280, edited with an Introduction by Malcolm Cowley (New York: The Viking Press, 1961), pp. 82 - 83.

3. 브리하다라냐카 우파니샤드 1.4.6 - 10, 요약 인용.

4. The Papyrus of Nebensi, British Museum #9,900, sheets 23, 24. From E. A.

Wallis Budge, *The Book of the Dead: The Chapters of the Coming by Day* (London: Kegan Paul, Trench, Trübner and Co., 1896), pp. 112 – 113.

5. 도마복음 99:28 – 30, 95:24 – 28.

6. Whitman, op. cit., Section 52, ll. 1329 – 1330; p. 86.

7. H. Heras, S.J, "The Problem of Ganapati," *Tamil Culture, Vol. III, No. 2* (Tuticorn, April 1954). For more on Campbell's meeting with Father Heras, cf. Campbell, *Baksheesh and Brahman*, p. 121.

8. William Blake, loc. cit.

9. Thomas Merton, "Symbolism: Communication or Communion?" in *New Directions 20* (New York: New Directions, 1968), pp. 11 – 12.

10. Ibid., pp. 1 and 2.

11. Ibid., pp. 1 and 11.

12. 이 책 초판에서 캠벨은 그로프의 미발표 원고인 '정신과 치료의 고통과 황홀감(Agony and Ecstasy in Psychiatric Treatmen)'을 인용했는데, 이 원고는 출판되지 않았지만 이후 출간된 그로프의 저서 5권의 기초가 되었다. 다음을 참고하라. Stanislas Grof, *When the Impossible Happens: Adventures in Non-Ordinary Reality* (Boulder, Colorado: Sounds True, 2006), p. 285.

13. Aldous Huxley, *The Doors of Perception* (New York: Harper & Row, 1954;), p. 54.

14. Grof, op. cit.

15. 마태복음 27:46.

16. 전도서 1:2.

17. Huxley, op. cit., pp. 22 – 24.

18. 다음을 참고하라. Benjamin Jowett, translator, *The Works of Plato, Vol. IV* (New York: Cosimo Books, 2010), p. 377.

19. Hermes Trismegistus (attributed), *Le Livre des XXIV Philosophes*, Françoise Hudry, ed., (Paris: Jérôme Millon, 1989), p. 152: *Deus est sphaera infinita cuius centrum est ubique, circumferentia nusquam.*

조지프캠벨재단

조지프캠벨재단Joseph Campbell Foundation, JCF은 다음을 위해 설립된 비영리 단체입니다.

- 조지프 캠벨의 선구적 저작물 보존 및 보호, 영구화, 논문 및 기록 목록화 및 보관, 지적재산 보호, 다양한 매체에서 JCF의 웹사이트(www.jcf.org)를 통해 조지프 캠벨 저작물 컬렉션 제작 및 라이선스, 학술적 기여에 대한 인식을 제고합니다.

- 신화 및 비교 종교 연구를 촉진하고, 이런 분야에 대한 대중의 인식을 높이는 교육 프로그램 과 행사를 지원하며, www.jcf.org를 의미 있는 다문화 교류를 위한 포럼으로 활용합니다.

- JCF의 인터넷 기반 제휴 프로그램 및 지역적으로 조직된 Mythological Roundtable® 그 룹이라는 국제 네트워크를 통해 개인의 삶이 풍요로워지도록 돕고 정기적으로 신화 해설 활 동을 수행합니다.

조지프 캠벨 및 위 재단에 관한 자세한 내용은 다음 연락처로 문의 바랍니다.

Joseph Campbell Foundation
Post Office Box 1836
New York, NY, 10026
United States of America
www.jcf.org